図説

オーストリアの歴史

増谷英樹・古田善文

河出書房新社

図説 オーストリアの歴史 目次

コラム

はじめに

現在のオーストリア共和国は、多くの国民がドイツ語を話し、ドイツ語が公用語とされている国ではあるが、隣国のドイツ連邦共和国とはかなり異なる歴史的運命をたどってきた。「オーストリア」という名称は確かに旧いものではあるが、現在「オーストリアの歴史」と呼ばれている歴史物語は、比較的新しく成立したものである。

「オーストリア」の名称

一九九六年、「オーストリア共和国」は「オーストリア」一〇〇〇年の歴史を祝い、記念の銀貨を発行するなど盛大な祝祭を催した。しかし多くの歴史家が指摘しているように、それは決して「オーストリア共和国」の千年記念でもないし、その前身とされる「オーストリア＝ハンガリー二重帝国」の歴史を祝うものでもなかった。それはただ「オーストリア」という国家の語源となった領域名が歴史上ひとつの文書に現れたことを記念するものにすぎなかった。すなわち九九六年に、神聖ローマ皇帝オットー三世が帝国の法を「オスタリキ Ostarrichi」と呼ばれる領域にも適用することを布告したのである。

「東の領域」を意味するこの「オスタリキ」という名称は、当時バーベンベルク家の支配下にあったメルクやクレムスを中心とするドナウ川流域の領域を示す中世ドイツ語の表現であった。それはおよそ現在の下オーストリア州の一部に該当し、当時この領域に関するラテン語の表現は存在しなかった（ラテン語の「アウストリア Austria」が現れるのはようやく一一四七年のことである。それは、バーベンベルク辺境伯の支配領域である、現在の下オーストリアならびに上オーストリアに該当していた）。その後、バーベンベルク家の支配領域は拡大されていくが、拡大された領域にオスタリキの名称が広げられることはなかった。それぞれの領域はそれ以前の地域名で呼ばれ、その地域的特徴を維持していった。たとえば、最初に統合されたシュタイアーマルクはその領域に伸縮はあったが、現在までシュタイアーマルクと呼ばれている。

ハプスブルク家の支配下においては、

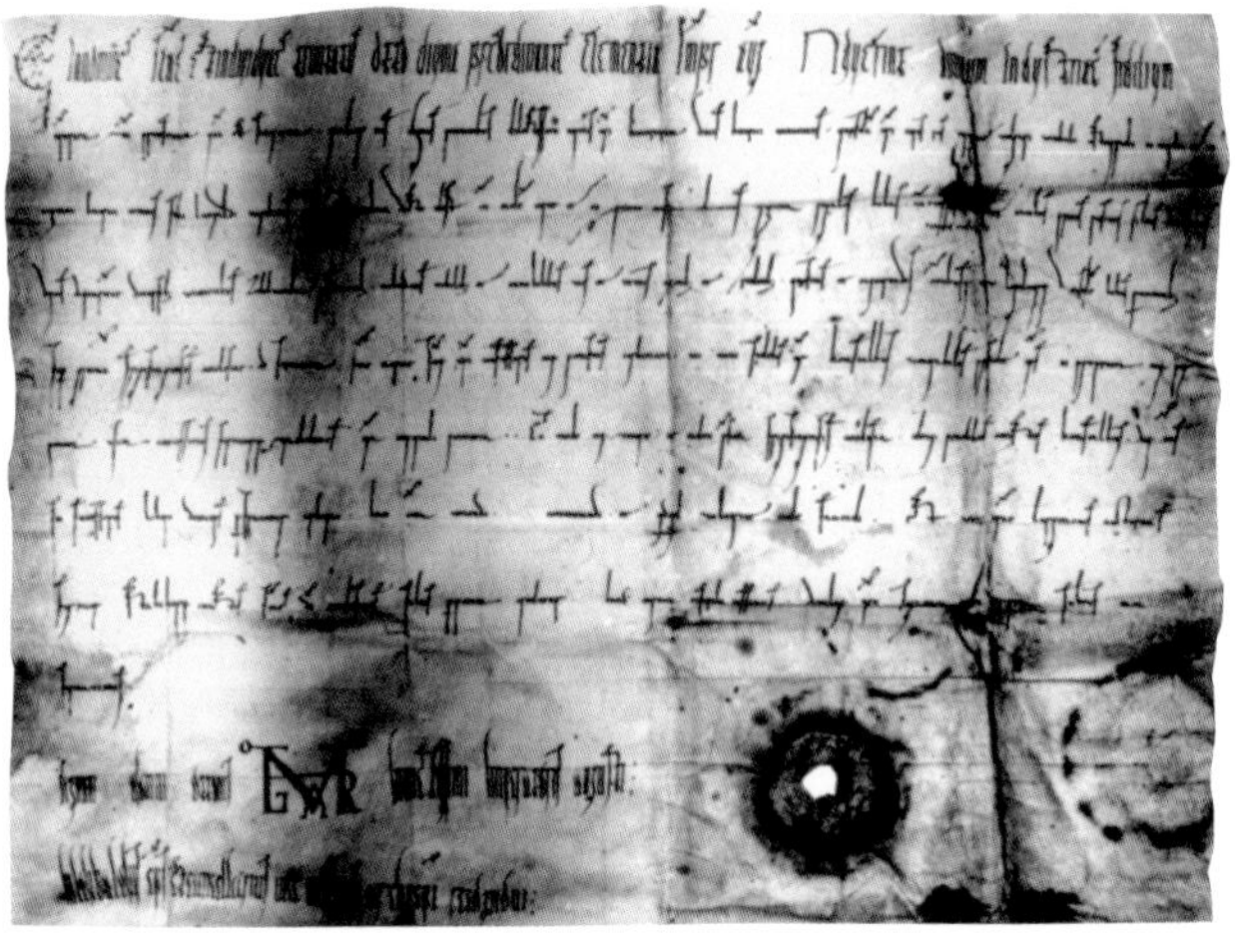
オーストリアの名称の起源であるオスタリキの名が最初に記された文書

「オーストリア」という表記は国家の行政上の名称として使用され（下オーストリア、上オーストリア、内オーストリアなど）、独自の大公国名としても使われた。

　フランス革命の最中の一八〇四年には、帝国名としての「オーストリア」が登場する。この年ナポレオンが皇帝を名乗ったことに対抗して、神聖ローマ皇帝フランツ二世が「オーストリア皇帝（フランツ一世）」を名乗ったのである。彼が神聖ローマ皇帝を退位したのはその二年後の一八〇六年のことである。この「オーストリア帝国」には、オーストリア大公国やボヘミア王国その他のハプスブルク帝国諸領が含まれていたが、やがてハンガリー王国も含まれることになる。しかしハンガリーは、王国としてのハンガリー称を使用し、「オーストリア帝国」の名称を拒否していた。一八六七年の「アウスグライヒ（協和）」による「オーストリア＝ハンガリー二重帝国」の成立によりハンガリーの主張は承認され、独立した国家の地位が与えられた。二重帝国の「オーストリア」の部分は公式には「帝国議会に代表されている王国と諸州」と呼ばれ、通称としては「ライタ川のこちら側

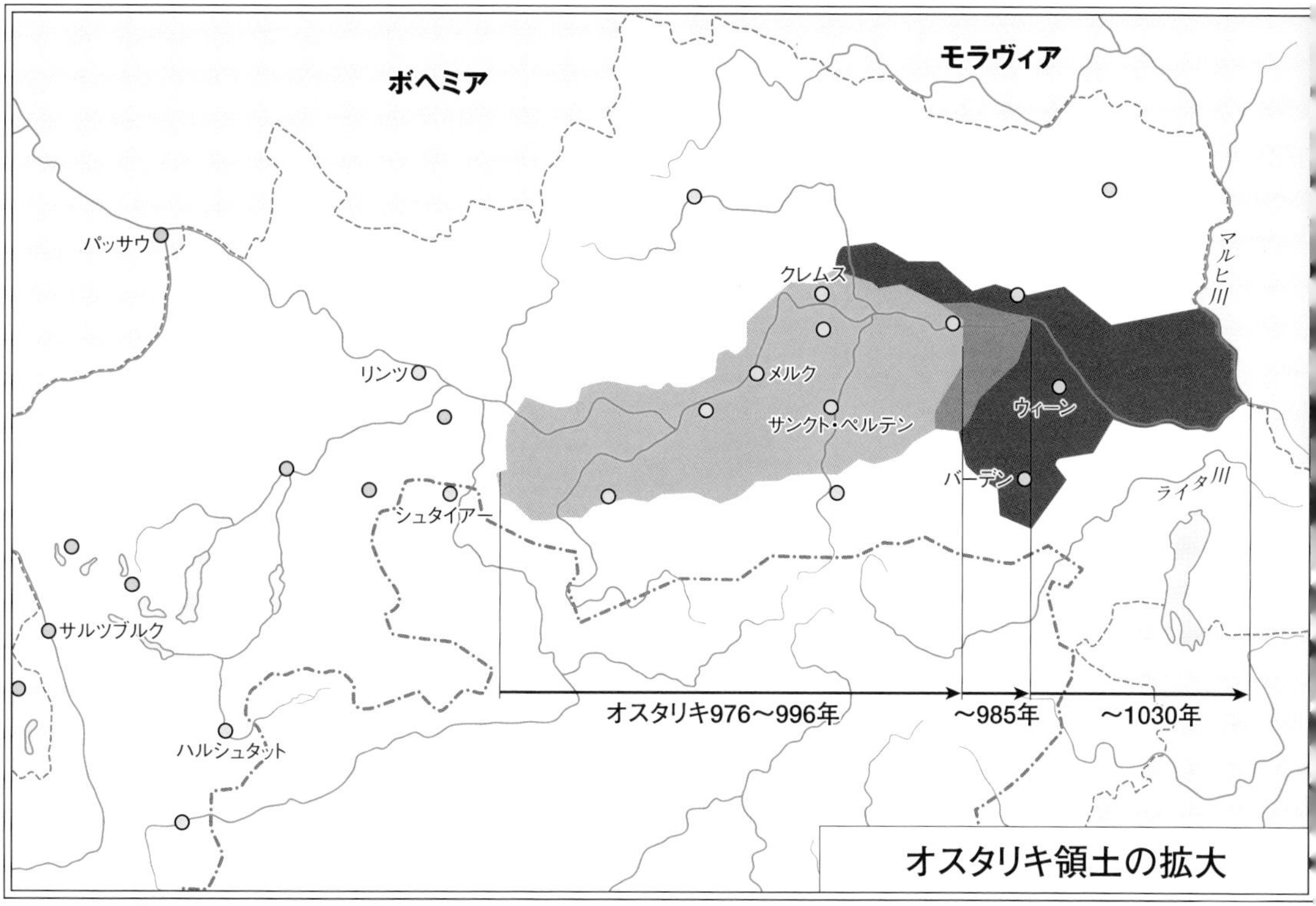

976〜1030年までのオスタリキ領土の拡大。ラテン語ではなく土地の言葉でオスタリキ（「東の地」の意）と呼ばれていた領土は、1030年までバーベンベルクの支配の下で東に拡大された

（ツィスライタニエン）」と呼ばれていた。

一九一八年に二重帝国が崩壊し、チェコスロヴァキアやハンガリー、ポーランドなどの後継国家が宣言されたとき、残されたドイツ系の帝国議員たちは、「ドイツ系オーストリア国」という苦肉の名称を宣言し、ドイツとの「合邦」を追求した。しかし、パリの講和会議はオーストリアのドイツ人のこうした要求を拒否し、「ドイツ系オーストリア国」はその主張した領土（ズデーテン地方など）も縮小され、ドイツとは別の「オーストリア共和国」が成立する。この「オーストリア」の名を与えられた最初の共和国は、ドイツ・ナショナリストだけではなく社会民主党も望まなかった、まさに「誰も望まなかった国」であった。

一九三八年三月に、ヒトラーがオーストリアを「合邦」したときには、オーストリアの名称はなくなり、最初は「オストマルク」という名称が与えられ、やがてナチ的な「ドナウ＝アルペン大管区（ガウ＝ナチの行政区名）」と呼ばれることになる。上・下オーストリア州も上・下ドナウ管区と改名された。

第二次世界大戦後に、「ヒトラーの野蛮な征服政策の最初の犠牲者」であるとされたオーストリアは、一九五五年の「国家条約」によって中立国家として独立したが、その国名を「オーストリア」とすることに何のこだわりももたなかった。しかし、その国民が「オーストリア人」としての自己意識をもつまでには数十年の時が必要であった。そうした「オーストリア国民」としての自覚を国民に植え付ける必要から、「オーストリアの歴史」が語られなければならなかった。それはどのような方法でおこなわれ、オーストリアは何を自らの歴史に組み入れ、何を排除して「オーストリアの歴史」をつくってきたのか。その成立事情を簡単にみてみよう。

「オーストリアの歴史」の成立

自称であれ他称であれ、国民国家と呼ばれる国家の多くは、自らの国家が成立するとその国の歴史を編纂することが必要とされる。出来上がった国家の正当性を主張し、国民をつくり、統合しなければならないからである。しかし、第一次世界大戦の敗北によりオーストリア＝ハンガリー二重帝国が崩壊し、その後継国家として「オーストリア（第一）共和国」が成立したときには、「オーストリアの歴史」なるものは書かれなかったし、オーストリア国民意識も成立していなかった。その国家もオーストリアという名称も、パリの講和会議によって押しつけられたものと思われていたからである。「オーストリア（第一）共和国」の国民は自らをドイツ人と意識し、むしろドイツとの「合邦」を望んでいた。それ故、一九三八年のナチによるオーストリアの「合邦」が、ほとんどの「オーストリア人」に歓迎されたのである。

オーストリアの住民が「オーストリアの歴史」を意識し追求し始めるのは、ようやく第二次世界大戦の終盤になってのことである。一九四三年一一月一日に発表され、オーストリアにも伝えられた「モスクワ宣言」が、戦前のオーストリアをナチの野蛮な侵略政策の「最初の犠牲者」と規定し、そのオーストリアの復興を目標としたからである。「オーストリアの抵抗運動」が始まり、ナチ・ドイツとは違った「オーストリア」が強調された。ウィーンを解放した赤軍によりオーストリア政府が復活され、やがて他の連合国によっても承認され、「誰も望まなかった国」は今や独立のための唯一の希望と

サン・ジェルマン条約によるオーストリア＝ハンガリー二重帝国の分割と「オーストリア共和国」の成立。パリ講和条約においてオーストリア＝ハンガリー二重帝国は解体し、いくつもの国民国家が成立した。「残ったところがオーストリア」とされ、サン・ジェルマン条約でその領土の大枠が定められた

なった。「犠牲者論」に基づいて「国家条約」が成立し、永世中立国としてのオーストリア共和国が成立する。そして同様な論理のなかで「オーストリアの歴史」が構築されていく。そこでは、ナチ・ドイツおよびプロイセン・ドイツとは異なる「オーストリアの歴史」が強調され、神聖ローマ帝国およびハプスブルク帝国がクローズアップされ、フランス革命との対決に重要な意味が与えられる。

特に重要なのは、ナチ時代のオーストリアがかなり長い期間「オーストリアの歴史」には含まれないものとして、教科書からも排除されていたことである。さすがにヴァルトハイム事件（一八～一九ページ）の後には、そうした「オーストリアの歴史」は見直され、ナチへの協力を含めた上での「オーストリアの歴史」が語られ始めている。その際、戦後オーストリアの拠るべき基盤として、中立と社会福祉が強調されている。しかし、東ヨーロッパの諸国民に対する優越的意識あるいはオーストリア＝ハンガリー二重帝国時代の支配意識が完全に払拭されているかは必ずしも保証の限りではない。それは、一九九〇年代以降のハイダーの極右的政党の台頭にも反映されている。

第一章

神聖ローマ帝国とハプスブルク家の時代

ヨーロッパの成立をフランク王国の成立に求めることは一般的に認められているが、「オーストリアの歴史」の起源をどこに求めるかは難しい問題である。オーストリアの歴史書は一般的にその起源を神聖ローマ帝国にまで遡らせる。現在のオーストリアの地域が、その当時すでにこの帝国に包摂され、その後の帝国の支配がハプスブルク家に受け継がれ、その中心がウィーンにおかれたからである。

神聖ローマ帝国の成立

現在の西ヨーロッパの主要部分を統合したフランク王シャルルマーニュ（カール大帝）は、八〇〇年のクリスマスにローマに赴き、教皇レオ三世による戴冠を受けて「ローマ皇帝」の称号を得た。しかしこの時点でシャルルマーニュの王国自体は「神聖ローマ帝国」とは呼ばれてはおらず、「フランク王国」のままであった。この王国は八四三年に、東西フランク王国と中部のロートリンゲンの三つに分割された。八四二年に東西の王国に

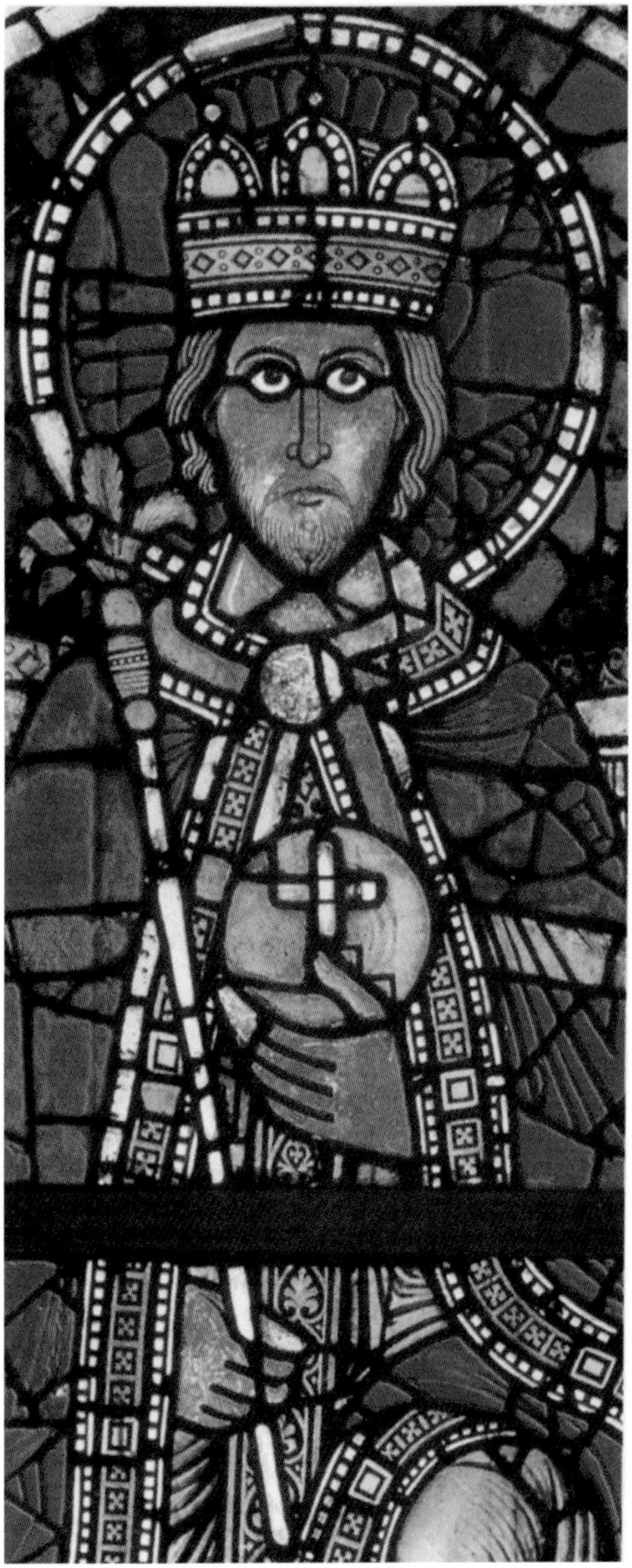

800年にローマに赴き教皇から戴冠を受け、「ローマ帝国」の復活を果たしたシャルルマーニュ（カール大帝）。ストラースブール大聖堂のステンドグラス

955年のレッヒフェルトの戦い。東フランクの王オットー１世がマジャール軍を破り、その後962年にローマ皇帝の戴冠を受けることになる（オットー大帝）

ハインリヒ２世の時代の1156年にオーストリアは公国としての地位を獲得し、ハインリヒは最初の公となった。ハイリゲンクロイツ修道院のステンドグラス（ハインリヒであるかは未確定）

バーベンベルク時代におけるオスタリキ領土の拡大、オーストリア大公領の成立。シュタイアーマルクへの拡大。10世紀にはオスタリキと呼ばれる領域を支配していたバーベンベルク家は、11世紀にはその支配を拡大し、その領域をオーストリア公領として認められた（1156年、地図上黄緑色の地域・元オスタリキを含む）。バーベンベルク領はさらに南部に拡大されたが、それぞれの領域の名は残された

よって交わされたストラスブールの誓約は、東王国で主に話されていた古高地ドイツ語と西王国のフランス語の二つの言葉で記されていた。そのため、東王国をラテン語で「ドイツ王国」と呼ぶこともあった。その後ロートリンゲンは東西王国に分割され、東フランク王国では九三六年にザクセン朝のオットー一世が国王に選出され、東方のマジャール人を破り、九六二年にはローマで戴冠を受けた。こ

の時点から「ローマ帝国」ないし「帝国」の名称が使われるが、「神聖ローマ帝国」の名称が使われ始めるのは一三世紀半ば以降のことである。

オーストリアの語源的呼び名「オスタリキ」は、前述のように、九九六年オットー三世の時代に初めてひとつの領域名として文書に登場する。文書は、皇帝が「民衆の言葉でオスタリキと呼ばれる地域」に属する一部の領域をある司教に授けたことを述べているに過ぎず、この地域は一般にはまだアヴァーリアと呼ばれていた。このアヴァーリアの地は、オットー大帝の時代にはバイエルン大公国の植民領土として認められていたが、その後九七六年にバーベンベルク家により領有された。バーベンベルク家はその領域を、東方のマルヒ川とライタ川にまで拡大し、一一世紀中頃には「オーストリア大公領」となる（九ページ地図参照）。しかしその後、拡大された同王朝の南方地域にはオーストリアの名称は使用されなかった。

1192年12月にイングランドのリチャード獅子心王が、十字軍遠征の帰途に、ウィーン近郊でバーベンベルク家のレオポルト５世に捕らえられ、デュルンシュタインの城に幽囚された。長い交渉の結果、大金の身代金を支払いリチャードは釈放され、レオポルトはその身代金によりウィーンの城塞の強化や新たな城塞都市ヴィーナーノイシュタットを建設することができた

ハプスブルク家の登場

一二四六年、ライタ川における対ハンガリーの戦いでバーベンベルク家のフリードリヒ二世が戦死し、同家の家系が断絶すると、その東方領土をめぐっての紛争が始まった。そうしたなかでこの地域の支配権を握ったのは、ボヘミアを支配したオトカル二世であった。オトカルはプラハを中心として、南はオストマルクからシュタイアーマルクおよびケルンテンを支配し、ローマ教皇と結び南部の諸都市にも影響力を行使した。北はドイツ騎士団領の形成に関与し、都市ケーニヒ

ライタ川での戦闘で戦死したフリードリヒ２世（左下）。彼の死によってバーベンベルク家の家系が途絶えた

スベルク（王の山）名の起源ともなった。

　この間、ドイツ王ないし神聖ローマ皇帝の力は弱まり、その地位はザクセン朝、ザーリアー朝、シュタウフェン朝へと引き継がれたが、一二五六年から一二七三年までの「大空位時代」を迎える。それは、ローマ教皇によって提起された十字軍という東方への遠征が、ローマ教皇とフランス王国の共同企画でおこなわれ、ドイツ王の役割を減少させていたことにもよるが、同時に北のドイツ領が細分化され相互に反目状況に陥っていたことに起因していた。

　オトカルはドイツ王の地位を望んだが、教皇や選帝侯の反対で果たせず、西方の諸侯との対立は続いた。ようやく一二七三年のドイツ王の選挙に際して、選帝侯たちは弱小のハプスブルク伯ルドルフをドイツ王に選出し、オトカルに対抗させ

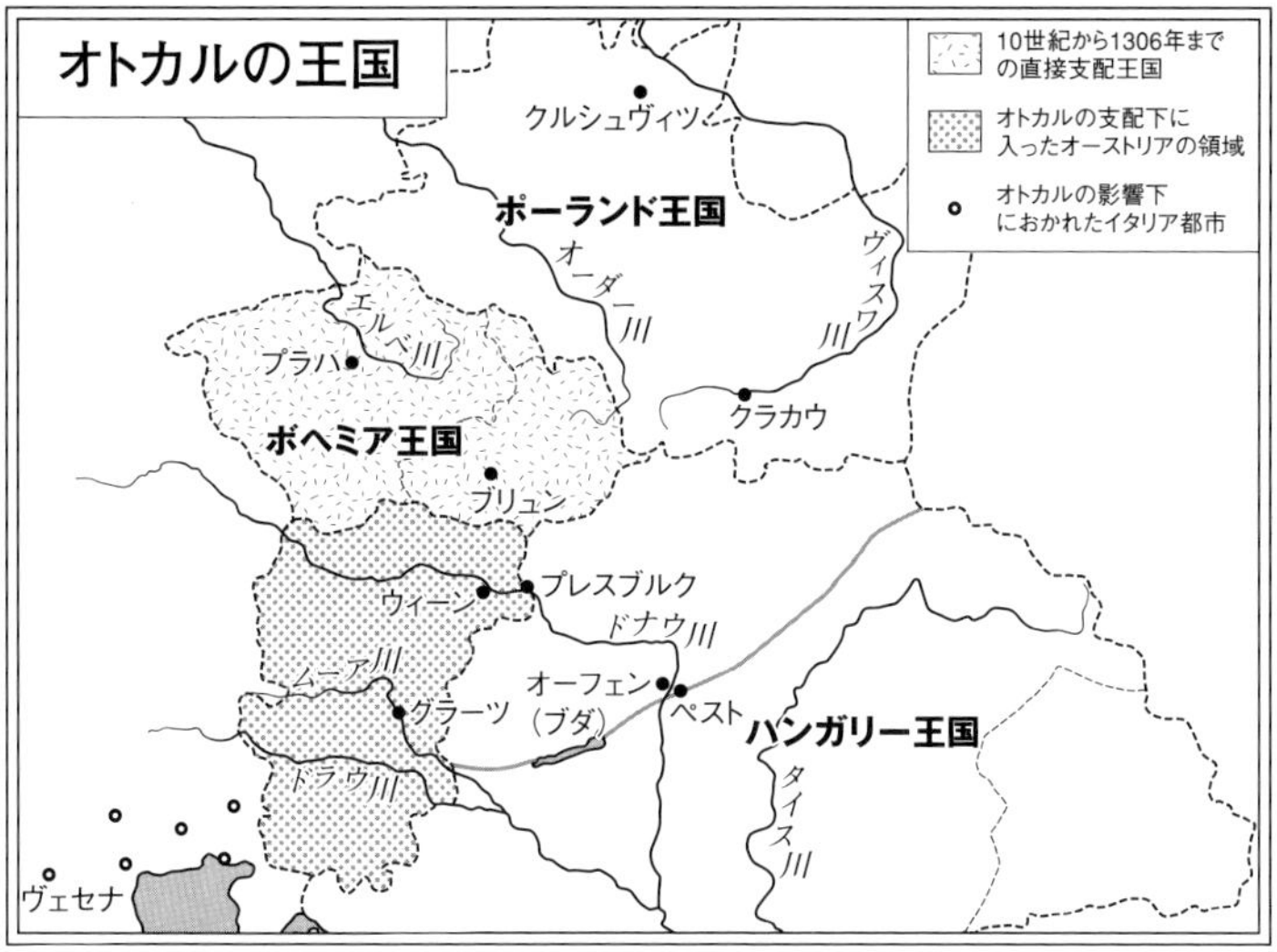

オトカル２世の支配権。バーベンベルクの領土（オーストリア、シュタイアーマルク公領）を引き継いだのは、ボヘミア王のオタカルであった。彼は南のイタリア諸都市にも支配権を広げ、十字軍への参画を通じ、北方のドイツ騎士団領にも影響を与えた

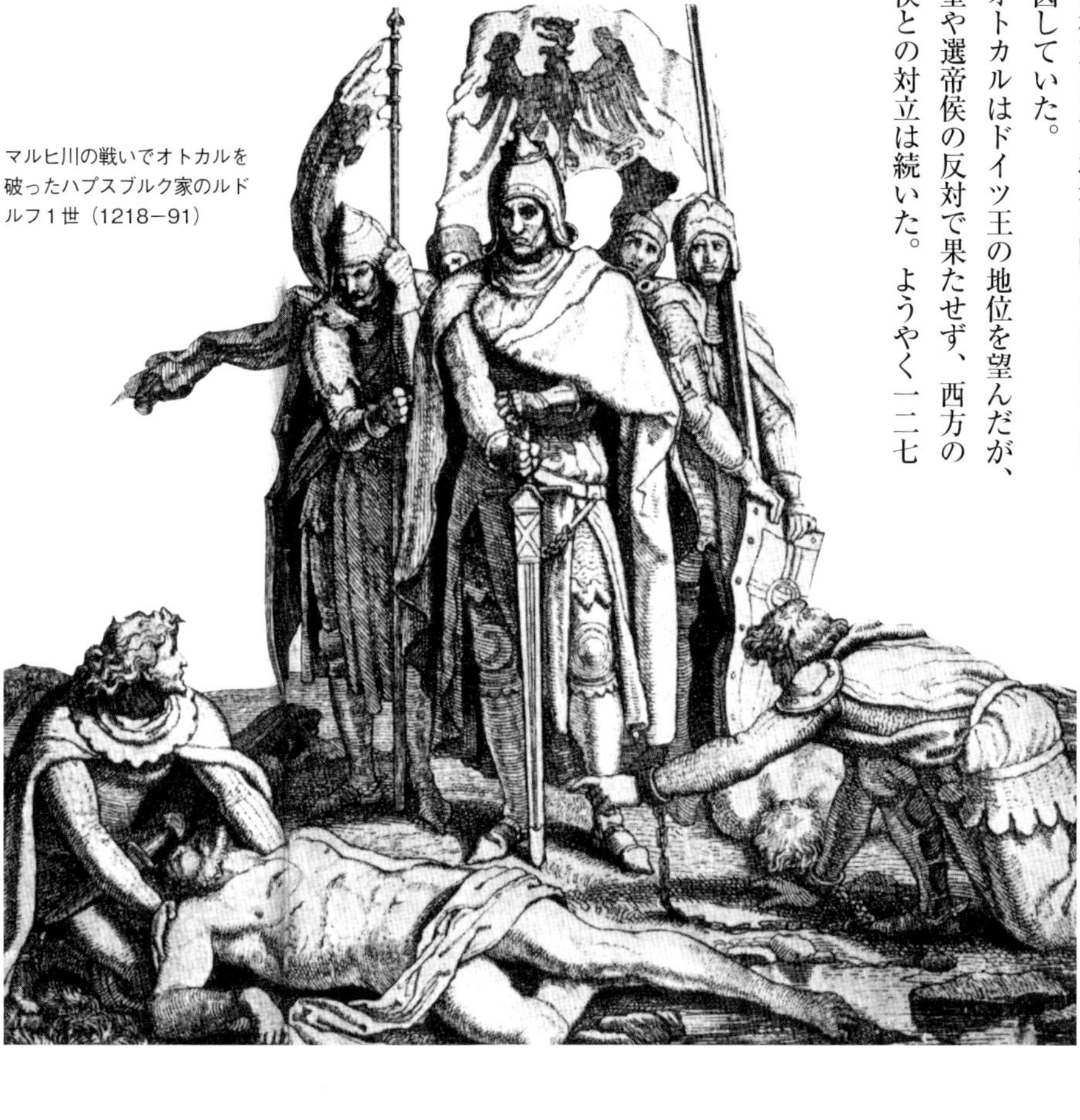

マルヒ川の戦いでオトカルを破ったハプスブルク家のルドルフ１世（1218－91）

七人の選帝侯

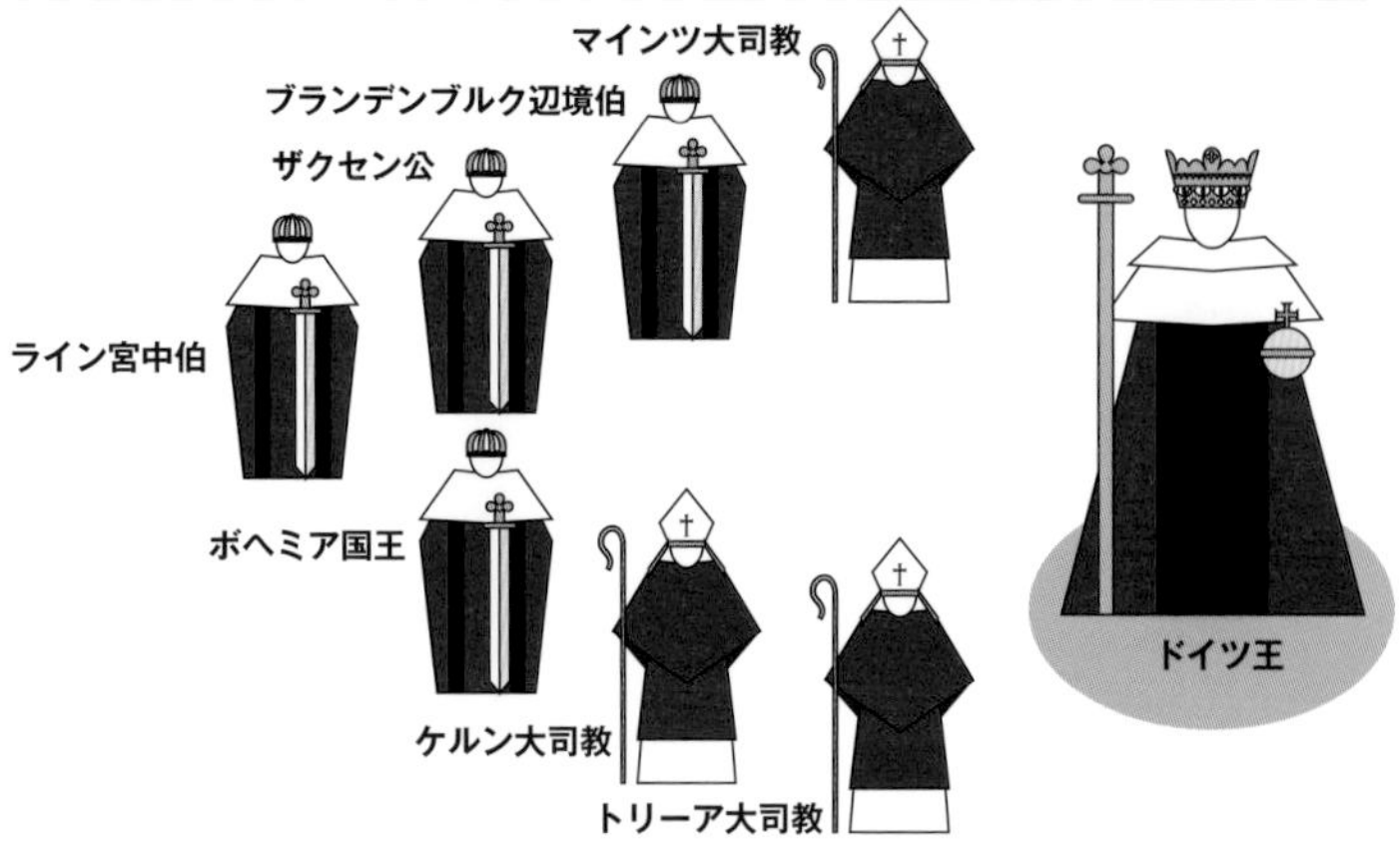

ドイツ王は７人の諸侯により選ばれた。そのなかには３人の大司教が含まれ、教会勢力の力を示していた。また、ボヘミア王は含まれているが、シュヴァーベン、バイエルン、オーストリアの各大公は除外されている。その制度は皇帝カール４世の金印勅書によって確認された

ようとした。ルドルフは長い交渉の決裂後、一二七六年にバイエルン軍とともにウィーンに進軍してオトカルを破り、ウィーンの和議によってオーストリア、シュタイアーマルク、ケルンテンを奪還した。オトカルはボヘミアに再封土されたが、一二七八年に再度軍を率いてルドルフに挑んでマルヒ川の戦いで戦死した。

オーストリアなどの地域は最終的にハプスブルク家に与えられ、その後のハプスブルクの支配を通してオーストリアの歴史に組み込まれていく。それに対して、ハプスブルクの敵対者としてのオトカル二世は、オーストリアの歴史のなかでは、その業績は過小評価されている。

　ウィーンには帝都としての地位が与えられることとなったが、ウィーンの市民たちはよそ者のハプスブルク家と皇帝の支配に必ずしも従属したわけではなく、常に反発と対立があった。ウィーンの支配を任せられたルドルフの息子アルブレヒト（のちのドイツ王アルブレヒト一世）は、市民たちに一時ウィーンを追われ（一二八八年）、一二九六年に新たな都市法を制定してようやく対立が緩和された。しかしその後も、ハプスブルク家がウィーンに定着することは少なく、ハプスブルク支配とウィーンが深く結びつくのは一七世紀に入ってのことである。

　一三〜一四世紀においては、神聖ローマ帝国内はもとより、その東部辺境地域におけるハプスブルク家の勢力は決して大きなものではなかった。ボヘミア、ポーランド、ハンガリーの諸王国が強力な勢力をもっていたからである。特にルクセンブルク家のボヘミア王カレル（カール）四世は、一三四六年にドイツ王に選出され、一三五五年にはローマで戴冠され神聖ローマ帝国皇帝となった。彼はプラハをドイツ人の帝国の首都とすることを意図し、ドイツ語を官庁用語として整備するとともに、帝国で最初の大学を創設し（一三四八年）、プラハの司教座を大司教座に昇格させた。領土の拡大においても成果を挙げ、北にはドイツ騎士団領を支配し、婚姻政策でハンガリーにも影響力をもった。戴冠直後の一三五六年には、皇帝選挙の制度化を試みる「金印勅書」を出し、皇帝選挙人として七人の選帝侯を確定した。七選帝侯とは、マインツ、ケルン、トリーアの大司教、ブランデンブルク辺境伯、ザクセン公、ボヘミア王とライン（プファルツ）宮中伯であり、オーストリア大公は含まれなかった。

　このカール四世はボヘミアおよび神聖ローマ帝国の歴史においては最も重要な人物として描かれるが、ドイツおよびオーストリアの歴史においてはしばしば無視され、それらの歴史に組み込まれることはまれである。オーストリアの歴史はハプスブルク家とウィーンを通して組み立てられているのである。

ルクセンブルク家の皇帝カレル（カール）４世（1316―78）と「金印勅書」。カレルはプラハを帝国の中心とすることを意図し、帝国最初の大学を創設、司教座を大司教座に昇格させるなどした

この時代、皇帝カール四世と競合していたのはハプスブルク家のルドルフ四世であり、彼はカールに対抗すべく、一三六五年にはウィーン大学を創設し、シュテファン教会の増築などをおこない、建設公と呼ばれた。彼は、カール四世の金印勅書に対抗して偽の「大特許状」を作成し、選帝侯としての地位を確保するため、プファルツ大公なる地位を偽造しようとした。それはのちにフリードリヒ三世により有効なものとして神聖化された。

世界帝国のなかのオーストリア

ハプスブルク家が再度神聖ローマ帝国の皇帝の地位を手に入れたのは、一五世紀の中頃であった。そしてフリードリヒ三世（一四四〇年～ドイツ王、一四五二～九三年神聖ローマ皇帝）とマクシミリアン一世（神聖ローマ皇帝一四九三～一五一九年）の時代には、巧妙な外交戦略と婚姻政策によって、ハプスブルク家はその支配圏を拡大していった。フリードリヒは息子のマクシミリアンをブルグンドのシャルル公の娘と結婚させ、その領土を引き継いだ。そのマクシミリアンの息子のフィリップは、「両カトリック王国」のフェルナンドとイサベルの娘のファナ

マクシミリアン１世（1459―1519／在位1493―1519）。フリードリヒ３世の子。ハプスブルク家の領土をネーデルラント、スペイン、ボヘミア、ハンガリーに拡大した（デューラー作の肖像画）

ハプスブルク家ルドルフ４世（建設公）。彼は皇帝にはなれなかったが、プラハの皇帝カール４世に対抗して偽の「大特許状」を作成し、選帝侯の地位を主張した。ウィーン大学を創設し、シュテファン教会の建設を大きく前進させるなど、ウィーンの歴史においては重要な役割を果たした

オスマン軍による第一次ウィーン包囲

と結婚し、イベリア半島だけではなくその海外の領土を遺産として引き継いだ。さらに、ボヘミアとハンガリーの王であったヤゲロ家のルートヴィヒ（ハンガリー王ラヨシュ二世）がマクシミリアンの孫娘と結婚、ルートヴィヒの姉アンナがのちにフィリップの息子のフェルディナントと結婚、そしてルートヴィヒが対オスマンのモハーチの戦い（一五二六年）で死亡することによって、ボヘミアとハンガリー王国がフェルディナントのものとなった。

フィリップの息子カールは、一五一六年にスペイン王を引き継ぎ（カルロス一世）、一五一九年にはフランス王フランソワ一世を破り神聖ローマ皇帝に選出され、カール五世（一五一九～五六年）を名乗ることになる。しかしカール五世は、その支配領土の広大さから、三歳年下の弟フェルディナントとの分割支配をおこない、もともとのハプスブルク家の支配地域とオーストリア、ボヘミア、ハンガリーなどの地域をフェルディナントに譲渡し、皇帝権の代理、継承権なども彼に与えた。スペインで生まれ育ったフェルディナントは一五二一年にウィーンに赴き、オーストリア系ハプスブルク領の支配を担うことになる。

カール5世（1500－58／スペイン王〈カルロス1世〉1516－56／神聖ローマ皇帝1519－56）

皇帝カール五世がスペイン、ネーデルラントの支配、フランスとの対抗、地中海支配などに精力を傾けたのに対して、フェルディナントはその後、オスマン帝国の北上に対する防衛、中欧ヨーロッパ内の権力闘争ならびに宗教問題の調停に力を注がざるを得なかった。特に、ルターによる宗教改革の問題においては、二人のあいだには態度の相違がみられた。カール五世が教皇側に立ってルターの破門を支持し、ルターをヴォルムスの帝国議会に召喚し、帝国からの追放を決定したのに対して、フェルディナントはむし

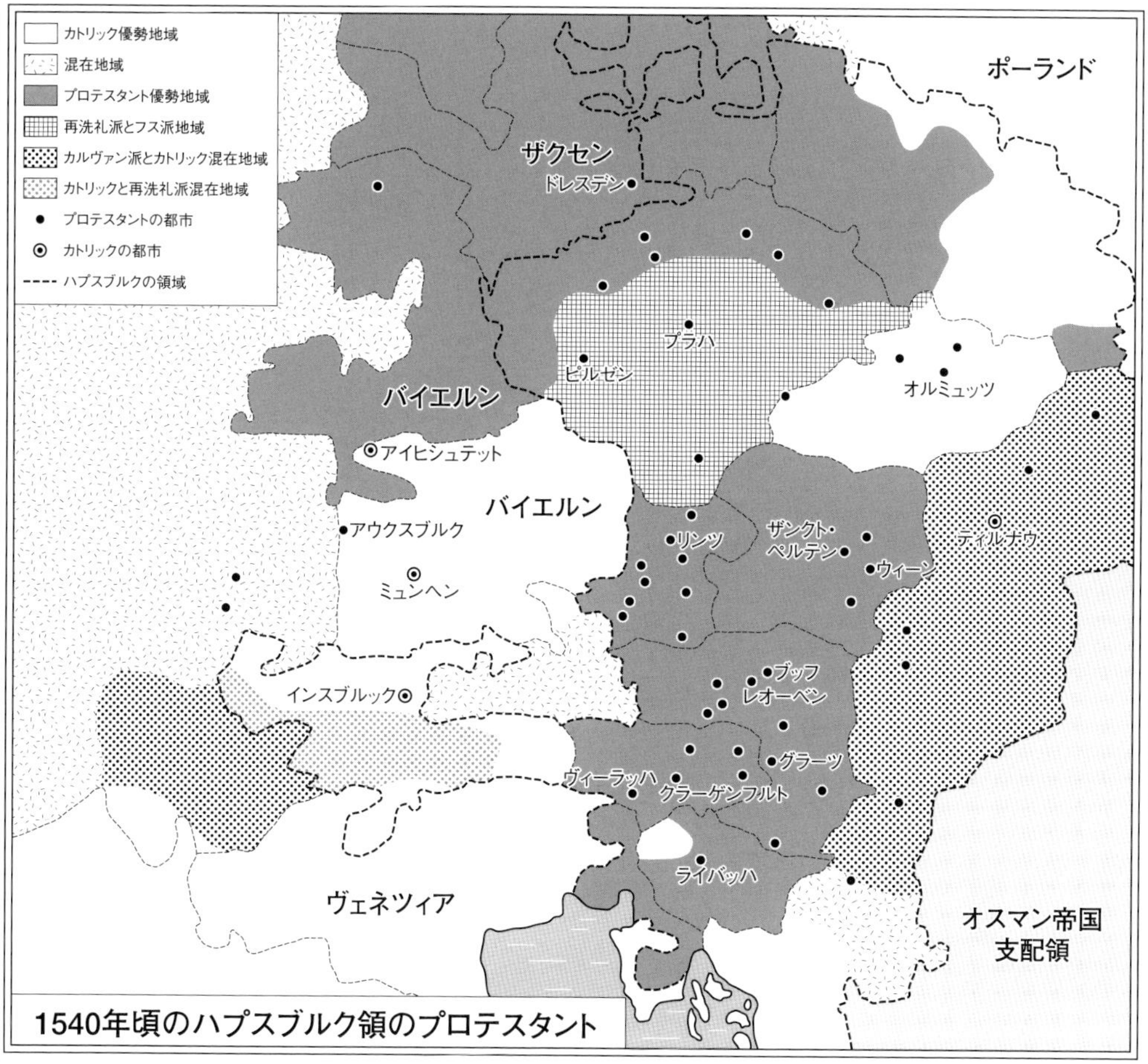

1540年頃のハプスブルク領のプロテスタント

一五四〇年頃のハプスブルク家領およびその周辺の宗派分布。一六世紀の中頃、ハプスブルク支配下の領域においては再洗礼派やフス派、カルヴァン派などのプロテスタントが優勢であった。一六世紀後半にカトリックの反宗教改革の動きが活発化し、一五九五年のフェルディナント二世の登場により強力なカトリック化が始まった

ろルター派を容認する姿勢を示した。それはオスマン帝国との対立にプロテスタント諸侯の協力を必要としたからであった。

一五二六年のモハーチの戦いで勝利したオスマン軍は、オーフェンとペスト（両都市を合わせて、現ブダペスト）を含むハンガリーの大半を征服し、一五二九年秋にはウィーンを包囲した（第一次ウィーン包囲）。やがて補給の不足と寒さのためオスマン軍は引き上げたが、その後もハンガリーを舞台に対立は続き、フェルディナントはドイツのプロテスタント諸侯の援助を受けるために彼らに譲歩しなければならなかった。一五三一年にドイツ王に選出されたフェルディナント一世は、次期の神聖ローマ帝国皇帝の地位を約束されたが、シュマルカルデン同盟（一五三〇年）を結成したプロテスタント諸侯との対立は厳しいものとなった。プロテスタント諸侯は対オスマン戦争の戦費の醵出や軍事援助を拒否し、カトリック諸侯もフェルディナントの妥協を批判した。一五五五年のアウクスブルクの宗教和議は、そうした対立のなかで、フェルディナントが諸侯にルター派を選択する権利を保障し、見返りに対オスマンの防

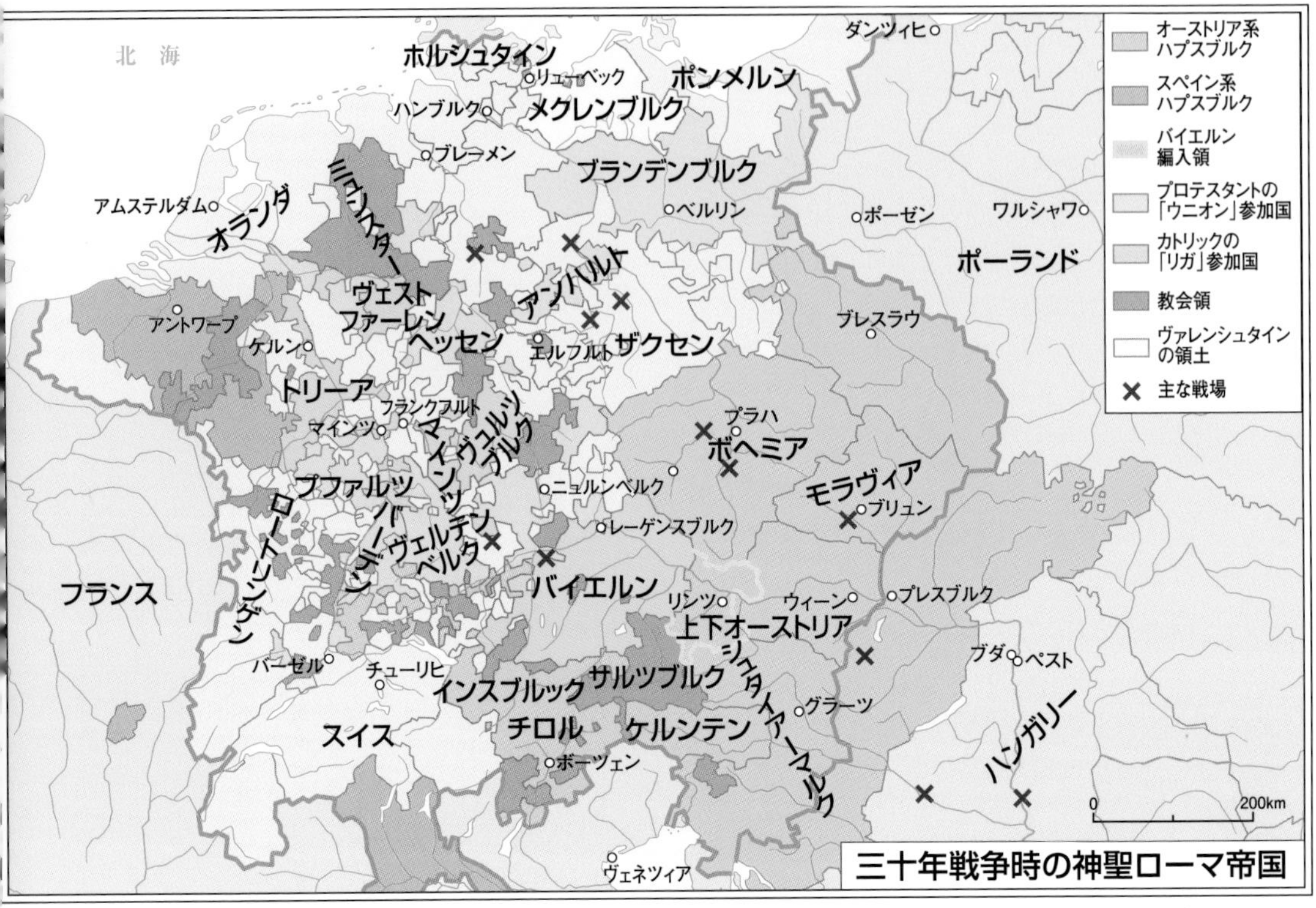

三十年戦争時の神聖ローマ帝国の状況。カトリックの「リガ」とプロテスタントの「ウニオン」および教会領の入り組んだ領土に加え、ハプスブルクの家領もオーストリア系とスペイン系に分かれていた。この時期にはオーストリア系ハプスブルクの領域が、フェルディナント２世の強圧的支配により、カトリックおよび国家的一体性をもっていたのに対し、その他の神聖ローマ帝国の諸領邦は、プロテスタント陣営、カトリック陣営および教会領に分裂していた

衛準備金の醵出を引き出した妥協の産物であった。

フェルディナント一世は息子のマクシミリアン二世をなんとかドイツ王に選出させた（一五六二年）が、マクシミリアンはプロテスタントの教会改革に共感をもっていたため、彼の治世においてはオーストリアやボヘミア、ハンガリーにはプロテスタント（ルター派とカルヴァン派）がますます広がった。マクシミリアンの息子の皇帝ルドルフ二世はもっぱらプラハに居住し、錬金術や占星術などの私的な興味に耽って政治や宗派への関心を示さなかったので、ハプスブルクの政治支配は混乱していった。一六〇六年には皇帝ルドルフの弟マティアスがハプスブルク家の家長であると宣言し、ルドルフに対してオーストリアやハンガリーの支配権を譲渡するよう要求、さらにはプラハを占領し、ルドルフにボヘミア王を放棄することを強要した。その際、マティアスは諸地方の領邦貴族に宗派選択の自由を保障したので、ハプスブルクの支配下ではプロテスタントの勢力はさらに大きなものになった。

この時代にはウィーンおよびオーストリアと呼ばれる領域でのハプスブルク家

の支配はまだ十分に定着しているわけでもなかったし、ハプスブルク支配とカトリックの結びつきも決して絶対的なものではなかったのである。

一六四八年のミュンスター条約（ウェストファリア条約の一つ）を知らせるパンフレット「平和の騎士」

三十年戦争と反宗教改革

一七世紀のはじめに、神聖ローマ帝国内のプロテスタントとカトリックの対立が激化し、それぞれの戦線が形成された。一六〇八年に南ドイツのプロテスタント諸侯が「同盟（ウニオン）」を形成し、それは北ドイツにも広がっていった。これに対してカトリック陣営はバイエルンを中心に「連盟（リガ）」を形成し（一六〇九年）、それは教皇と皇帝に支えられていた。一六一二年、ルドルフ二世が憤死し、マティアスが皇帝に選ばれたが、彼の時代にはハプスブルク家の支配下でもイエズス会によるプロテスタントへの対抗運動が強化されていった。

三十年戦争において、ハプスブルク軍の最も重要な司令官であったヴァレンシュタイン。ボヘミアの貴族であったがフェルディナント二世に仕え、いくつもの戦闘で勝利をもたらしたが、裏切りの疑いを懸けられ部下に暗殺された

一六一七年、皇帝の従兄弟で熱烈なカトリックであったフェルディナントがボヘミア王に任命されると、ボヘミアではプロテスタントの貴族がこれに反対し、カルヴァン派のプファルツ選帝侯フリードリヒ五世をボヘミア王に推薦した。そしてボヘミア等族会議（身分制会議）が、皇帝が送り込んだ総督をプラハ城の窓から投げ出すと（プラハ窓外放擲事件）、フェルディナントはこれに対して断固たる態度を主張し、皇帝はボヘミアに軍を送り「三十年戦争」が始まった。しかし皇帝マティアスはその直後に死去し、フェルディナント（二世）が皇帝に選ばれた。フェルディナントはバイエルンのマクシミリアン公と同盟し、一六二〇年にビーラー・ホラ（白山）の戦いでボヘミア貴族軍を打ち破り、その後プロテスタント貴族を追放し、彼らの領土をカトリック領主に分与した。

こうしてハプスブルクの支配下では、カトリックが独占的な地位を築くことに成功したが、三十年戦争は続いた。戦争は国際化し、プロテスタント側にはイギリス、オランダ、デンマークが加担し、

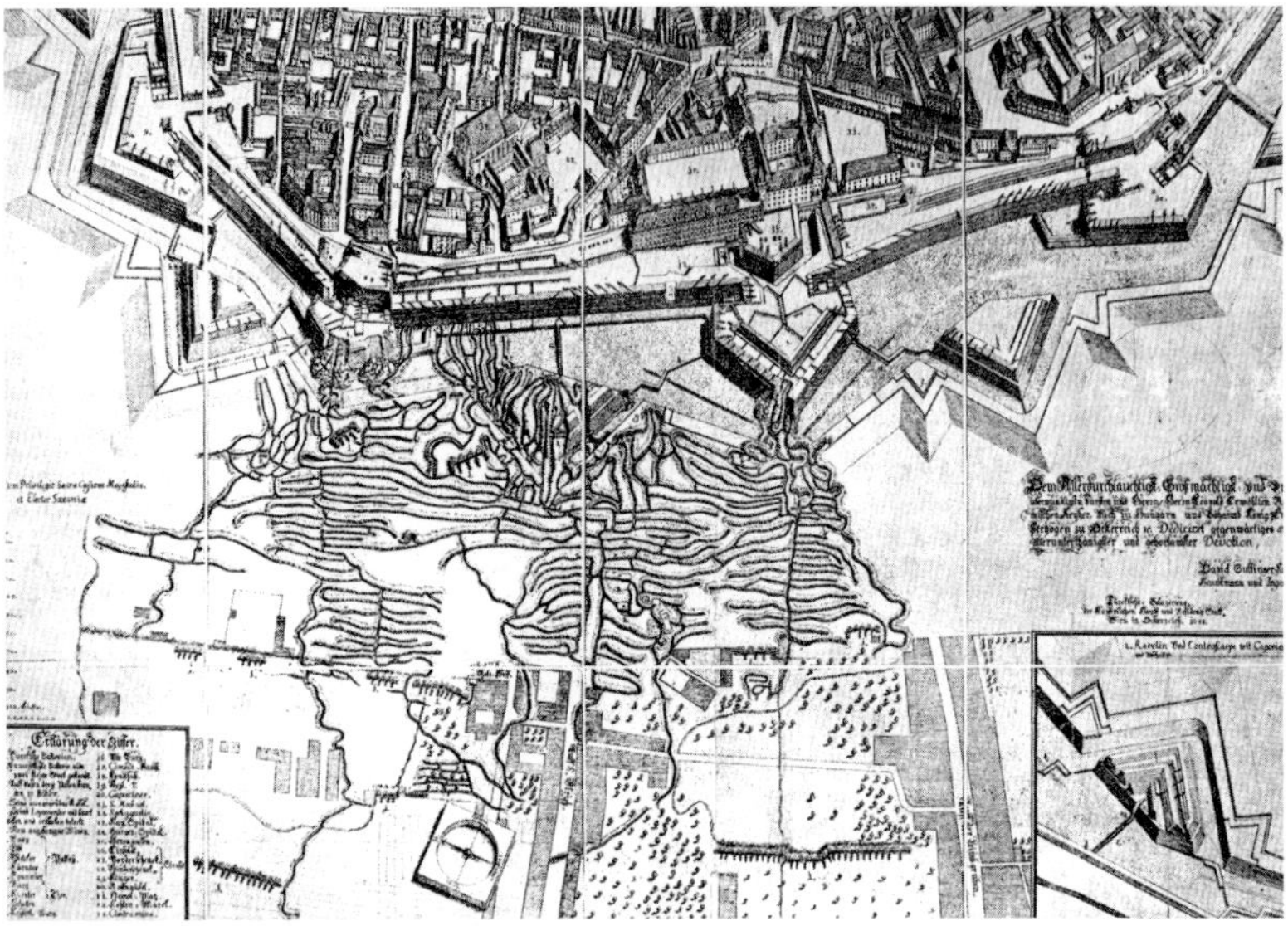

オスマン軍は塹壕（図中央の黒線）を掘り進めて城壁に迫った

皇帝側はボヘミアの貴族ヴァレンシュタインを指揮官としてこれらに対抗した。さらにスウェーデンおよびカトリックのフランスも対皇帝軍に加わり、事態は複雑化した。一六三七年にフェルディナント二世が没し、フェルディナント三世が皇帝を引き継ぐと和平交渉が始まった。五年にわたる交渉の結果、一六四八年にウェストファリア（ドイツ名ヴェストファーレン）条約（ミュンスターとオスナブリュックで結ばれた二つの条約の総称）で和平が成立した。アウクスブルクの宗教和議が再確認され、諸侯の選択できる宗派としてカルヴァン派も認定された。フランスはアルザスなどを獲得し、ブランデンブルク選帝侯はその領土を拡大し、その他のドイツ諸侯の権限も強化された。ハプスブルクは領土を縮小し、皇帝権力は制限され、その領土内の人口は減少し、財政と経済は破綻するという結果を招いたが、カトリックは維持された。

オスマン軍による第二次ウィーン包囲

一六五七年に皇帝フェルディナント三世が没すると、皇帝選挙はフランス王ルイ一四世の介入によって長引いた。ようやく翌年、レオポルト一世が皇帝に選出されたが、ハプスブルク領ネーデルラント（現ベルギー）をめぐるフランスとの対立、ハンガリーの反乱など、ハプスブ

第２次ウィーン包囲の際のオスマン帝国軍の最高指揮官カラ・ムスタファ。ウィーンから敗走後、最後はベオグラードで絞首刑に処せられた

ウィーンを包囲し攻撃するオスマン軍に対し、ウィーンの森から（左側）「ヨーロッパ軍」が攻め込んだ

ルク家の支配をめぐる問題は続いていた。この頃、一時衰退していたオスマン帝国が再び興隆し、一六八三年、ハンガリーをめぐる対立をきっかけに、大宰相カラ・ムスタファに率いられたオスマンの大軍がウィーンをめざして北上してきた。これに対して皇帝はパッサウに避難し、富裕な市民層も大量にウィーンを去った。皇帝軍は、ドナウ川の向こう側に後退し、援軍を待った。一五二九年の第一次ウィーン包囲以降城壁が格段に強化されたウィーンではあったが、町に残されたのは約一万の兵士と五〇〇〇の市民兵のみであった。それに対して、七月半ばにウィーンを包囲したオスマン軍は総勢二五万であった。皇帝と教皇は「キリスト教のヨーロッパ」を守るための援軍と資金援助を呼びかけた。

砲撃と突撃による攻撃と並行して塹壕を掘り進めるオスマン軍の作戦により、堅固なウィーンの城壁も危うくなり、九月三日の戦闘は白刃戦となった。九月一二日に、ポーランド王ヤン・ソビェツキに率いられた「ヨーロッパ軍」がウィーンの森の高台カーレンベルクから駆け下り、ようやくオスマン軍を撃退することができた。その後のオスマン軍への追撃は、サヴォワ公プリンツ・オイゲンの指揮下でおこなわれ、一六八六年にはハンガリーの首都オーフェン（ブダ）を奪還し、その他のハンガリー地域も支配下に収めた。一六八八年にはベオグラードも攻略し、一六九七年にはゼンタの戦いの勝利によって対オスマンの戦闘は終結した。

　一六九九年のカルロヴィッツの和約により、ハプスブルク帝国はトランシルヴァニアを含む広大なハンガリーの領域を支配することになった。その後その南部国境地域には西南ドイツからの植民がおこなわれ、多くの屯田兵が送り込まれた。一七一六～一八年の第二次対オスマン戦争の勝利後、パッサロヴィッツの和約によりハプスブルク帝国は、再征服されていたベオグラードを再度手にし、バナート地域の支配を確立した。しかしこうした拡大された支配領域は、スペイン継承戦争（一七〇一～一四年）後の新たな対オスマン戦争（一七三七～三九年）によって再度縮小される。

　いくつもの戦争によって、ハプスブルク家の支配の中心はドナウ川中流の東南ヨーロッパに移り、ベルギーなどのその他の本来の領土は副次的なものになっていく。同時にウィーンにおいて「キリスト教（カトリック）のヨーロッパ」が防衛され、帝国の支配がカトリックと強く結びつけられたことは、その後のオーストリアの歴史のなかで強調され、その国民国家的自己意識にも大きな影響を与えることになる。

オスマン軍を追撃したプリンツ・オイゲン。彼はフランス軍への士官を拒否され、1683年に皇帝軍に加わり、その後ハンガリーの戦闘に加わり、1697年には対オスマン戦争の総司令官としてその勝利に貢献した。ウィーンの英雄広場には巨大な騎馬像がある

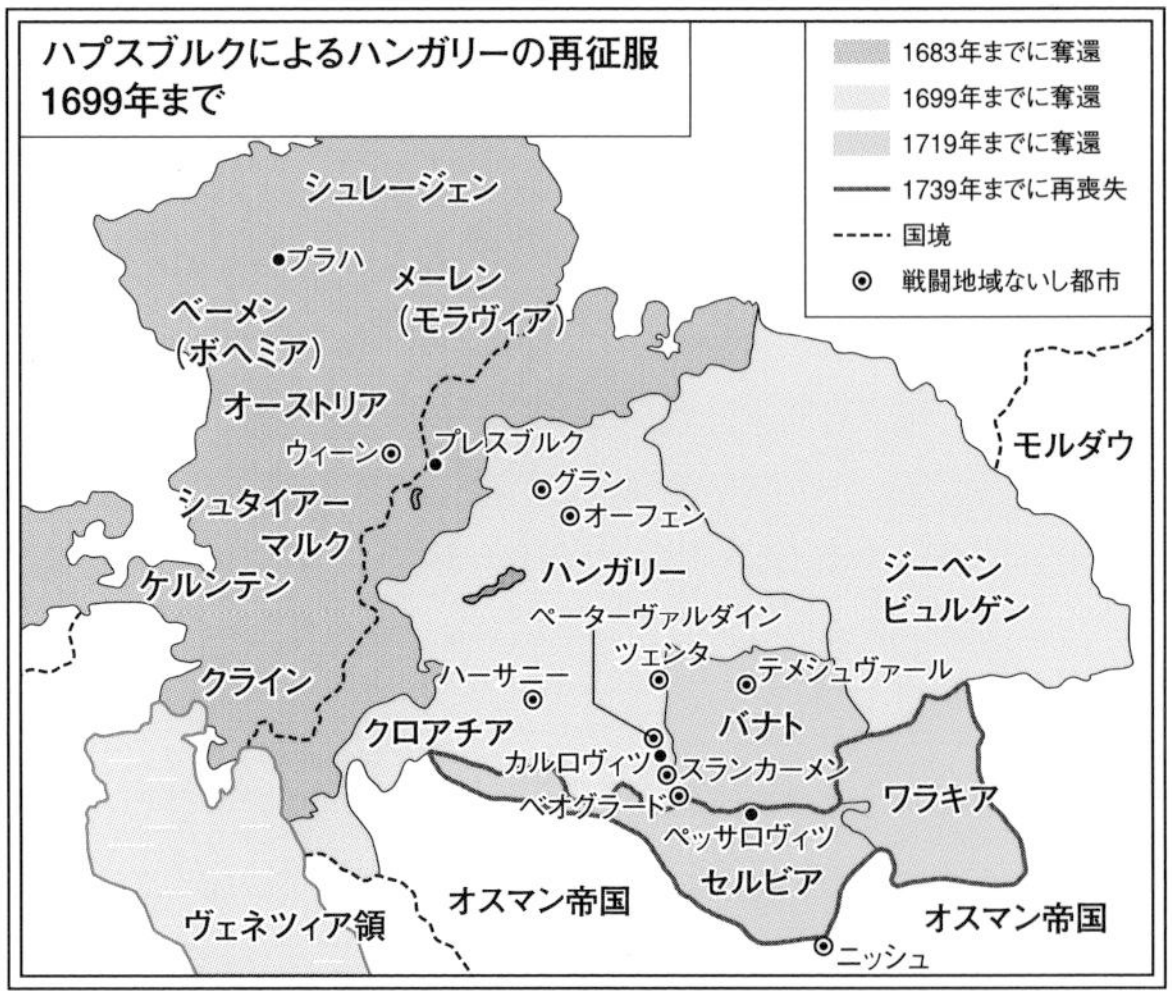

オスマン軍との戦いによるハンガリーなどの支配領域の拡大。1683年のオスマン軍による第２次ウィーン包囲の解放後、プリンツ・オイゲンの指揮下でハンガリーの大部分が再征服された。その後オスマン軍の反撃によりベオグラード付近が軍事的境界になった

コラム 1

オーストリア／ウィーンのユダヤ

ハプスブルク帝国ないしウィーンの歴史は、この地域のユダヤの人々の歴史なしには語り得ない。彼らはこの帝国およびその帝都ウィーンの経済を底辺から支えていたからである。記録には現れないが、ローマ帝国後期に軍の駐屯地であったウィーンにもユダヤ商人が出入りしていたことは想像に難くない。ウィーンにおけるユダヤの存在を示す九〇四年の最初の文書もユダヤ商人に関するものであり、その後の十字軍時代のユダヤの存在証明もワイン畑を経営する商人のものであった。

バーベンベルク時代の皇帝およびその後のハプスブルク家の支配下においても、ユダヤはもっぱら商業・両替ないし金融業を営む集団として皇帝あるいは大公の直属の隷属民という特別な地位を獲得する。そうした特異な特権を与えられた集団として、ユダヤはウィーンに一つの居住区を形成し、シナゴーグも建設された。彼らは皇帝の保護を背景に、帝国内だけではなく、地中海やイスタンブールその

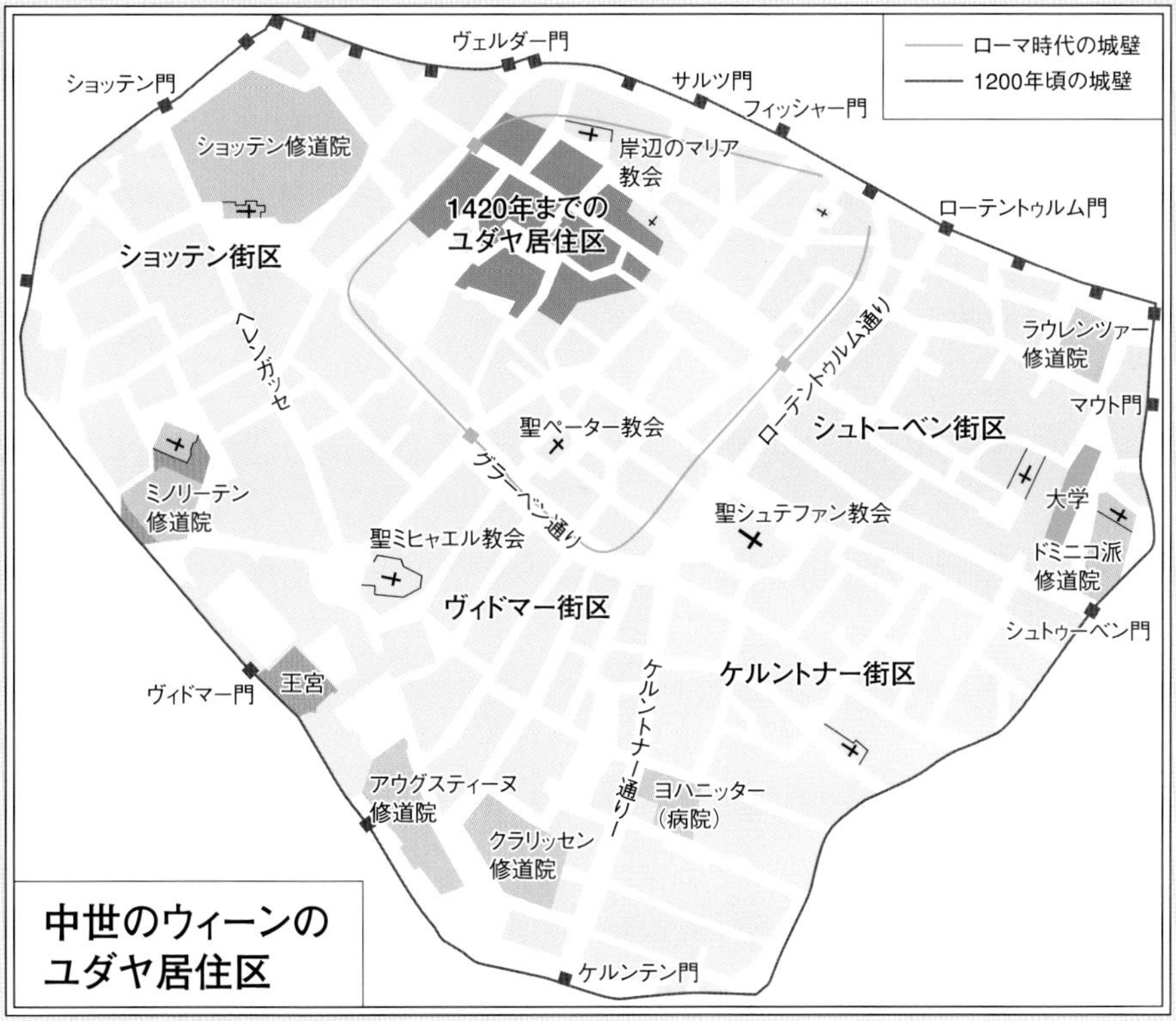

ウィーンのユダヤ居住区とその他の施設。ウィーンの城壁はバーベンベルク家時代の一枚壁のままである。中世のウィーンには軍事的支配者の王宮の他、数多くの教会が建てられた。ドナウ川を利用した商業も盛んで、その重要なに担い手であったユダヤも広い居住区をもっていた

1420/21年のウィーンのユダヤの追放と火刑

他と結ぶ交易路を確保していた。保護に対する見返りに、ユダヤは皇帝に保護税やさまざまな特別税を支払い、資金を供給していた。居住するウィーン市にも税を支払っていた。一四世紀後半には、その数は八〇〇～九〇〇人程で、住民の約五パーセントを占めていた。

十字軍の運動が活発化し、ローマ教皇の異端（ユダヤは異端と規定されてはいないが）に対する攻撃が強化されるなかで、一二一五年の第四回ラテラノ公会議はユダヤに対する隔離と差別を決定する。それは数十年後にはウィーンにも適用され、ウィーンのユダヤの居住区も壁と門によって囲まれていく。その後、一四〇六年のユダヤ街の火災と略奪によってユダヤの税負担能力が著しく低下すると、大公アルブレヒト五世と市民はユダヤの追放を考えるようになった。政争とフス戦争が事態をさらに悪化させた。神学生たちはユダヤがフス派のスパイであり、彼らに武器を提供していると決めつけ、一四二〇年夏に大公は追放を決定した。最初は、貧しいユダヤが追放されたが、残った者たちにはさらに過酷な運命が待っていた。翌年ユダヤは強制洗礼され、多くのユダヤはシナゴーグで自殺した。さらに残った二〇〇～三〇〇人はドナウの川原に積まれた薪の上に載せられ焼き殺された。その後の一五〇年間は公式にはウィーンにユダヤは存在しなかった。ユダヤの舞台はプラハに移っていった。

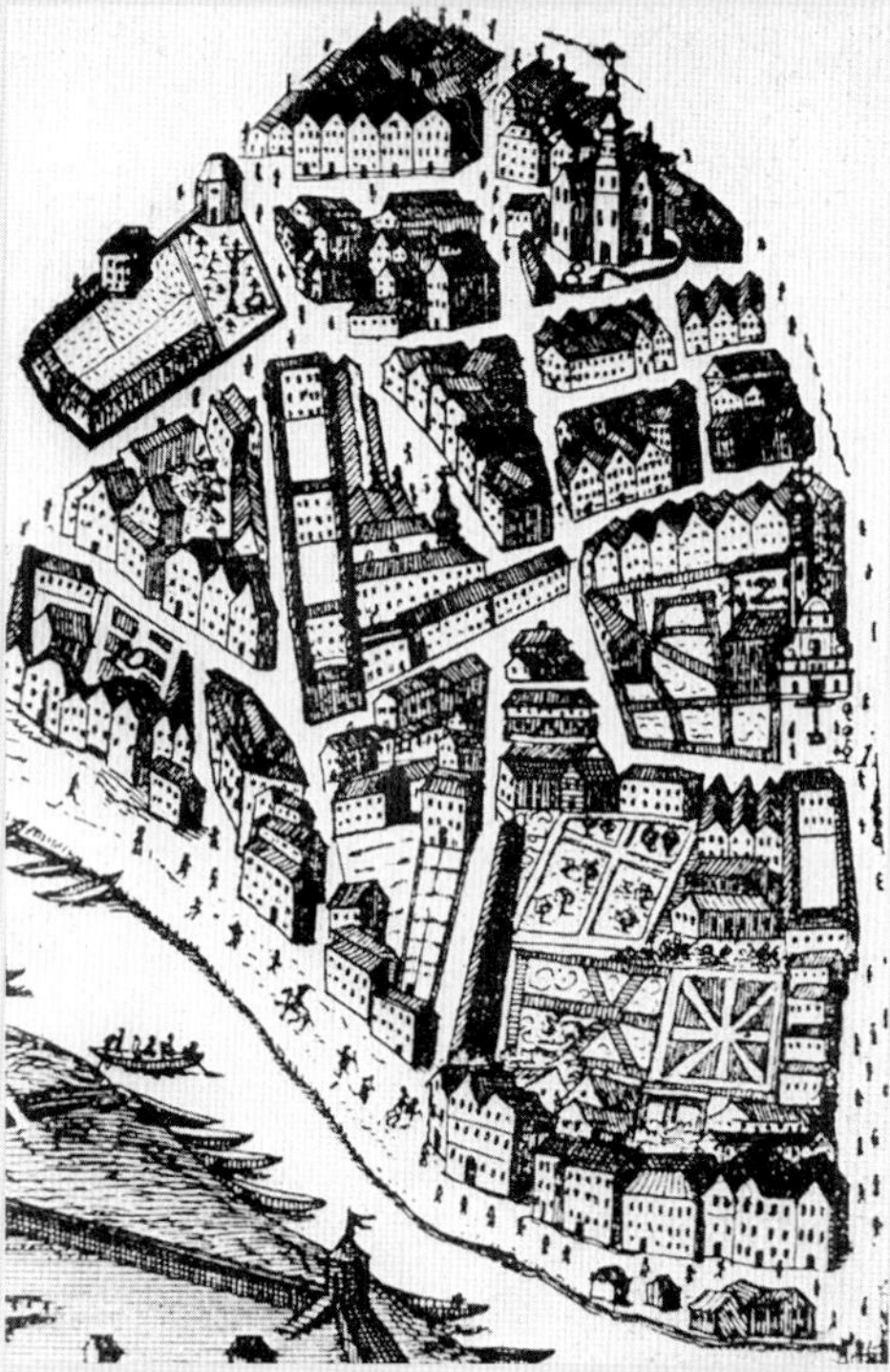

ドナウ川支流の対岸につくられた第2のユダヤ居住地区（現在のレオポルトシュタット）

皇帝はユダヤとの関係をしだいに復活させていったが、公式に記録されたユダヤとの交渉記録は一五八二年まではない。しかし、その頃までにはすでにウィーンには皇帝の特別の許可を得てかなりの数のユダヤが居住し、宮廷経済に多大な貢献をしていた。特に一七世紀前半の三十年戦争に際して、皇帝は多額の資金を必要としたので、多くのユダヤに特権を与えて武器や糧秣《りょうまつ》、馬などを調達した。一六二五年には、ドナウの支流の向こう側（現在のウィーン二区のレオポルトシュタット）に新たなユダヤ居住地区がつくられ、教団形成、シナゴーグの建設も許された。人口は一三〇〇人に達した。

しかし、このユダヤ居住地区の存在は長くはなかった。この強力な商業・金融集団に対して反感を抱いていたのはウィーンの市民層であり、それに対応したのはキリスト教の教会ないし修道会であった。皇帝レオポルト一世はスペインでイエズス会の教育を受けたマルガリータを妻に娶ったが、さまざまな出来事の原因にユダヤの存在を関連させ、一六六九年にはユダヤの追放を決定するにいたる。要因はむしろ経済的なものであったが、理由付けは神学的に組み立てられていた。一六七〇年、ユダヤは馬車や徒歩で長い行列をなしてウィーンを去り、多くはボヘミアやハンガリーへと移り住んだ。特に金持ちの五〇家族が敵対者のプロイセン王に引き取られ、三十年戦争で荒廃したベルリンの復興に貢献したことは、歴史の皮肉であった。ユダヤ居住地区は、追放後市民たちに売却され、地名はレオポルトシュタット（レオポルトの町）と改められた。

ユダヤの去ったウィーンの経済はたちまち衰退し、一～二年後には、皇帝は金持ちのユダヤと帰還の交渉を始めた。折しも、帝国はオスマン軍の再度の進出に脅かされていた。一六七四年、皇帝はすでにプファルツで宮廷顧問ないし軍補給請負人として成功していたサムエル・オッペンハイマーをウィーンに呼び寄せ、対オスマン戦争に備えた。一六八三年のオスマン軍の第二次ウィーン包囲を、ポーランドやドイツ諸国の援軍により辛くもしのいだ帝国は、プリンツ・オイゲンの指揮下でオスマン軍を追撃し、ハンガリーやベオグラードなどを奪還したが、その補給や武器の調達はもっぱらオッペンハイマーによって支えられていた。こうしたユダヤの宮廷顧問は「宮廷ユダヤ」と呼ばれ、市内に豪邸を支給され、銀行や専売制度、税の徴収、貨幣の鋳造、マニュファクチュアの創設などの経済政策に関与し、帝国の財政政策を牛耳る存在になっていく。マリア＝テレジアもユダヤ嫌いではあったが、「宮廷ユダヤ」を解雇することはできなかった。

皇帝レオポルト１世による1670年の２度目のユダヤの追放

「宮廷ユダヤ」サムエル・オッペンハイマー。プリンツ・オイゲンのオスマン軍追撃に貢献した

第二章

マリア＝テレジアとヨーゼフ二世の時代

マリア＝テレジア

マリア＝テレジアはオーストリアの歴史のなかで最も知られた女性であり、現在においてもオーストリア国民の歴史のなかで最も多く言及される人物である。彼女は息子のヨーゼフ二世とともに、ハプスブルク支配領域を中央集権的な国家として統合しようと試み、一九世紀のオーストリア＝ハンガリー二重帝国の基礎を築き、その後継国家であるオーストリア国家の基盤を形成したと理解されているからである。

マリア＝テレジアの戦争と改革

一七四〇年に神聖ローマ皇帝カール六世が死去したとき、ハプスブルク家には男性の後継者がいなかった。カールはそのことを予想し、前もってハプスブルク家の不可分性と相続者として女性を認める家法「プラグマティッシェ・ザンクツィオーン（国事勅令）」をつくり、帝国内の諸侯ならびに諸外国から承認をとりつけていた。しかしカール六世が世を去ると、同法は反故にされ「オーストリア継承戦争」が始まった。

一七三六年にロートリンゲン公（結婚後トスカーナ公）フランツ・シュテファンと結婚したマリア＝テレジアは、同公とのあいだに三人の子供をもうけていたが、いずれも女性で、戦争が始まったときには第四子を妊娠中であった。それでもマリア＝テレジアは自らがハプスブルク家の継承者となることを譲らなかった。

戦争の主要な敵対者はプロイセンのフリードリヒ二世（大王）とバイエルンであった。フリードリヒ二世は直ちに、当時帝国内で最も産業の発展していたオーストリア領シュレージエンに軍を進め、これを占領した。バイエルンとザクセン軍、フランス軍はプラハを占領すると、バイエルンのカール・アルブレヒトをボヘミア王とし、彼はその後ドイツ王（＝神聖ローマ皇帝カール七世）に選出された。フランツ・シュテファンの皇帝への道は閉ざされた。

マリア＝テレジアは生まれたばかりの長男ヨーゼフを抱え、ハンガリー議会があったプレスブルク（ハンガリー語ではポジョニ・現ブラティスラヴァ）に出向いて、ハンガリー大貴族に援助を要請した。多くの特権を約束することによって、マリア＝テレジアは彼らを味方にすることに成功し、戦局を立て直した。彼女は一七四二年五月にシュレージエンを放棄して

マリア＝テレジアの夫フランツ・シュテファン

プロイセンと和約を結ぶと、ハンガリー軍の援助を得てボヘミアおよびプラハからフランス軍を排除し、ミュンヘンを占領することに成功した。プロイセンは再度介入したが、その間に皇帝のカール七世アルブレヒトが没し、一七四五年のドレスデンの和約によって、プロイセンもフランツ・シュテファンの皇帝位を承認し、同年、彼は神聖ローマ皇帝に選出された。

この戦争によってハプスブルク家は、シュレージエンと北イタリアにおいてその領土を削減されながら、ヨーロッパ内での地位を何とか維持し、神聖ローマ皇帝の地位を保持することができた。その後ハプスブルク家は、失われたシュレージエンの奪還をめざし、プロイセンに復讐するために、宰相カウニッツによって長らく敵対関係にあったフランスとの同盟を画策する。一七五六年のブルボン家とハプスブルク家の同盟はヨーロッパ諸国を驚かせた（「同盟関係の革命」）。同年には、ハプスブルク家はロシア、フランスと結んで、プロイセンとの七年戦争を開始し、イギリスと結んだプロイセンを追いつめた。しかし、窮地に陥ったフリードリヒ二世は耐えしのぎ、一七六三年の和約によりシュレージエン領有が再確認された。ハプスブルクとブルボンの関係は維持され、一七七〇年にはマリア＝テレジアの娘マリー・アントワネットがフランスの王太子（のちのルイ一六世）と結婚、両家は血のつながりをもつこととなった。

いくつもの戦争を耐え抜いたマリア＝テレジアは、帝国の維持のための諸改革に乗り出す。軍制改革、政権の中央集権化をめざした行政・司法・税制などの改

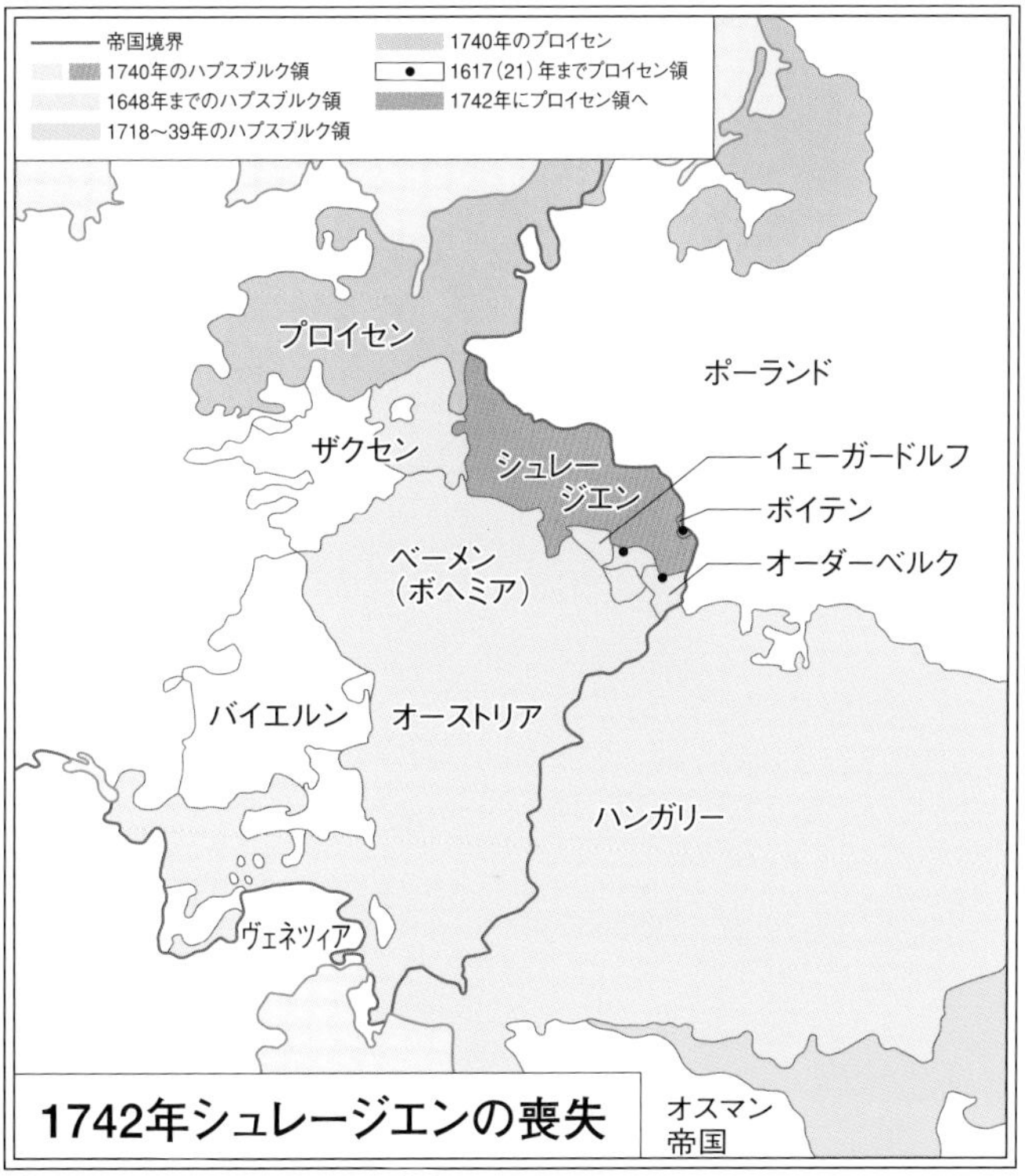

プロイセンによるシュレージエンの併合。シュレージエンとその周辺は産業の発展した地域であり、もともと諸侯の支配が入り組んだ領域であった。1742年にプロイセンのフリードリヒ2世はシュレージエンを軍事的に占有した

マリア＝テレジアの改革の１つ「一般学校条令」により、教会によらない普通小学校がつくられた

「一般学校条令」では孤児院もつくられた。

革、学校制度の刷新などがおこなわれた。特にマリア＝テレジアが重視したのは教育制度の改革で、一般学校条令を発布し、各地に小学校を創設し、帝国内のすべての言語で教科書を印刷させた。また一種の国勢調査を実施し、帝国全土の地図を作成させた。対オスマン戦争で荒廃した東南部の国境地域にはドイツ人の入植者を募り、彼らに家屋建設のための木材や道具、家畜、馬車・鋤などを与え、それらの地方の再開発をおこなった。家領内において農奴制度を廃止し、魔女裁判と拷問を禁止したのもマリア＝テレジアであった。さらに彼女は宮廷内の贅沢をチェックし、豪華な馬車や橇を廃止し、高価な馬の買い付けや膨大なワインの蒐集を止めさせた。

皇帝のフランツ・シュテファンは政治からは身を引き、帝国の儀式以外はすべて有能な妻に任せきりであった。しかしフランツ・シュテファンは経済面ではその能力を発揮し、模範農場や木綿工場、陶器工場などを経営し、戦争によって疲弊したハプスブルク家の立て直しに大いに貢献した。一七六五年のフランツ・シュテファンの卒中による突然の死はマリア＝テレジアを落胆させ、彼女は以後、黒色の衣服しか身につけなくなった。その後マリア＝テレジアの死までの一五年間は平和な時代であり、その間にハプスブルク帝国内の経済は発展し、ウィーンには数多くの宮殿、修道院が建設され、バロック建築の最盛期を迎えた。マリア＝テレジアの時代は、中欧におけるハプスブルク帝国の中央集権的領域国家としての一体化がおこなわれた時期であり、そうした方向をさらに押し進めようとしたのがヨーゼフ二世であった。

ヨーゼフ二世の寛容令

フランツ・シュテファンの死により神聖ローマ皇帝となったヨーゼフ二世は、ハプスブルク家領の統治に関しては母のマリア＝テレジアとの共同統治をおこなった。彼自身も二年前に妻のイサベラを亡くし、幼い娘も数年後に失ってしまう。二人は孤独な共同統治者であったが、常に相争ってもいた。

ヨーゼフ二世は倦むことなくヨーロッパ中を旅してまわり、さまざまな知見を

ウィーンの街はバロック建築の最盛期を迎えていた。アム・ホーフ広場の市民武器庫。市民の生活も描かれている

喪服姿のマリア＝テレジアとヨーゼフ２世（右端）

シェーンブルン宮殿

吸収していった。一七六九年にはプロイセンのフリードリヒ二世と会見し、マリア＝テレジアと異なり彼を改革者として高く評価した。のちに彼は、マリア＝テレジアの反対を押し切り、フリードリヒと第一次ポーランド分割をおこないガリツィア地方を併合した（一七七二年）。一七七七年に、妹のマリー・アントワネットを訪ねルイ一六世とも会見し、その後まさに「ツール・ド・フランス」（フランス一周旅行）をおこなった。彼の関心はフランスの交通網、マルセイユの検疫制度、リヨンの絹織・ビロード製造業、軍事的施設や軍事教育制度などであった。ハプスブルク領ネーデルラントとオランダ、さらにはフランスを再訪した際には、港湾施設、行政、軍事教育に関心を示し、オストエンデ港を自由港としてその繁栄を導いた。二度にわたるロシアへの旅は、軍事施設や海軍施設への関心からなされたが、同時にロシア大衆の貧困も見逃すことはなかった。

　一七八〇年、マリア＝テレジアが六三歳の天命をまっとうしたとき、ヨーゼフ二世はようやくハプスブルク帝国の単独支配を手にし、情熱的に改革を遂行し始めた。彼の主要な関心は教会と修道院の

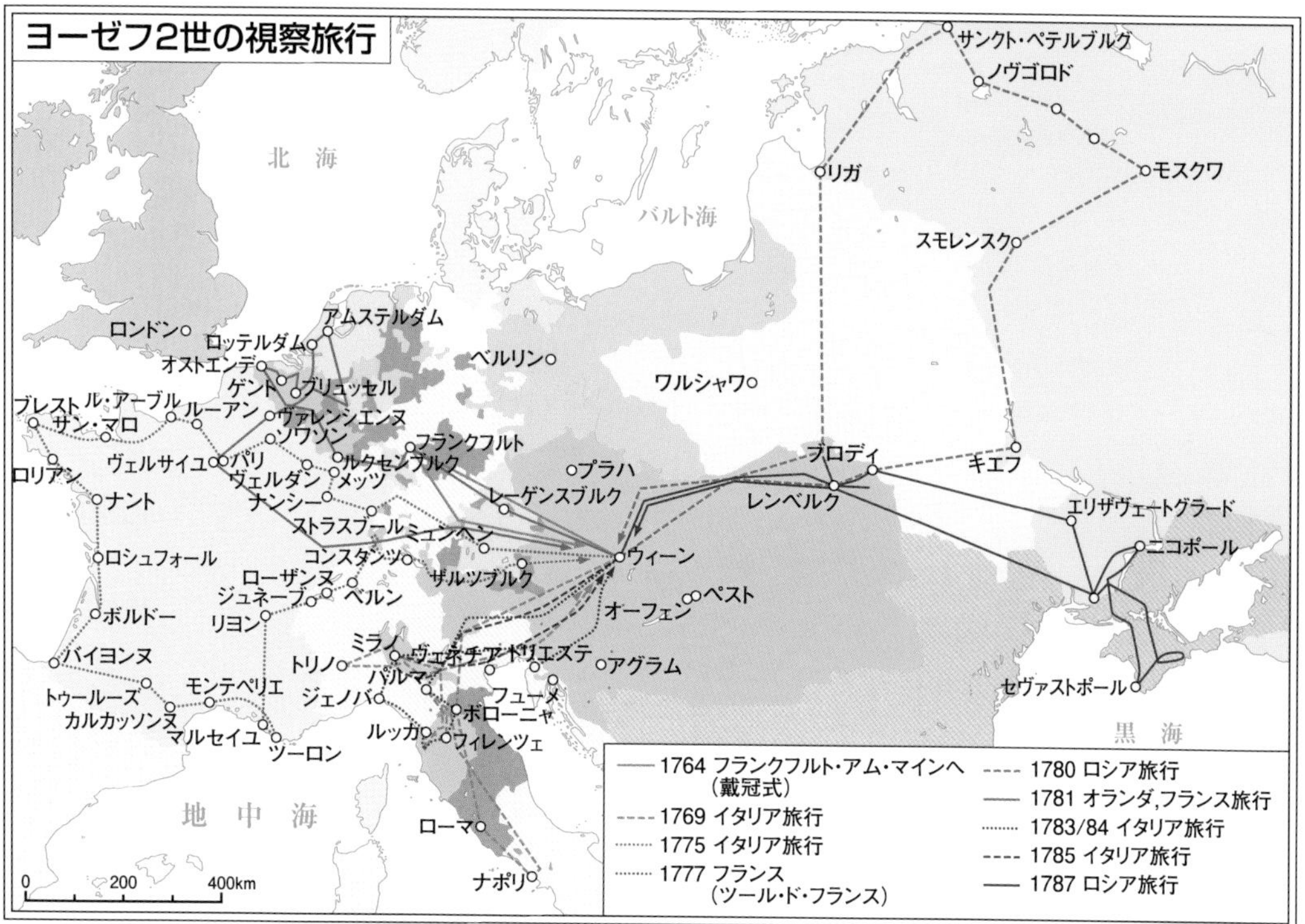

ヨーゼフ２世は、その支配の知見を広げるため数多くの視察旅行をおこなった（内容は本文参照）。ハプスブルクの支配下にあったイタリアはもとより、特にフランス一周の旅行やハプスブルク領ネーデルラント、オランダ、ロシアへの旅行は彼の見識を広めた

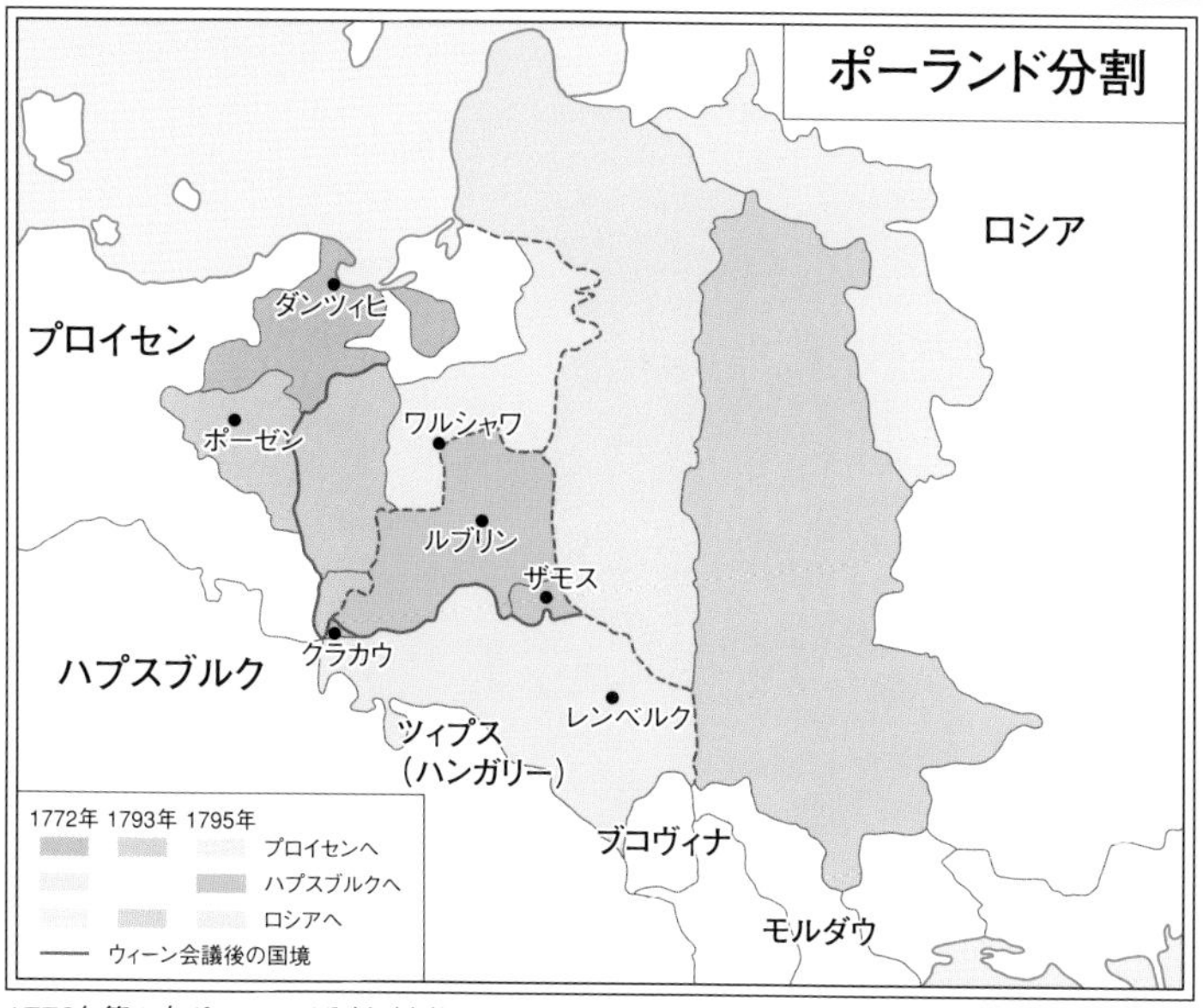

1772年第１次ポーランド分割（含第２・３次）。ポーランドは３度にわたり分割され消滅するが、ヨーゼフ２世は第１回分割に関与し、南部ポーランドのガリツィア地方を領有した。第３回分割によりハプスブルクが獲得した領域はウィーン会議で放棄された

影響力の排除であった。一七八一年一〇月に発布された「寛容令」は、非カトリックのプロテスタントとギリシア正教会に宗派の自由を与え、それぞれの教会建設を許可した。一一月には、教育と施療の活動をおこなっていない七三八の修道院を廃止し（一七七〇年時、帝国内には二一六三の修道院があり、四万五〇〇〇人の

1784年、ヨーゼフ２世によりウィーンの城壁外に「総合病院」が建設され、現在に受け継がれている。建物は現在は大学施設として使われている

ヨーゼフ２世と教皇ピウス６世。ヨーゼフ２世の対教会政策に対して、教皇は抗議のためにウィーンまでやってきたが、ヨーゼフ２世はその意志を曲げなかった

修道士〔女〕がいた）、その施設・財産は国家管理下に移された。帝国内の村々には各派の教会が建てられ、その数は数千に及んだ。教会の儀式は簡素化され、誰にでもわかるものとされた。その影響力を制限されたローマ教皇は、わざわざウィーンにまでやってきて抗議したが、ヨーゼフ二世は歓迎を装って意に介さなかった。宗教的権威に対する政治的権力の優越が示された。翌年には「ユダヤ令」によってウィーンのユダヤ居住地区とユダヤの印が廃止された。

その他の改革においても「ヨーゼフ主義」に対する批判や反対も多かったが、ヨーゼフ二世はその意志を押し通そうとした。一七八二年の全帝国内の農奴制の廃止はいくつかの地域では実現不可能であったし、一七八九年の圧倒的に農民に有利な租税法（フランス革命前の最も革命的な法と言われる）は、大経営の大領主たちの反対にさらされた。ドイツ語を帝国の「国語」にしようとしたヨーゼフ二世の試みは、特にハンガリーの反対によって挫折した。

倦むことなく孤独に改革を押し進めたヨーゼフ二世は、一七九〇年に五〇歳の生を閉じたが、そのときにはすでにフランスにおいては革命が勃発していた。弟のレオポルトが後を継ぎ、フランクフルトで戴冠され皇帝レオポルト二世となったが、二年後に死去し、二四歳の息子が若き皇帝フランツ二世として後を任された。

コラム 2

ハプスブルク家とモーツァルト

ヴォルフガング・アマデウス・モーツァルトが初めてウィーンにやってきたのは、一七六二年のことであった。父レオポルトに連れられ、サルツブルク（当時は大司教領であり、ハプスブルク領ではない）からやってきたヴォルフガングは、姉ナンナールと一緒に、一〇月一三日にシェーンブルン宮殿において皇帝一家の前で演奏を披露した。演奏の後には、モーツァルトは皇帝家の子供たちと遊んだ。「ヴォルファールは皇后のひざに飛び乗り、首に抱きついて、あろうことか皇后に何度もキスをした。結局、我々は三時から六時まで皇后の所にいた」と、レオポルトはサルツブルクに報告している。

二日後、皇帝の使いが二人の姉弟に宮廷の正装服を届けてくれた。それは宮廷の演奏会に皇子と同様な参加が許されたことを意味していた。数日後にはレオポルトには四五〇グルデンの報酬が届けられた。それは彼がサルツブルクで一年間かけて稼いだ額をはるかに上回っていた。

マリア＝テレジアから贈られた正装を身につけたモーツァルト

モーツァルトの楽譜

その後モーツァルト一家は豪華な馬車に迎えられ、貴族たちの宮殿を渡り歩いて演奏をおこない、ウィーン一の売れっ子になった。

当時の宮廷においては、音楽と演劇は貴族の教養として必須のものであり、マリア＝テレジア一家もシェーンブルン宮殿のロココ劇場でしばしば演奏やオペラを楽しんでいた。ヨーゼフ二世は卓越したチェリストでありピアニストであったし、弟レオポルトもピアニストであり指揮者であった。マリー・アントワネットをはじめ妹たちはバレエの名手であり、歌も優れていた。

その後モーツァルト一家は演奏旅行に旅立ち、三年にわたりヨーロッパ中で演奏してまわった。ウィーンに戻ると彼らは再び皇帝たちを前に演奏や指揮をおこなったが、ヨーゼフ二世はヴォルフガングにイタリアでさらに腕を磨いてくるよう助言し、そのためトスカーナやナポリにいる兄弟を紹介しようと約束したと言われる。

第二章

フランス革命とオーストリア帝国の成立

フランス革命の時代はヨーロッパに新たな理念としてのナショナリズムが台頭し、革命の波のなかで神聖ローマ帝国がその終焉を迎え、ハプスブルクの家領が独自の「オーストリア帝国」を名乗った時代であった。

フランス革命と対ナポレオン戦争

レオポルト二世が神聖ローマ帝国の皇帝になったとき、ヨーロッパはフランス革命の話題でもち切りであった。一七九一年六月、フランス国王の国外逃亡失敗とその逮捕という事態（ヴァレンヌ事件）が起きると、レオポルト二世はプロイセンと同盟しフランスに武力介入しようとした。しかし、その実現前にレオポルトは死去し、フランツ二世が帝位を継いだ。一七九二年四月にフランス立法議会が逆にハプスブルクとプロイセンに宣戦布告し、ハプスブルク領ネーデルラントに攻め込んだ（第一次対仏同盟戦争）。九月のヴァルミーの戦いで最初の勝利を得たフランス革命軍は、その後ライン川左岸を占領した。一七九五年プロイセンがフランスと単独講和を結ぶと、一七九七年にはハプスブルクもカンポ・フォルミオの和約により、ロンバルディアとハプスブルク領ネーデルラントを譲渡しなければならなかった。ハプスブルクは北イタリアの一部とヴェネツィア領のイストリア、さらにダルマティアなどを得て、地中海への道を獲得した。

この間、フランス内部ではジャコバン支配下で、国王ルイ一六世（一七九三年一月）と王妃マリー・アントワネット（同年一〇月）が相次いで処刑され、ハプスブルク支配下でも革命に対する好意的傾向は後退していった。そして、カンポ・フォルミオの和約から二年後の一七九九年にはすでに第二次対仏同盟戦争が始まった。今回の同盟者はロシアとポルトガル、ナポリ、イギリスおよびオスマン帝国であった。同盟軍は一時フランス軍を後退させたが、危機を覚えたナポレオンがエジプトから単独帰国し、北イタリア軍の指揮を得て反撃し、皇帝とリューネヴィルの和約を結んで、カンポ・フォルミオの和約を再確認した。しかしハプスブルク家のカール大公はサルツブルクの大司教領とベルヒテスガーデンを与えられ、十分な代償を得た。

カンポフォルミオの和約で、皇帝フランツ二世はライン左岸の支配権をフランスへ譲渡することを余儀なくされ、その地域の諸侯へ代替地を与えなければならなかった。その交渉で外交的才覚をみせたのがラインラント出身のメッテルニヒであった。一八〇三年にレーゲンスブルクで再開された交渉では、ナポレオンの提案により、ライン左岸で領土を失った諸侯の多くが、右岸の大司教領などの教会領によって代替地を獲得し、そのことにより神聖ローマ帝国内に数多く存在した教会領はほぼなくなった。小さな帝国直属都市もその特権を失い、ハンブルク、ブレーメン、リューベック、ニュルンベルク、アウクスブルク、フランクフルト・アム・マインの大都市のみが帝国都市として残された。これにより、神聖ローマ帝国内の領土配置は根本的に変化した。

そうした状況のなかで、フランツ二世はハプスブルク家が「ドイツ王」選挙によって再び皇帝の地位を獲得することはほとんど不可能と判断するようになっていた。一八〇四年五月、ナポレオン・ボナパルトが自らの戴冠によりフランスの皇帝になると、それへの対応として同年八月、フランツはハプスブルクの所領を皇帝領として統合し、自らオーストリア皇帝フランツ一世と名乗った。ここに初めて「オーストリア」を正式名称とする帝国が成立することとなった。しかし「オーストリア帝国」の支配圏は曖昧であった。というのはハンガリーの議会は、この新しい称号が適用されないことを確認したからである。しかも、フランツは形式上まだ神聖ローマ帝国の皇帝でもあった。

一八〇五年、イギリス＝ロシアの同盟に加わったオーストリアに対して、ナポレオンは軍を進め、ウィーンを占領し、アウステルリッツの三帝会戦でオーストリア軍とロシア軍を破った。同年一二月のプレスブルクの和約により、オーストリアはチロルとフォアアールベルク、ヴェネツィア領を失い、代償にサルツブルクを獲得した。しかし翌年には、ナポレオンの圧力の下に南ドイツの諸侯がパリで「ライン同盟」を結成して帝国から離脱し、神聖ローマ帝国は名目上も消滅する。

一八〇九年にはオーストリアはフランスに対抗して単独で北イタリアに軍を進め、フランスと結んでいたバイエルンの支配下にあったチロルではアンドレアス・ホーファー（三八ページ参照）指導下に民衆が蜂起を起こした。しかし、ナポレオンは一気にウィーンに進軍、これを占領し、一度はアスペルンでカール大公の軍に敗れたものの、直後のヴァグラムの戦いでオーストリア軍を破り、一〇月にシェーンブルンの和約を結んだ。この条約により、オーストリアは多くの領土を失い、アドリア海沿岸地域には「イリュリア」というフランスの衛星国がつくられた。カール大公は軍の最高司令官から解任され、代わって外交官として登場したのが、ナポレオンと既知であったメッテルニヒだった。メッテルニヒは最初ナポレオンに対して柔軟な政策をとり、皇帝フランツの娘マリー・ルイーゼをナポレオンに嫁がせた。

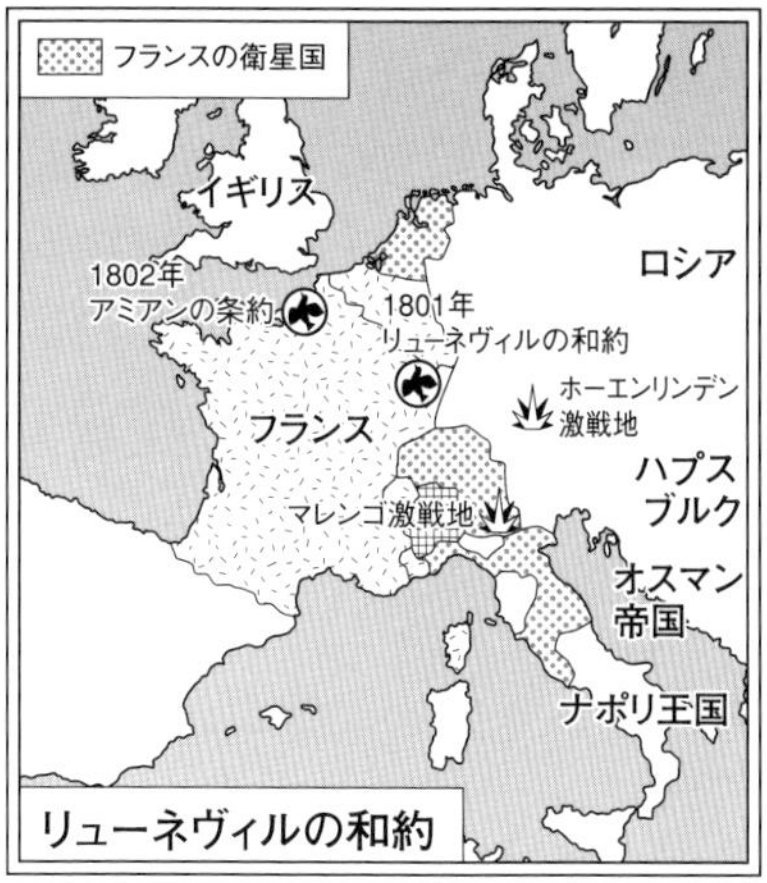

リューネヴィルの和約。1799年に始まった対仏第2次同盟戦争においては軍事指揮者としてのナポレオンが登場し、フランスの危機を救い、1801年のリューネヴィルの和約により、フランスの地位を確保した

一八〇四年、神聖ローマ皇帝フランツ二世は、ナポレオンに対抗して「オーストリア皇帝フランツ一世」を名乗り、新たな帝冠を戴いた。これにより神聖ローマ帝国は事実上消滅した。名目上の消滅は二年後になる

ナポレオンとオーストリア帝国の対立。ナポレオンの最大の対抗者は大陸においてはハプスブルク（オーストリア）帝国であり、両者は最後まで争い続けた。地図上紫線は1809年のシェーンブルンの和約によるオーストリア領。赤縦線部分はウィーン会議まで失われていた領土。赤線はナポレオンの進軍を示す

対ナポレオン戦争において活躍したのは、神聖ローマ皇帝フランツ２世（オーストリア皇帝１世）の弟カール大公であった。イタリア戦線ではしばしばフランス軍を悩ませ、ウィーン近郊のアスペルンではナポレオンに勝利した。ウィーンの英雄広場にプリンツ・オイゲンと向かい合った巨大騎馬像がある

大陸を制覇したナポレオンは、最大の敵であるイギリスを孤立させるために大陸封鎖令を施行したが、それはむしろヨーロッパ大陸の経済を低下させた。特に穀物輸出を主要交易とするロシアがこれを無視したため、一八一二年六月にナポレオンはロシア遠征を敢行した。オーストリア帝国はそれへの参加を義務づけられ、三万の兵を随行させたが、独自の指揮権を維持した。ナポレオン軍はモスク

ワを占領したが、ロシアの厳冬のなかで反撃を受け撤退せざるを得なかった。ナポレオンは命からがら逃げ、約五〇万のフランス軍兵士のうち、生き延びたのは五万にすぎなかったと言われる。ナポレオンの敗北によって、新たにロシア、イギリス、プロイセン、スウェーデンの同盟が成立した。メッテルニヒは妥協を図ろうとナポレオンと交渉したが、ナポレオンがそれを拒否したために、オーストリアもこの対仏同盟に加わった。一八一三年一〇月のライプツィヒの諸国民戦争は同盟軍の勝利に終わった。ナポレオンが有利な和平条件を拒否したので、同盟軍は一八一四年三月末にパリを占領、ナポレオンは退位し、パリの和平条約により、エルバ島に隠遁させられた。フランスは一七九二年の国境より広い領域とサヴォワを維持し、残る問題はウィーンに招集される会議に委ねられることとなった。

ウィーン会議

ウィーン会議は公式の開会式なしに一八一四年九月一八日から一八一五年六月九日まで開催された。その主導権は大陸でのフランスの主要な対抗国であったオーストリアとメッテルニヒが握っていたが、フランスを含め各国の主張は多様かつ対立的であった。特にポーランドの分割とザクセンをめぐっての対立は、同盟国同士の戦争の危険さえ伴っていた。その最中にナポレオンの帰還の報が入り、諸国は再び対ナポレオンで結集し戦争の準備をしなければならなかった。ワーテルローの対ナポレオンの戦いは同盟諸国の勝利に終わり、ウィーン会議は再開された。

　会議は三つの原則に従っておこなわれていった。すなわち国境の復旧、支配者の正統性の保証、起こり得る革命の危険を萌芽のうちに摘み取るために諸国家の結束を構築することであった。そのために、強国の均衡が保証されねばならなかった。いくつかの委員会がつくられたが、オーストリアに関しては「ドイツ委員会」が設けられ、ドイツ諸国の連邦的な結束を追求し、会議も押し詰まった一八一五年六月八日に「ドイツ同盟書類」を採決した。それにより三五の領邦国家と四つの自由都市からなる「ドイツ同盟」が成立し、オーストリアの皇帝ないしその代理によって代表される同盟議会がフランクフルトにおかれた。しかし、オースト

ウィーン会議によるヨーロッパの新体制。イギリス、オーストリア、プロイセン、ロシア、フランスの５大国が主導権を握り、フランスの王政復古が確定した。ポーランドの分割は５大国一致で維持され、イタリア問題は未解決に終わった。ドイツ問題に関しては、神聖ローマ帝国に代わり「ドイツ同盟」が成立した

リアとプロイセンの所領すべてが「同盟」に属しているわけではなかった。ドイツにおけるオーストリアの主導権は一応保証されることになった。またオーストリアは、チロルやロンバルディア、ヴェネツィアなどのイタリア北部とアドリア海沿岸部も再領有したが、ハプスブルク領ネーデルラントはオランダ領となり、オーストリア帝国領の東部ヨーロッパでの一体化が進んだ。

メッテルニヒの時代

ウィーン会議後から一八四八年革命までの時代は一般的に「メッテルニヒの時代」と呼ばれる。ウィーン会議によって成立したいわゆる「神聖同盟」は、ロシア、オーストリア、プロイセンを中心に、ヨーロッパのキリスト教的支配秩序を維持し、革命や自由主義運動、民族運動を押さえ込む役割を果たすものとされた。

一八一九年、ロシアの枢密顧問官コツエブーが暗殺されると、ドイツ同盟はカールスバート決議を出し、検閲制度を強化し、民族運動の中心となった大学への監視を強めた。イェーナ大学で成立したドイツ民族主義的学生同盟ブルシェンシャフトや民族主義的な傾向をもった体操協会などが禁止された。その後もイタリアの民族運動やスペインの騒乱、ギリシア独立運動への干渉がおこなわれていった。しかし、こうした正統主義は、ギリシア独立戦争により破綻を示し、フランスの七月革命やポーランドの蜂起などによって事実上機能しなくなっていった。

オーストリアにおいても、運動を抑えるための検閲、スパイ組織がつくられ、オーストリア帝国は警察国家の様相を示していた。そのため住民は非政治的で小市民的なビーダーマイアー的生活へと沈潜していくことになった。しかし一八四〇年代になると、検閲や警察の取り締まりにもかかわらず、自由主義的な思想がオーストリアにも浸透してきた。検閲を免れることができる学術的な雑誌や本が帝国外から流入し、大学や市民のあいだに読書協会や秘密のサロンが形成されていった。ヨーゼフ二世の改革の続行を主張する者もいた。

経済的状況も大きな転換を迎えていた。それまで抑えられていた工場における蒸気機関や紡績・機織機械の導入解除は、一方では都市の手工業者の没落を招くと同時に、工場労働者の失業を増大させた。ウィーンやライヒェンベルク、シュレージエンにおいては、職工による大規模な暴動が起こり、機械の打ち壊しなどがおこなわれた。それらは一八四八年の革命の序曲であった。

クレメンス・ヴェンツェル・ロタール・メッテルニヒ（伯）。1773年コブレンツに生まれ、1859年ウィーンで没。フランスによるライン左岸の占領後家族とオーストリアに亡命、1801年以降外交官として各地へ。ナポレオンとも既知となる。1809年に外務大臣としてナポレオンとオーストリアの皇女マリー・ルイーゼの結婚を実現させる。ライプツィヒの勝利後にもナポレオンと交渉。ウィーン会議では議長を務め、1821年には宰相となり、その後1848年までヨーロッパの正統主義を維持しようとした

ウィーン会議の戯画。中央白服がメッテルニヒ

ビーダーマイアーの時代。ビーダーマイアーという言葉は1850年代につくられた言葉で、特にオーストリアの19世紀前半における市民の生活スタイルや芸術・文化に対して批判的な意味で使われ、図版のように非政治的で安穏とした小市民的な生活・文化を示した。だが、その時代の後半には、非熟練の労働者や女工たちの失業や貧困が顕著になり、1848年の革命勃発の一要因ともなった

コラム 3

アンドレアス・ホーファー

ナポレオンがスペインの民衆ゲリラに手を焼いていた一八〇九年、オーストリアは単独でフランスに戦いを仕掛けた。

そのとき、フランスに忠実であったバイエルンの支配下におかれていたチロルの民衆は、スペイン民衆と同様に反乱を起こした。バイエルンの支配はフランス式におこなわれ、チロル民衆の宗教生活にも介入していったことが蜂起の一因であった。やがてその指揮を引き受けたのはパッサイアーの宿屋の主人アンドレアス・ホーファーであった。ホーファーは現在のイタリア領の南チロルやバイエルン領、サルツブルクも含むチロル地方の農民を集め国防軍を形成し、一時的にフランス＝バイエルン軍を打ち破り、一時的にチロルの支配権を取り戻した。

しかし、オーストリアがナポレオン軍に敗れ、シェーンブルンの和約でチロルが再びバイエルン支配下に組み込まれると、フランス＝バイエルンの五万の大軍が押し寄せ、最終的にはホーファーの抵抗を打ち破った。蜂起の指導者たちは処刑され、ホーファーは一時身を隠したが見つけ出され、一八一〇年二月にナポレオンの命令により処刑された。チロル地方は三分割され、北部はバイエルンに、トレンティーノとボーツェンと周囲のドイツ語圏はイタリア王国に、東チロルはイリュリアに領有されることとなった。

だが、一時的にもナポレオン軍に勝利し、チロルの支配権を握ったホーファーとその蜂起は、現在においてもチロル愛国主義の最も重要な歴史としてオーストリアの歴史のなかに組み込まれている。

アンドレアス・ホーファー（左）とその部隊（上）

第四章 一八四八年革命

フランスの二月革命に始まる一八四八年の革命運動はヨーロッパ中に広がり、一九世紀のヨーロッパ近代の大きな転換点となった。ウィーンやプラハおよびハンガリーその他の革命もヨーロッパ自体のあり方に重要な影響を与え、オーストリア帝国の体制やその後の歴史に大きな問題を投げかけることになる。

ウィーンの一八四八年革命

オーストリアないしウィーンの一八四八年革命は、さまざまな要素の絡み合いのなかで勃発した。前述のように、自由主義的思想の浸透や労働者の社会的状況の悪化がその要因を成していたが、同時にイタリアの民族運動によるオーストリアの支配権の動揺、賦役制度に不満をもつガリツィアの農民蜂起、パリからの情報に動かされた市民や学生たちの請願運動の活発化などが直接的な動因となって

1840年頃のウィーン。市壁に囲まれた市内区は貴族や大商人の住む保守的な街であり、市壁からリーニエまでの市街区は手工業者・営業者などの小市民の街を形成していた。リーニエの外はもはやウィーンではなく、ギルド規制を受けなかったので、工場やマニファクチュアなどが建てられていく

いった。

　一八四八年三月一三日の朝、ウィーン大学から学生たちのデモ行進が始まった。目的地はヘレンガッセの州議会場であり、彼らが数日前に提出していた請願書への返答を求めての行動であった。メッテルニヒ体制下では信じられない行為であり、学生たちは緊張し、道筋の窓からは住民や女性たちが見守っていた。議会が開かれている建物の中庭ではユダヤの非常勤医師アードルフ・フィッシュホーフが、約二〇〇人の学生・市民を前に、オーストリアで初めての「自由の演説」をおこない、検閲の廃止、憲法の発布、信条の自由、宣誓裁判などを要求した。ハンガリー議会でのコッシュートの演説も読み上げられた。運動の噂はたちまち広がり、城壁の外の市外区や外柵（リーニエ）の向こうからも当時「プロレタリアート」と呼ばれていた労働者たちが棒や工具を手に、ポケットには石を詰め込んで市内に駆けつけてきた。メッテルニヒは断固たる態度を取ることを指示し、軍は市門を閉じ、ヘレンガッセのデモ隊には銃が向けられた。発砲により五名の死者が出た。

　学生や市民、労働者たちは市内各所にバリケードを築き軍隊に対抗した。市民たちは市民武器庫を解放して武装した。閉ざされた市門によって市内への突入を阻止された労働者たちは、市壁の外で独自の革命を遂行した。規定に反する小さなパンを売るパン屋、秤をごまかす肉屋

学生たちのデモ。州議会に対して請願書を提出した学生たちは3月13日にその回答を要求して、大学から州議会場にウィーン最初の政治的デモをおこなった。沿道の窓からは女性たちが手を振って学生たちを励ましていた

城壁のブルク門に押し寄せた労働者たち。閉ざされた門を突破できなかった労働者は独自の革命を遂行した

を襲い、価格の高騰の原因とされる消費税徴収所を焼き打ちし、何よりも労働者を解雇したリーニエの外の工場では機械を打ち壊し、建物に火を放った。それは一種の社会革命であった。

　宰相官邸から市外の工場の火を遠望したメッテルニヒは辞任し、変装してウィーンを脱出、ロンドンへと亡命した。皇帝フェルディナント一世は譲歩し、憲法と出版の自由、検閲の廃止を約束し、軍隊をウィーンから撤退させた。「三月の日々」は革命側の勝利のうちに終わった。軍に代わって市内の秩序を維持したのは、街区ごとにつくられた「国民軍」であった。学生たちは街区に縛られないアカデミー軍を形成した。皇帝は馬車で市内を一周し、市民たちの歓呼を浴びた。しかし、市外区の社会革命はその埒外に置かれていたどころか、市民たちの国民軍による弾圧と逮捕がおこなわれていた。

　ウィーン以外でも事態は激動していた。ハンガリーでは逸早く三月三日にプレスブルク（現ブラティスラヴァ）にハンガリー議会が開催され、コッシュートがハンガリー民族の自由と立憲主義的国家体制を要求していた。プラハでも三月一一日に聖ヴァーツラフ広場で民衆集会が開かれ市民委員会が設置されて、市民的自由を要求する皇帝への請願書が起草された。委員会にはチェコ人とドイツ人の両者が含まれていた。ガリツィアでは、農民の不満を背景に民衆の蜂起が起こり、ポーランド人の民族的独立を求める委員会も成立した。こうして帝国の各地で自由主義と民族的権利を要求する運動や蜂起が頻発し、オーストリアの革命は複雑な様相をみせる。

　約束された憲法の草案が提示されたのは四月になってからであった。内相ピラ

パン屋を襲う民衆

襲撃された消費税徴収所

労働者たちを解雇した工場への襲撃

８月23日、プラーターでの労働者デモへの国民軍と治安衛兵による切り込み

ースドルフのもとに起草された欽定憲法は、農民の賦役の廃止を含んではいたが、全体として政体の現状維持を図る不十分なものであった。五月一五日、その憲法に不満をもつ学生たちが王宮前に「嵐の請願」デモをしかけ、二院制と選挙法の改善を求めた。大群衆が集まり、市外の労働者たちもこれに加わった。危機を覚えた宮廷は、皇帝家族ともどもインスブルックに避難してしまった。ウィーンでは秩序を維持するために国民軍から選ばれた「公安委員会」が形成され、その長にはフィッシュホーフが選ばれた。

五月には失業労働者問題を処理する公共労働省が設置され、五月末には労働委員会が公共労働を組織することになり、大規模な土木工事に大量の失業者が雇われていった。雇われた労働者を率いたのはアカデミー軍の学生たちであった。そのアカデミー軍の解散命令が出された二六日にも学生たちは、バリケードを築いてこれに抗議し、ピラースドルフは解任された。二万に膨れ上がった公共労働の労働者たちは、やがて集団意識を形成し、ウィーンの市民にとっては脅威となるとともに、公共労働を維持する政府の資金も底をついてきた。

八月二一日に公共労働相シュヴァルツァーは女性と子供の賃金の切り下げを発表したが、それは労働者の抗議デモを誘発した。市内での「女性デモ」に続き、二三日にはプラーターの労働者デモが起こり、市内への進入を怖れた国民軍と治安衛兵がこれに切り込み、多くの死傷者が出た。公安委員会には責任はなかったが、委員会は自発的に解散してしまい、革命の本部が失われた。

それまでのあいだに、市民に人気のあった大公ヨハンの取りなしでオーストリア国民議会の選挙がおこなわれて、憲法制定の議会が招集され、七月後半になって皇帝もようやくウィーンに戻ってきた。議会の最も重要な成果は、シュレージエン出身の議員ハンス・クードリヒによって提起された、農民に対する過酷な賦役の廃止法案であり、それは九月になって採択された。

ウィーン以外でも革命的運動に対する皇帝軍の鎮圧がおこなわれていった。プラハでは六月二日に、フランクフルトのドイツ国民議会に対抗して開かれた汎スラブ会議がフランツ・パラツキー議長のもとに開催され、立憲的チェコ王国を要求した。しかしデモ行進の際に、皇帝軍の最高司令官ヴィンディシュグレーツの妻が流れ弾で死亡すると、ヴィンディッシュグレーツは直ちに会議を解散させ、プラハの町を支配下においてしまった。鎮圧のなかで約四〇〇〇人が死亡した。

十月革命

ハンガリーでは、オーストリアからの分離独立をめざすコッシュートが、独自の路線を追求するクロアチアのイェラチッチの軍を打ち破ったが、イェラチッチは議会を招集し、九月には新たにハンガリーへの攻撃を意図してオーストリア皇帝に支援を求めた。ウィーンの議会はこの支援を拒否したが、軍事大臣のラトゥールは一〇月六日に、イェラチッチ援助のため独断で軍に出動命令を出してしまった。ウィーンの革命派はこの命令を革命全体への挑戦と受け取り、鉄道線路を外すなどして実力でこれを阻止しようとした。軍はこれを攻撃したが、アカデミー軍などは逆に軍をウィーンから追放し、ラトゥールは軍事省の建物の前で街灯に吊るされてしまった。皇帝フェルディナントはオリュミッツ（現チェコ領）へと避難し、ウィーンは再度革命派によって支配されることになった。

一〇月一二日、ウィーンの革命軍の司令官にヴェンツェル・メッセンハウザーが就任し、ポーランドの革命家で戦術家ヨーゼフ・ベムが彼を補佐した。フランクフルトのドイツ国民議会からはローベルト・ブルムとユリウス・フレーベルがやってきた。皇帝の指令によってウィーンを包囲したヴィンディッシュグレーツの軍は、有り余る砲弾をウィーン市内とプラーターの星のバリケードに注ぎ込んだ。革命ウィーンの援助のために駆けつけたコッシュートのハンガリー軍には、イェラチッチの軍が干渉し、一〇月三〇日に彼らがシュヴェヒャートに到着したときには、革命ウィーンは陥落寸前であった。プラーターのバリケードは放棄され、城壁に立て籠り最後まで戦ったモビール（遊撃）部隊の労働者と女性たちも制圧された。戦闘での死者は四〇〇〇人、逮捕され銃殺された者数百名。死者は少なくとも二〇〇〇人という説もある。軍事裁判で七二人が死刑判決を受け、二五人が処刑された。そのなかには総司令官メッセンハウザー、ドイツ国民議会の議員ローベルト・ブルムが含まれていた。

アム・ホーフ広場における民衆による軍事大臣ラトゥールの処刑

プラーターの星における攻防

革命の終焉

三週間後の一一月二一日、皇帝フェルディナント一世はシュヴァルツェンベルクを首相に新たな議会をクレムジール（現チェコ領）に招集した。革命を怖れたシュヴァルツェンベルクが提示した憲法は諸国民の平等を謳い、二院制の議会をもった進歩的なものであった。一二月二日、フェルディナントは皇帝の地位を甥のフランツ・ヨーゼフに譲り、自らはプラハに隠遁してしまう。革命運動が鎮圧されていく過程のなかで、シュヴァルツェンベルクは反動的姿勢を強化する。一八四九年三月、彼は軍をもってクレムジールの議会を解散し、数日後に欽定憲法を発表した。しかしそれも自由主義的であるとされ、一八五一年一二月には停止された。多くの犠牲を払った革命の成果は、個人の法の前の平等と賦役の廃止だけとなった。

ハンガリーでのみ革命は続行していた。一八四九年四月一三日、ハンガリー議会はハプスブルク家の支配を廃止し、コッシュートを首班とする共和国を宣言した。ヨーロッパ各地から義勇兵が集まり、国防軍（ホンヴェード）は強力な部隊となった。五月二一日ハンガリー軍は皇帝軍が立て籠っていたオーフェン（ブダ）を占領し、政府はブダ／ペストに帰還した。同日、オーストリア皇帝はロシアと交渉し、援助を要請した。ロシア軍は背後からハンガリーを脅かした。カルパチアが占領され、コモロンの要塞が落ち、ブダも再度オーストリア軍のものとなった。コッシュートはオスマン帝国に逃れ、後任の司令官ゲルゲイも八月ヴィラゴスの戦いに敗れ、ハンガリー政府は降伏した。戦犯裁判は過酷なもので、四九〇人の将校が軍事裁判にかけられ、一一四人が死刑、二〇〇〇人が禁固、一般兵は終身兵役に科せられた。ハンガリー王国は縮小され、ジーベンビュルゲン（トランシルヴァニア）は自立、バナートとバースカはヴォイヴォディナとなり、クロアチアとスロヴェニアは独自の王国とされた。残りのハンガリーも軍事的支配下におかれた。

フランツ・ヨーゼフ1世

ウィーンの革命軍を指揮した司令官メッセンハウザーの処刑

オーストリアにおける一八四八年の革命は、帝国内の民族的地域的分裂傾向を表面化し、帝国体制の階層的階級的対立とその危うさを明らかにした。ハンガリーはすでに独立の傾向を表明し、チェコ人は帝国内のドイツ的要素に対する反発を強化し、ウィーンの市民層は帝国の君主的支配に対して市民的変革を要求し、さらに下層の民衆層は社会的な変革を求めていた。そうした対立や変革の要求は、一九世紀後半のオーストリアにおいてはさらに強化されていくことになる。

ハンガリーの戦い。コッシュートは各地で義勇軍を募り、ハプスブルクへの戦いを続行した。1849年4月には共和国宣言をおこない、5月にはオーフェン（ブダ）とペスト（両者が現在のブダペスト）を奪還。オーストリア政府はロシアの援軍を要請し、夏にようやくハンガリーを押さえることができた

第五章

オーストリア＝ハンガリー二重帝国

1859年対サルデーニャ戦争（ソルフェリーノの戦い）におけるフランツ・ヨーゼフ1世。この戦争に敗れたオーストリアはロンバルディアを失い、凄惨なサルデーニャ戦争は赤十字の設立の契機となった

一八四八年革命の終盤、プロイセンはドイツの自由と統一を求めるフランクフルトの国民議会を解散させ、各地に残る革命勢力を軍事力によって制圧することに成功し、ドイツ諸国に対して強力な発言権を獲得していった。それに対してオーストリアは、十月革命によって革命勢力に帝都を占領され、ハンガリーの独立運動に手を焼き、ロシアの援助によってようやくそれを押さえ込むなど、その支配権の弱体化が露になっていった。そうした両国の相違は、「ドイツ同盟」内の力関係の変化をもたらし、プロイセンによるドイツの統一が実現すると、オーストリア帝国は新たな体制を模索せざるを得なくなり、「オーストリア＝ハンガリー二重帝国」という妥協的な国家体制を生み出した。しかしその二重帝国も民族問題という大きな問題を抑えることはできなかった。

普墺戦争

革命後、オーストリアはロシアの協力を背景に、ドイツ同盟を中心としたドイツ政策を維持することに何とか成功したが、一八五三年、ロシアがバルカンへの進出を図ったいわゆるクリミア戦争においては、西欧諸国側に立つことによってロシアという永年の後ろ盾を失った。イタリアにおいては、一八五九年サルデーニャ＝ピエモンテとその後盾ナポレオン三世との戦いに敗れ、ロンバルディアを失うことになった。

オーストリアは一八六三年、ドイツ同盟の体制変革と一体化の強化を提案し、同盟における指導権の維持強化を図ったが、ビスマルクの勧めによってプロイセン王のヴィルヘルム一世は同盟議会に出席せず、オーストリアの改革提案は議決されたにもかかわらず実行されなかった。しかし同年末に発生したシュレスヴィヒ・ホルシュタイン問題に関しては、オーストリアとプロイセンはドイツ同盟の決議によって共同行動をとった。つまり、デンマーク王によるシュレスヴィヒ・ホルシュタイン両公国の併合要求に対して、両国は共同作戦によってこれを阻止したのである。一八六五年のガスタイン協定によって、ホルシュタインはオーストリアに、シュレスヴィヒはプロイセンの管理下に置かれたが、その両公国の統治のあり方をめぐってオーストリアとプロイセンは戦争状態に入ってしまう（普墺戦争）。同盟議会におけるオーストリアとバイエルンの提案がガスタイン協定違反であるとして、プロイセンがホルシュタインに軍を進めたのである。プロイセンはイタリアと時限同盟を結んでいたが、南ドイツ諸国（バイエルン、バーデン、ヴュルテンベルク）ならびにザクセン、ハノーファー、ヘッセン・カッセルはオーストリア側についた。

オーストリアはイタリア戦線では優位に戦いを進めたが、一八六六年七月のボヘミアのケーニヒグレーツでの戦いで主力軍がプロイセン軍に決定的な敗北を喫し、戦争の趨勢は決定した。ビスマルクは政治的な配慮から、ウィーン進軍を主張する将校を抑え、プラハの和約においてオーストリアのドイツ同盟からの分離を承認させ、ドイツにおける主導権を握ってしまった。和約はさらに、オーストリアに多額の賠償金の支払いを定め、ヴェネツィア州のイタリアへの譲渡を定めていた。南ドイツのバイエルン、バーデン、ヴュルテンベルクを除いて、北部ドイツの諸国はプロイセンに併合され、一八六七年七月には「北ドイツ連邦」が成立した。南ドイツの諸国とは秘密条約が結ばれ、オーストリアはドイツとイタリ

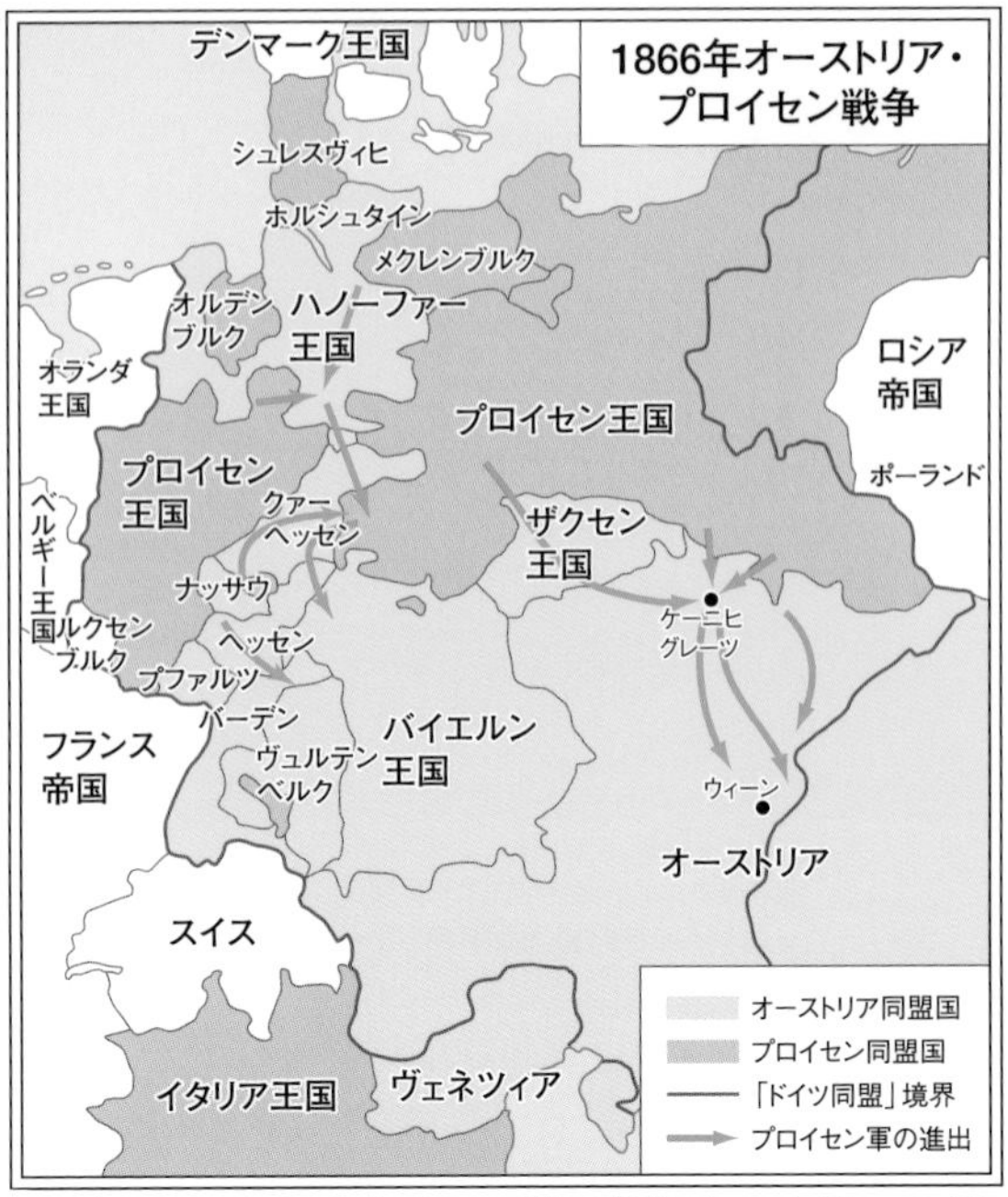

1866年のオーストリアとプロイセンの戦争の推移。ケーニヒグレーツ（現チェコ）の戦いが決定的なものとなった

ケーニヒグレーツの戦い。オーストリア軍は必死の抵抗にもかかわらずプロイセン軍に敗れた。近代化されたプロイセン軍の機動部隊に対して、旧式の装備のオーストリア軍は太刀打ちできなかった。プロイセン軍の死者1960人に対してオーストリア帝国軍は5658人の死者を出した。プラハの和約によってオーストリアはドイツにおける主導権を失った

アでの優越的地位を失っただけではなく、ドイツにおける支配権を完全に失ったのである。

アウスグライヒ（協和）

ドイツとイタリアにおける優越的地位を失ったオーストリアは、多民族的帝国支配に新たな支配様式を導入しなければならなくなった。ハプスブルクおよびオーストリア帝国にとって常に問題であったハンガリー王国の扱いは、革命以降のオーストリア帝国の支配にとっても最大の懸案であった。革命の鎮圧後には停止されていたハンガリー議会は、オーストリア帝国の支配権が弱体化していった一八六一年には再開され、ハンガリー独自の最高裁判所も設置され、ハンガリーはしだいに帝国内の独自の地位を復活し、連邦国家的立場を強化していった。そうした状況のなかで、プロイセンとの戦争に敗れたオーストリアは、ドイツ人による一元的支配への道をあきらめ、ハンガリーとの妥協に基づく二元主義的国家への転換を受け入れざるを得なかった。

一八六〇年代にオーストリアとハンガリーのあいだでは、その関係をめぐってのさまざまな交渉がおこなわれてきたが、特に一八六五年以降の皇帝フランツ・ヨーゼフとハンガリー側の代表フランツ・デアークのあいだの交渉では、オーストリアは一歩一歩後退せざるを得なかった。普墺戦争の敗北後の一八六七年には、オーストリアの帝国宰相フォン・ボイストとハンガリー代表デアークとのあいだで「アウスグライヒ＝協和」が結ばれ、オーストリアは大きな譲歩を余儀なくされた。ハンガリーの独立性は基本的に承認され、「オーストリア帝国」の名称は廃止され、「オーストリア＝ハンガリー二重帝国」という名称が採用された。それは公式には「帝国議会に代表される諸王国と諸州（オーストリア帝国）」と「聖ハンガリー王冠の諸州（ハンガリー王国）」からなる連合国家であり、フランツ・ヨーゼフ一世がオーストリア皇帝とハンガリー国王を兼ねることによって両者が結びついていた。一般には前者は「オーストリア」ないし「ツィスライターニエン（ハンガリーとの国境を流れるライタ川のこちら側という意味）」と呼ばれ、ハンガリーは「ハンガリー」ないし「トランスライターニエン」と呼ばれた。オーストリアの官庁は自らをK・Kと表し、ハンガリーの官庁はm・kないしk・ungと表記し、両国に関わる官庁はk・u・kと記された。

両国はそれぞれの議会と内閣をもち、外交問題、軍隊の統帥権、共同の財政問題以外は、それぞれ独自に審議し決定できた。両者の共通の立法を審議する共同の議会は存在せず、「オーストリアとハンガリーの代表団議会」が相互に代表団を送って隔年毎にウィーンとブダペストで開かれた。ハンガリーの議会は大地主

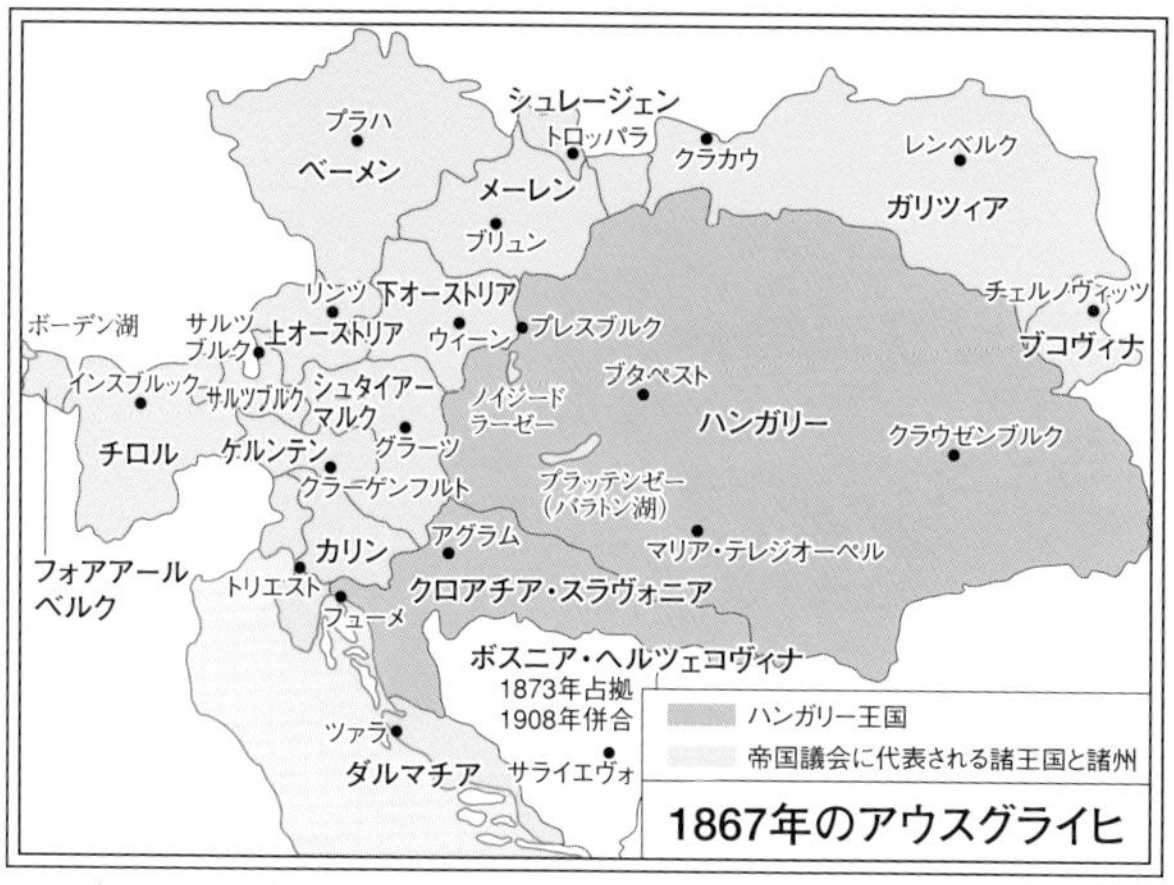

1867年のアウスグライヒによる「オーストリア＝ハンガリー二重帝国」の構成。アウスグライヒ化により成立した「オーストリア＝ハンガリー二重帝国」においては、ハンガリー王国の一体性と海への出口が優先され、オーストリア帝国は奇妙な領域を強いられた

や司教、知識人からなる「上院」と財産制限選挙で選ばれる「下院」から成立していた。それに対してオーストリアには、大公、有力貴族、大司教・司教などからなる「貴族院」と四つの選挙グループ（大土地所有者、諸都市、商工会議所、地方自治体）から選挙される「下院」が置かれた。

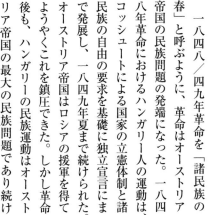

　こうして成立した「二重帝国」は、形式的には二重帝国ではあったが、実態的にはそれぞれの国家領域に他民族を抱えた、ドイツ人とハンガリー人という少数民族により支配された二つの多民族国家の結合体であった（左ページ言語分布図参照）。オーストリア帝国ではドイツ人の優位と支配が維持され、チェコ人やポーランド人などの不満と反発が絶えなかったし、ハンガリー王国においては、「マジャール化（ハンガリー化）」が強化され、クロアチア人やルーマニア人などの反発を常に招いていた。そうした問題が一九世紀後半の二重帝国の主要な問題となっていく。

オーストリア＝ハンガリー二重帝国の支配機構

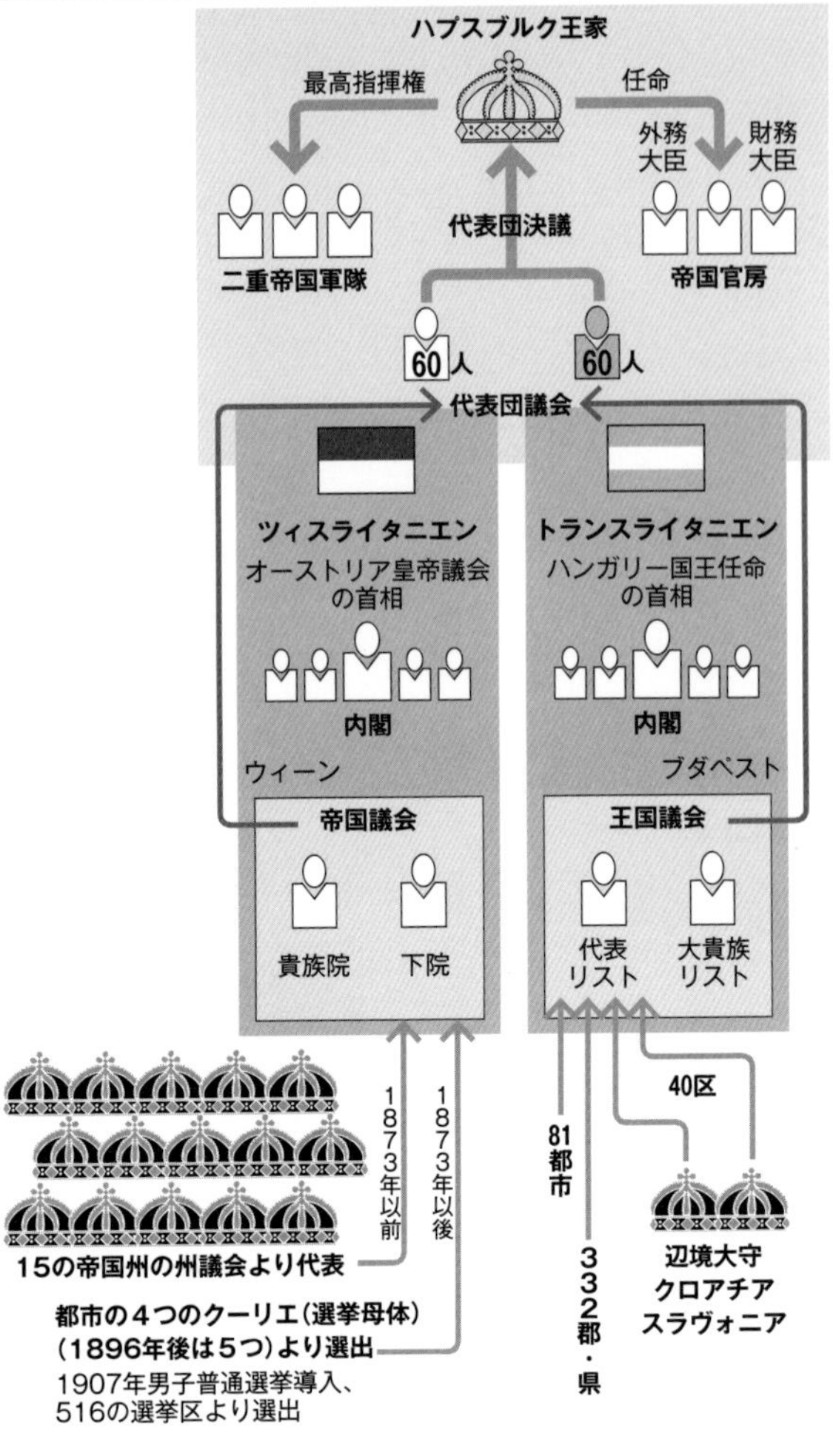

二重帝国の民族問題

　一八四八／四九年革命を「諸民族の春」と呼ぶように、革命はオーストリア帝国の民族問題の発端になった。一八四八年革命におけるハンガリー人の運動は、コッシュートによる国家の立憲体制と諸民族の自由の要求を基礎に独立宣言にまで発展し、一八四九年夏まで続けられた。オーストリア帝国はロシアの援軍を得てようやくこれを鎮圧できた。しかし革命後も、ハンガリーの民族運動はオーストリア帝国の最大の民族問題であり続けた。

　一八六七年のアウスグライヒは、ドイツ統一への主導権を失ったオーストリアがハンガリーの独立性を最大限認め、オーストリア帝国の威信を保とうとした対応に他ならなかった。この時点で「オーストリア帝国」の名称に代わり「オーストリア＝ハンガリー二重帝国」の名称が採用されたが、これさえもハンガリーは公式には使用しなかった。アウスグライヒは、この二つの帝国と王国の国家内に新たな民族問題を生み出さざるを得なか

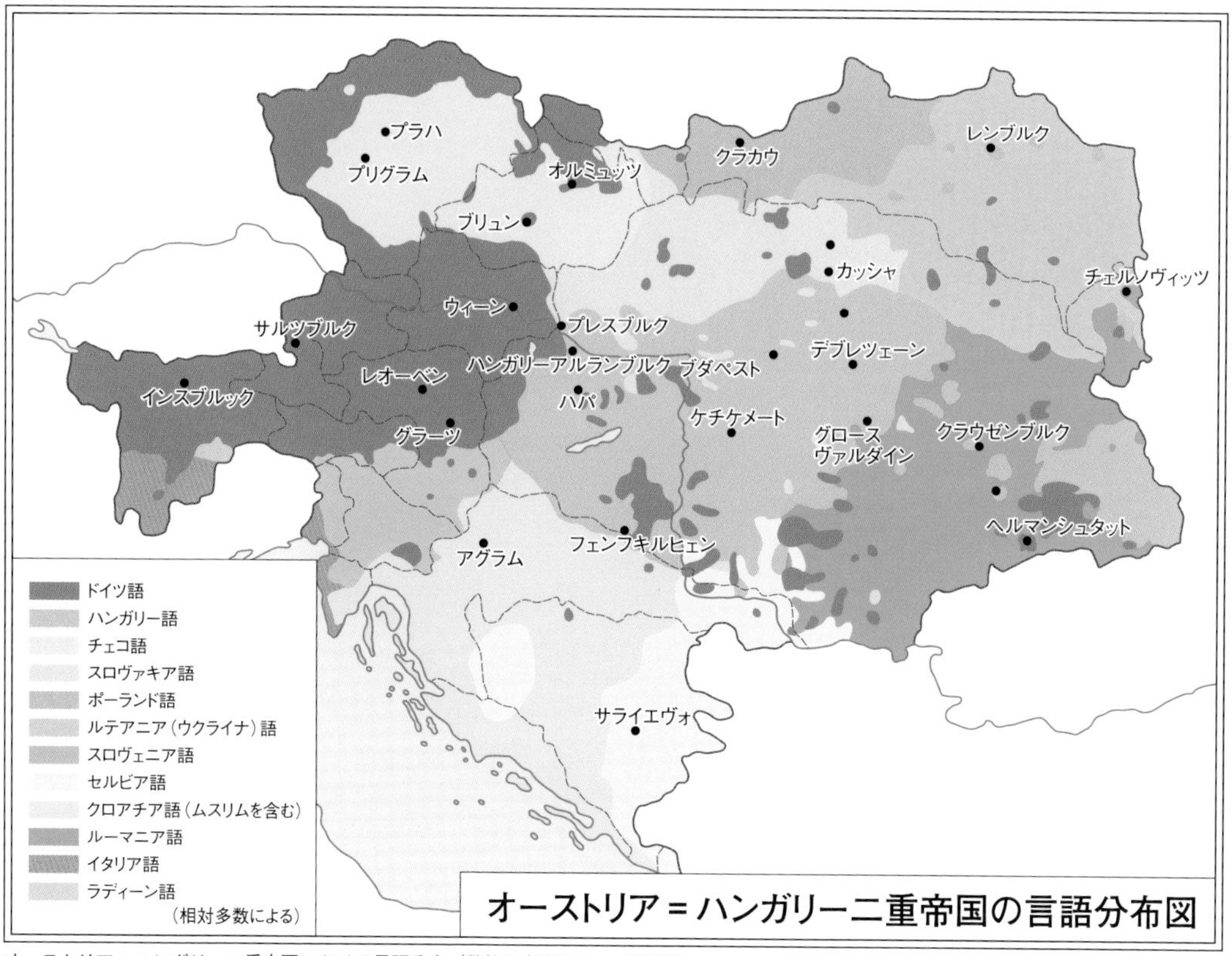

オーストリア＝ハンガリー二重帝国における言語分布（数値は本文49ページ参照）。
二重帝国の言語分布はきわめて複雑な様相を示す

った。両国とも、その基幹民族とみなされていたドイツ人とマジャール人が人口の半数を超えることがなかったからである。ハンガリー王国には、七五〇万のマジャール人（ハンガリー人）に対してクロアチア人二六〇万、ルーマニア人二五〇万、スロヴァキア人一九〇万、さらにはドイツ人二一〇万などが包摂されていた（一八九〇年）。それにもかかわらずあるいはそれ故にこそ、ハンガリー政府は強力なハンガリー化を押し進めていったので、それに対する反発も強かった。

　オーストリア帝国側においてもドイツ人の割合は三分の一程度に過ぎなかった。一〇〇〇万のドイツ人に対して六五〇万のチェコ人、五〇〇万のポーランド人、三五〇万のウクライナ人、一三〇万のスロヴェニア人、その他クロアチア人とイタリア人各八〇万などが包摂されていた（一九一〇年）。そうしたなかで、ハンガリーのみとのアウスグライヒは特にチェコ人とポーランド人の強い反発をまねいた。チェコ人は一八四八年革命以来、そのヴェンツェル王冠の領土としての地位を強く主張していたが、アウスグライヒ以降はハンガリーと同様な地位を要求し、最初はオーストリアの帝国議会に議員を

帝国議会で議事妨害を続けたチェコ人議員

送ることさえ拒否していた。ガリツィアのポーランド人はやはり歴史的なポーランド王国の権利を主張し、ガリツィアの独立性の強化を比較的穏健なやり方で勝ち取っていった。そのため、アウスグライヒ以降のオーストリア帝国において最も大きな問題となったのはボヘミアのチェコ人問題であった。それは民族問題と称されるが、むしろ帝国政治のあり方そのものが問われた問題であり、帝国崩壊の遠因ともなったのである。

　ドイツ帝国の統一がなされた後の一八七一年九月には、帝国政府はフランツ・ヨーゼフをボヘミア王として戴冠させ、ハンガリーと同様なアウスグライヒを結ぶ約束をおこなった。それに対してボヘミア州議会は、王国内での二言語の使用と選挙区の見直し、住民の民族的区分を要求した。ドイツ系の議員はそれに反対して州議会を去り、ハンガリーもこれに反発したので、皇帝フランツ・ヨーゼフは結局この法の認可を拒否してしまい、チェコ人とのアウスグライヒは成立しなかった。チェコ人はその後数年、帝国議会での立法を阻止する行為を繰り返した。

　一八七九年にターフェ内閣が成立し、各州の独自性を擁護するいわゆる連邦主義者が多数を占めると、一八八〇年、行政や役所においてはチェコ語がドイツ語と同等に使用されるとされた言語令が施行された。「ターフェの言語令」と呼ばれたこの条令によって、ボヘミア行政区においては、ドイツ語とチェコ語の両方を習得しているチェコ人の行政官が優位を占めることとなった。さらに一八八二年には、プラハのカレル大学がドイツ語とチェコ語の二つの大学に分割され、チェコ語の科学アカデミーも設立された。こうした展開はドイツ民族主義的傾向を助長し、特にボヘミアのドイツ語地域（のちの「ズデーテン」）にはシェーネラー（後述）の影響下に急進的グループも成立する。

　こうした言語令を中心としたドイツ人とチェコ人の抗争は、ボヘミアの問題から帝国全体を揺るがす問題へと発展する。一八九七年に首相のバデーニがチェコ人の抵抗を弱めるために、ボヘミアにおけるドイツ語とチェコ語の完全な同権を保証するあらたな言語令を発布した。それはボヘミアにおける行政官の役人はすべてドイツ語とチェコ語の両方を修得していなければならないことを意味し、特にドイツ語地域のドイツ人にとっては不利となるものであった。そのためボヘミアのドイツ人急進派は帝都ウィーンでも反対運動を繰り広げ、議会だけではなく、街頭のデモや新聞によるキャンペーンなど激しい行動に訴えた。その結果、バデーニは罷免され、施行された言語令は徐々に骨抜きにされていった。こうしたチェコ人の民族問題の解決は第一次世界大戦まで待たねばならなかった。

コラム 4

ウィーンのチェコ人

一九世紀後半のウィーンは、経済の発展により都市としての吸引力が強化され、帝国内のあらゆる地域からの流入民を引きつけていった。ウィーンの人口は、一八〇〇年の二三万から一八五一年には四三万とほぼ倍増していたが、世紀後半にはさらに激増し、一九〇〇年には一六五万に達していた。この人口増はほとんどが流入民によるものであった。この間にウィーンの都市領域は拡大され、「市外区」（城壁とリーニエ［外柵］のあいだ）や「郊外町」（リーニエの外）もウィーン行政区に取り込まれていったが、流入民は、早い時期には市外区に、世紀の転換期には郊外町に住みついた。

流入民は帝国内の各地からやってきたので、当時のウィーンは多民族多文化的都市の様相をみせていた。当時の統計によれば、「ウィーンに居住権を持つ者」ないしは「ウィーン生まれの者」の割合は、一八八〇年にはいずれも四〇パーセント台にとどまり、ウィーンが曲がりなりにもドイツ人の町といえるようになるのは、帝国の分解を経て一九三〇年代になってからのことである。

そうした多様な民族・文化を内包するウィーンのなかで特に高い比率を示すのはチェコ人とユダヤであった。ここでは特にチェコ人の流入民について詳述しよう。一九世紀中頃までは流入民のなかで多数を占めていたのはハンガリーからの移民であった。一八六七年のアウスグライヒによって、ハンガリーの独立性が認められて以降、ウィーンへの流入は当時行政区としてはベーメン、メーレンと呼ばれていた現在のチェコ地方からの流入が増大する。ウィーン住民の出生地を検討した最近の研究によれば、ベーメン、メーレンおよびシュレージエン出身のいわばチェコ人の割合は、一八五六年には二二パーセント、一八九〇年には二八パーセント、一九一〇年には二五パーセントであった。それは公式の国勢調査と大きな開きをみせる。たとえば、一八九〇年の国勢調査はチェコ人の割合を五・五パーセントと見積もっている。その原因

ウィーン住民の出生地統計

出生地	1856年	1890年	1910年	1934年
ウィーン	207,817人 (44%)	610,062人 (45%)	991,157人 (49%)	1,077,102人 (58%)
下オーストリア	69,353人 (15%)	155,379人 (11%)	225,456人 (11%)	236,524人 (13%)
その他の現在のオーストリア諸州	18,647人 (4%)	51,395人 (4%)	66,754人 (3%)	112,609人 (5%)
ベーメン、メーレン、シュレージエン	105,353人 (22%)	378,074人 (28%)	499,272人 (25%)	292,880人 (16%)
その他の外国（ハンガリー、ドイツ、ガリツィアなど）および不明	68,051人 (15%)	169,638人 (12%)	248,782人 (12%)	155,015人 (8%)
合計	469,221人	1,364,548人	2,031,421人	1,874,130人

チェコ人レンガ工。彼らはウィーンの都市改造の底辺を担っていた

は国勢調査が意図的にウィーンのドイツ性を強調するために、民族所属を母語や家庭語ではなく仕事に使う日常語によって判断したからであった。チェコ人の移民もウィーンへの定着を求めて、ドイツ語を日常語として申請したのである。

チェコ人のベビーシッター

そうしたチェコ人はどこに定住していったか。チェコ人の仕立工や製靴工たちの多くは市外区の五区に住んだが、当時のウィーンの建築ブームを支えたさらに多くのチェコ人レンガ工は、物価の低い消費税管区外の一〇区に集中していた。彼らの不健康な状態を憂えたユダヤの医師ヴィクトーア・アードラーがこの地域で医師として活動し、のちにオーストリア社会民主党を形成したのはよく知られている。

そうした大量のチェコ人流入民は、さまざまなレベルの組織を形成し、ウィーンへの定着を図っていった。ウィーンで生活するための手工業者や労働者の組織、若者の組織、各産業の組織、さらにチェコ人の銀行や新聞の発行などとならんで、子供や若者の教育のための「コメンスキー協会」は特に重要であった。この協会は、当時のドイツ人とチェコ人の民族的対立のなかで、チェコ人の民族意識の維持のための中心組織とみなされていたが、実際には、チェコ人のウィーンへの同化を促進しようとする組織でもあったのである。一八八四年につくられたチェコ人のための遊興公園ベーミッシェ・プラーター（ベーメン人のプラーター〔プラーターはウィーンの有名な遊興場〕）は現在でも健在である。

第一次世界大戦の後、チェコスロヴァキア共和国とオーストリア共和国が成立し、ウィーンからどの程度の人々がチェコ人として故郷に帰り、何人が「オーストリア人」として残ったかは必ずしも定かではない。しかし現在においても、ウィーンの人々の名前や店の看板あるいはウィーンのドイツ語のなかには、相当多くのチェコ語やチェコの影響がみられ、定着していることは確かである。特に、昔から多くの貴族や市民がチェコ人の女性の奉公人をやとっていたことから、チェコ料理がウィーンの食事の基盤を形成していることも忘れてはならない。

第六章
「ウィーン世紀末文化」と反ユダヤ主義

アウスグライヒによって成立したオーストリア＝ハンガリー二重帝国にとっては、民族問題の調整が最大の政治的課題であったが、同時に帝国のそうした多民族的構成を背景に、帝国の首都であるウィーンを中心に独特な文化的発展がみられた。それはウィーンの都市改造によるリングシュトラーセ（環状道路）の成立に端を発するが、世紀末には帝国の没落的傾向に反して華麗できらびやかな文化芸術活動が展開される。その主要な担い手は、帝国内で民族的差異を超えて発想していたユダヤの人々であった。しかし反面、帝国各地から流入してくるユダヤの人々に対する攻撃もしだいに高まり、組織的な反ユダヤ主義の運動も強くなっていった。

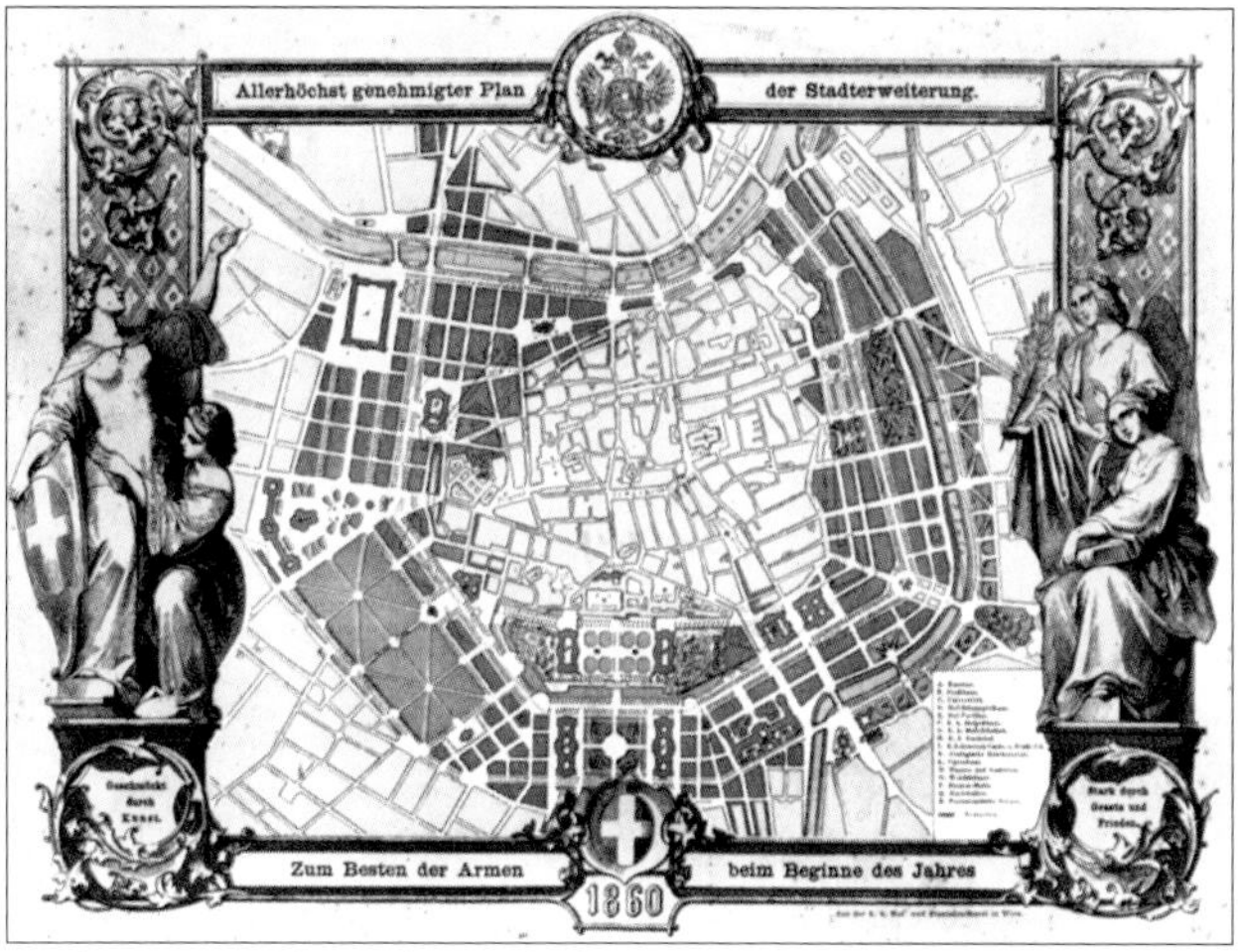

リングシュトラーセの計画図。左上に兵舎、中央左にヴォティーフ教会、右上部には陸軍省がある。左側まん中に見えるヴォティーフ教会に隣接する広場が後に「法と文化の四辺形」となる

リングシュトラーセの成立

一八四八年革命後、ウィーンの市民階層は政治を離れて経済活動に精を出すようになり、そのため一八五〇年代は経済的には発展の時代であった。そうした経済活動にとっては、オスマン軍の包囲を支えた中世以来のウィーンの城壁は、むしろ障害となってきていた。また軍部にとっては、先の革命において城壁は帝国の首都を守るどころか逆にウィーン内部の革命勢力に有利に働いてしまったという認識があった。帝国議会でも市の委員会でも城壁の問題は議論され、軍も宮廷もウィーンの都市を守るために城壁に代わる何らかの施設をつくることを考えていた。その際の敵とはウィーン郊外の工場で働く「労働者（プロレタリアート）」であり市内の手工業労働者であった。

城壁の管理は皇帝の権限下にあったので、その撤去には皇帝の認可が必要であった。一八五七年一二月二〇日、皇帝フランツ・ヨーゼフは勅書を発して城壁の撤去と市民によるその跡地の利用を認めた。それは次のような内容であった。

「市内区と市外区を同じ街として結びつけるために、市内区の拡大にできるだけ速やかに着手すること、それと同時にわ

が王都・帝都の整備と美化に心がけることが、私の意思である。その目的のために、私は市内区の城壁と堡塁ならびにそのまわりの掘割を喜んで撤去するつもりである。堡塁と市の掘割の撤去によって獲得される空間およびグラシ（斜堤）の土地は、その他の目的のために留保されていない限り、諸建築の用地として供される。それによって獲得された利益は建築資金として利用され、国家資産を拡大するために、特に公共の建造物の建設費用として利用されるものである」

そうした城壁の撤去と跡地の利用のために「都市拡張委員会」が設置された。革命の恐怖を払拭できないでいた初期の委員会において、発言力を握っていたのは軍部であり、軍部は王宮と兵舎、陸軍省とそれを結ぶ幅五〇メートルの道路によって市内区を囲み込む案を主張し、さらに皇室の安寧と民心の安定を図るためにイギリスのウェストミンスター寺院を真似たヴォティーフ教会を付け加えた。そうした構想を、『世紀末ウィーン』の著者であるC・E・ショースキーは「サーベルと宗教の支配」と呼んだ。

一八五〇〜六〇年代における軍の権威の失墜は、委員会における軍の発言力の後退をまねき、代わって鉄道建設や建築業などによって台頭してきた市民階層が主導権を握り始めた。一八七〇〜八〇年

壊される前の城壁とバスタイ（シュトゥーベン門の近辺）

オペラ座近くの工事現場

1873年のウィーン万博会場

「法と文化の四辺形」。左から帝国議会場、建築中の市庁舎、ウィーン大学（後方にヴォティーフ教会が見える）、右端に改修中のブルク劇場

代にはリングシュトラーセに沿って巨大な建造物が建てられていった。最初は、オペラ座や宮廷施設の一部として美術史博物館、自然史博物館などが建設された。その後、証券取引所、楽友協会、造形美術アカデミーなどの建設が続いたが、当時の市民階層の力を象徴的に示しているのは、現在、市庁舎を中心としたリングシュトラーセの一角である。

　リングを挟んで市庁舎の正面にはブルク劇場が、右手には国会議事堂が、左には大学がそれぞれ異なった建築様式で建てられた。ウィーンの象徴であるシュテファン教会よりもほんの少しだけ低い市庁舎は、市民自治の全盛時代であったゴシックの時代の様式で建てられ、中央塔の上の騎士像によってシュテファン教会を高さで上回っている。ブルク劇場は貴族と市民が共に演劇を楽しんだと言われる初期バロックの様式であり、大学は学問の繁栄したルネッサンス時代の様式を採用し、国会議事堂にいたっては議会主義が発祥したとされるギリシア様式で、パルテノン神殿に模してつくられている。この一角を上記のショースキーは「法と文化の四辺形」と呼び、当時のウィーン・市民階層の力の表象であるとしている。

　しかし、建物の様式を歴史のなかから選択してきたという「歴史主義」的やり方は、当時の市民階層がまだ独自の様式を持っていなかったからであると批判している。そうした批判はすでに同時代におこなわれており、その批判に基づいて新たな様式や文化が生まれてくる。

「世紀末文化」とユダヤの人々

　一八六〇〜八〇年代には、ウィーンの環状道路には「歴史主義」的建造物が軒をならべ、宮廷や軍隊ないし市民のパレードが繰り返しおこなわれ、それは「リングシュトラーセ文化」と名付けられた。いわば伝統の上に成り立ったこの文化は、一九世紀末には新たな文化運動によって批判され、乗り越えられていった。

　二重帝国において移動の自由、営業の自由が許されると、帝国内における人の移動は活発になり、最後の四半世紀には特に大都市への移動は急増する。ウィーンには仕事を求め、教育や出世を夢みて帝国各地からさまざまな人々が集まり、経済の発展と人々の交流の拡大により東西の諸文化が混合し発展していった。そうしてウィーンやプラハあるいはブダペストは一種の国際文化都市としての様相を見せ始めた。そうした文化を主要に担ったのは、歴史的に国際的ネットワークのなかで生活し、民族的論理に捕われず、多言語に堪能で財産と教養のある同化ユダヤの人々であった。ここではウィーンの「世紀末文化」を中心にみてみよう。

伝統的な文学の分野においては、以前からイーディッシュ（中世ドイツ語から派生したユダヤの言語。文字はヘブライ文字が使用された）文学を花開かせていたユダヤの作家たちが、ウィーン世界への同化とともにドイツ語で小説を書き、当時発展したジャーナリズムやカフェ文化を基盤にして、多くの読者を獲得していった。ヨーゼフ・ロートやアルトゥール・シュニッツラー、フーゴー・フォン・ホフマンスタール、シュテファン・ツヴァイクといった人々は、カフェに集まり国際情勢を仕入れ、議論し、論争し、二重帝国の市民の生活をあるいは面白おかし

カフェ・グリーンシュタイドルには文学サークル「青年ウィーン」の仲間が集まっていた。それにはヘルマン・バール、ホフマンスタール、シュニッツラー、カール・クラウス、アルテンベルクらが加わっていた

アルトゥール・シュニッツラー

カール・クラウス

ヨハン・シュトラウス（子）（1825−1899）

グスタフ・マーラー（1860−1911）

く、あるいは辛辣に、あるときは郷愁をもって描いてみせたのである。プラハではカフカがイーディッシュ文学を引き継いでドイツ語で小説を著していた。そうしたカフェ文学を徹底的に批判する者もいた。同じユダヤ系であるカール・クラウスは、一人で雑誌「ファッケル（たいまつ）」を発行して、世紀転換期のブルジョア文化と二重帝国の政治を鋭く批判していた。

　学問世界においてもユダヤ的発想が、キリスト教的な西欧の発想に新たな要素をもたらし、哲学や医学などにおいて特異な考え方や理論をもたらした。『夢判断』や『精神分析入門』などを著し、精神病理学に新しい分野を切り開いたシークムント・フロイトや、分析哲学を生み出したヴィトゲンシュタイン、その名を

シークムント・フロイト（1856－1939）

音速の単位に残しているエルンスト・マッハなどを挙げることができる。

　一八四〇年代から世紀後半にかけては、いわゆるワルツ音楽がウィーンの最も好まれる音楽であった。ヨーゼフ・ランナーやヨハン・シュトラウス父子がその主役を務めたのはよく知られている。それとならんでいわゆるクラシック音楽も、宮廷の音楽から市民の音楽として一般化し、一九世紀末から二〇世紀にかけては、理論やテクニックにおいて議論が深まり、多くの理論家、実践家を生み出した。その中心には多くのユダヤ系の人々がいた。アントン・ブルックナーとグスタフ・マーラー、アレクサンダー・フォン・ツェムリンスキー、アーノルト・シェーンベルクなどがそうであり、マーラーは宮廷オペラハウス（現オペラ座）の指揮者になるにあたってキリスト教に改宗している。

　彼らとならんで二重帝国内の諸民族の音楽活動も盛んになる。ドイツ的音楽としてはヨハネス・ブラームスやフーゴー・ヴォルフ、チェコではベドジヒ・スメタナやアントニン・ドヴォジャーク、ハンガリーではフランツ・リストやベーラ・バルトークなどが輩出する。彼らはそれぞれの民族的特性を強調し、それぞれ独特なメロディーを追求し、それぞれの民族の独立と二重帝国の解体に寄与することになる。他方、ウィーンの超民族的メロディーは、多分に保守的ではあるが、二重帝国的国際性の響きを残していた。

　東方ユダヤ的傾向を残していた文学や音楽に対して、絵画や建築などの造形美

オットー・ヴァーグナーによる都市改造。ウィーン川を調整し、鉄道を走らせ、駅舎や鉄橋などに独特な装飾を施した

オットー・ヴァーグナーによる
郵便貯金局（上）とその内部

オットー・ヴァーグナーのマヨリカ・ハウス

術はむしろ西欧的影響を受けていた。リングシュトラーセの「歴史主義」的建築を批判して、独自の建築様式の展開を主張したのはオットー・ヴァーグナーであった。彼は一八九五年に『近代建築』という著作を著し、リングシュトラーセの「歴史主義」建築を「老残の身をさらす形式の世界」として徹底的に否定した。ヴァーグナーはイスラムや日本の美術を取り入れたユーゲントシュティールと言われる華美で装飾的な様式の建築スタイルを確立し、ウィーンの都市改造計画に参画し、鉄道建設や駅舎などを独自の様式で建築した。彼の設計した郵便貯金局の建物は、当時開発されたばかりのアルミニウムを使用し、プレハブ的な建築形式を採用し、内部に集中暖房装置を備えるなど革新的な技術を取り入れていた。さらにアードルフ・ロースは王宮前のミヒャエル広場に、ファサードに装飾を排除した刷新的な建物を建築し、内部にも人々の動線を計算した実用的かつ芸術的なスタイルを追求した。それは現在においても一〇〇年以上前の建造物とは思えない様相をみせている。

　絵画の分野においてユーゲントシュティールを代表するのはもちろんグスタ

分離派展示館

フ・クリムトであり、芸術アカデミー（大学）において教鞭をとっていたクリムトは、一八九七年にアカデミーとの決別を意味する「分離派（セセッショーン）」を結成し、その初代会長となった。その後、クリムトはウィーン大学のいくつかの学部講堂の天井画を依頼され、それらを甘美な女性裸像やグロテスクな怪獣などを描いた絵画で仕上げ、ウィーンの保守的市民たちから批判を浴びた。結局その天井画は哲学科のものしか完成しなかったが、その後、日本の屏風絵などの手法を取り入れたクリムトの華麗な絵画は、いわば世紀末（世紀転換期）の「分離派」を代表する芸術として、今日まで伝えられている。そうしたクリムトの影響を受けた画家としてはエゴン・シーレやオスカー・ココシュカなどがいる。

「分離派」を結成した芸術家のなかには、家具や装飾品・ステンドグラス作成の専

クリムト作「接吻」

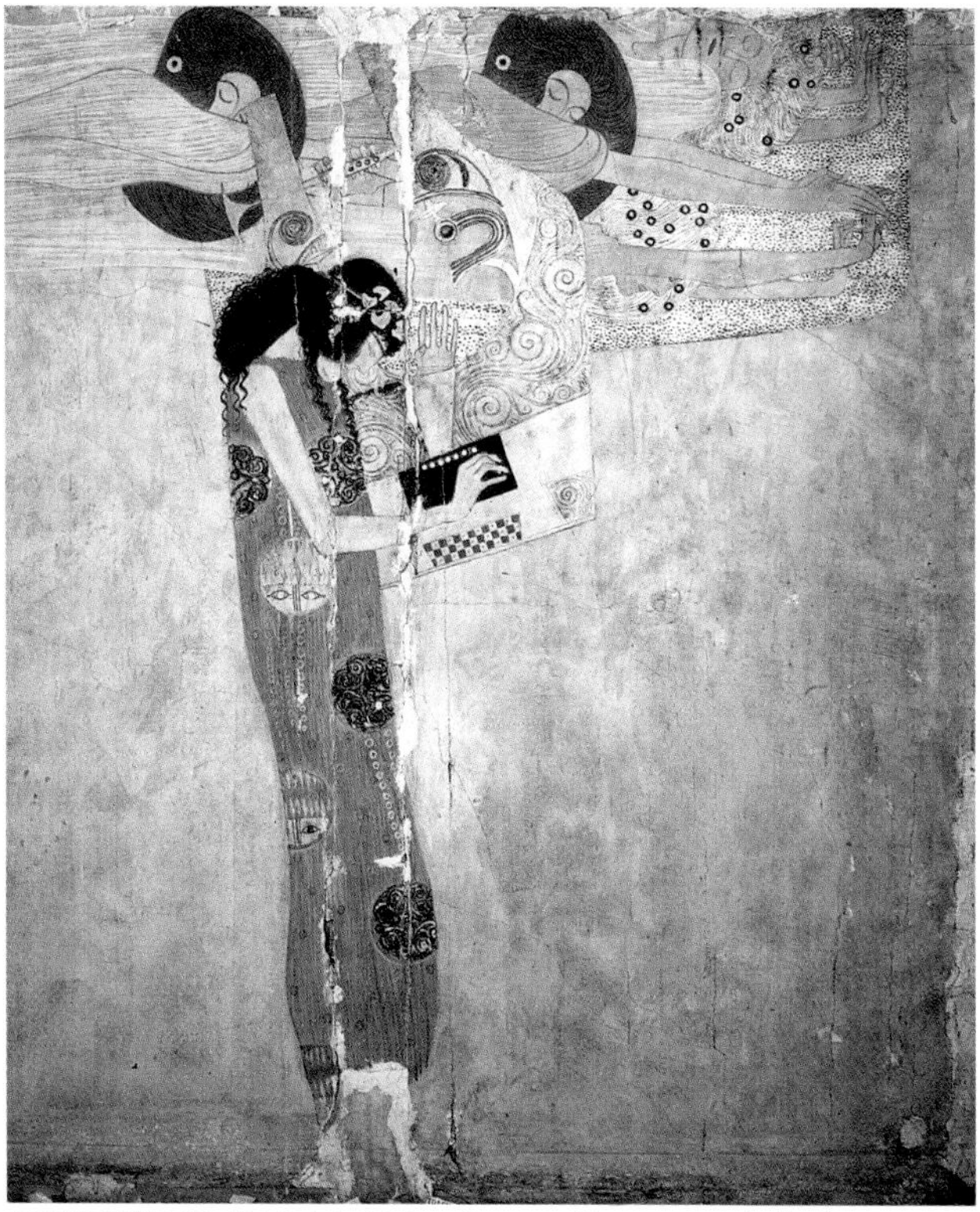

分離派展示館の壁に描かれたクリムトの「ベートーヴェンフリース」（部分）。

門家であるコロ・モーザーやヨーゼフ・ホフマンなどもいた。彼らは一九〇三年に「ウィーン工房」と呼ばれる工芸の共同工房を結成し、机や椅子、簞笥、電灯、食器やスプーン・ナイフなど、さらには装飾品やカーテンの模様などに独特の様式を追求し、日常生活に芸術を取り入れる運動を展開した。

こうした建築家や画家などにはユダヤ系の人は少ないが、クリムトに肖像画を注文し、セセッショーンの運動を支えた者の多くがユダヤ系の人々であり、「ウィーン工房」の出資者やその商品の消費者の多くもそうであった。また、セセッショーン運動を形成した人々の多くがチエコやハンガリーなどのドイツ語地域以外の地からやってきた人々であったことも重要である。また同時に、こうした運動はウィーンだけではなく、プラハやブダペストなどのいくつもの都市においても起こり、一九世紀末から二〇世紀にかけてこの文化運動は、二重帝国の諸都市のある意味で共通の運動となっていたことに注意しなければならない。自らウィ

分離派展示館の標語「時代にはその芸術を、芸術にはその自由を」を考えたヨーゼフ・マリア・オルブリヒ（左端）、「ウィーン工房」のコロ・モーザー（右から二人目）、グスタフ・クリムト（右端）

エゴン・シーレの自画像

アードルフ・ロース作のミヒャエラープラッツの建物

ーンで少年時代を送ったイギリスの歴史家ホブズボームは、そうした国際的文化の担い手は、多言語を支配し世界的な視野をもったユダヤの人々に他ならなかったと述べている。

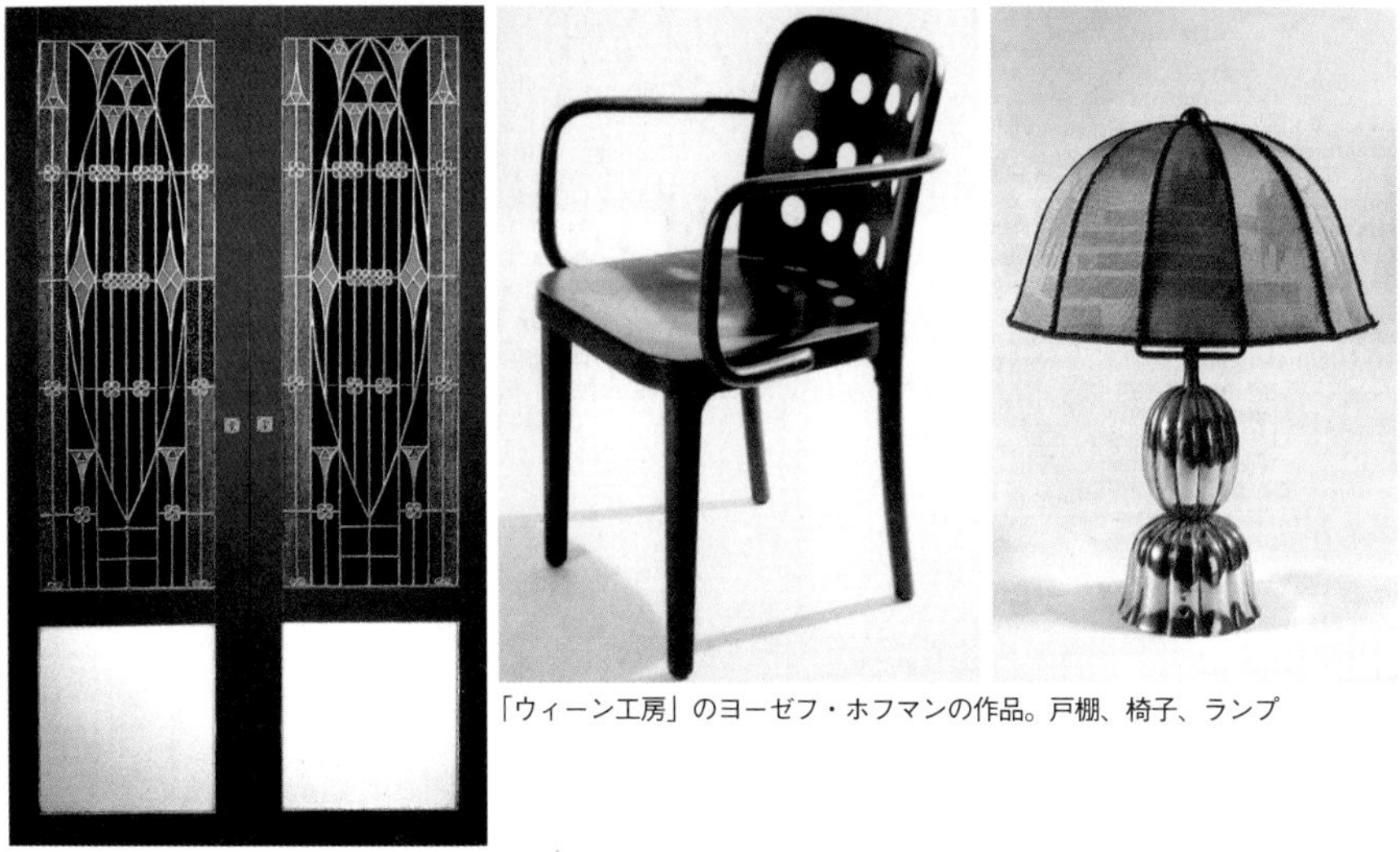

「ウィーン工房」のヨーゼフ・ホフマンの作品。戸棚、椅子、ランプ

反ユダヤ主義の展開

オーストリア＝ハンガリー二重帝国の版図において反ユダヤ主義の活動が目に見えて展開し始めるのは、すでに一八四八年革命の時期においてのことである。中世以来のキリスト教的反ユダヤ主義に加えて、民族主義と社会運動が入り交じった形での反ユダヤ主義の暴動が、ハンガリーのプレスブルクやボヘミアのプラハなどで勃発した。暴動の担い手は、没落しつつあった都市の中間層、手工業者や営業者あるいは当時「プロレタリアート」と呼ばれていた雑業層の労働者であった。しかし、その指導者たちはユダヤからの借金に苦しめられていた商人や官吏、町の有力者、教会関係者などであった。そうした意味で当時の反ユダヤの運動も経済的社会的な性格をもったものでもあった。ウィーンにおいては民衆騒擾のなかで反ユダヤ主義が大きな役割を果たすことはなかったが、ロートシルト（ロスチャイルド）は一時ウィーンから避難しなければならなかったし、新聞やビラのなかでは反ユダヤ主義が喧伝されることは珍しいことではなかった。そのため、この時期にすでに、アメリカ合衆国への移民の運動も起こっている。

革命後はロートシルトもウィーンに戻り、鉄道業や金融業において重要な役割を果たした。一八六七年にはオーストリア帝国においても宗派の自由および移動の自由が定められ、「ユダヤ教徒」も法的には解放され、原則的には帝国内のどこにでも住むことができた。ウィーン、プラハ、ブダペストなどの都市に住むユダヤの数は飛躍的に増大する。しかし社会生活においてユダヤは新たな偏見と差別にさらされていった。それが極端な形で現れたのは一八七三年のウィーン万博の最中に起こった経済恐慌のときである。万博を契機に数多くの泡沫会社が設立され、多くの架空投機がおこなわれたが、それが一気に崩壊したのである。経済的な活動に主眼をおいていたユダヤにとっても万博は投機のチャンスであって、さまざまな試みがおこなわれていたことは確かであるが、恐慌は一方的にユダヤの責任ではなかった。それにもかかわらず、この恐慌を契機にユダヤに責任を転嫁するいくつもの反ユダヤ主義的な雑誌記事や小説ならびに似非学問的本が出てくる

ウィーン万博開会数日後の1873年5月9日、ウィーンの投機所から経済恐慌が始まる。それを契機に反ユダヤ主義的記事や小説が書かれることになる

ヴィクトーア・アードラー（右はアウグスト・ベーベル）。彼はウィーン10区のチェコ人レンガ工の医師として働き、のちに穏健派と急進派の運動を統合し、1888／89年にオーストリア社会民主党を結成した

ウィーンの二人の反ユダヤ主義者カール・ルエーガー（右）とゲオルク・シェーネラー（左）。ヒトラーは二人を自分の師とし、彼らを乗り越えようとした

ことになる。

恐慌はさまざまな形で泡沫会社設立に投資した中間層に大きな打撃を与えた。ウィーンでは特に、資本主義的大量生産と既製品販売によって打撃を受けていた手工業者・営業者たちが、恐慌の原因をユダヤの被服・靴などの既製品工場生産やそれらを売りさばくデパートに求めた。そうした手工業者・営業者を基盤とし、若手司祭のカトリックの刷新運動を理論的支柱とした運動を展開したのが、カール・ルエーガーの率いる「キリスト教社会党」であった。ルエーガーは敵をユダヤの資本家ないし経営者と定めることによって、没落する手工業者・営業者を結集することに成功し、一八九一年にキリスト教社会党を結成したのである。そして、一八九五年のウィーンの市議会選挙において最大多数を獲得し市長に推薦された。しかし伝統的にユダヤの保護者である皇帝は、ルエーガーを市長にすることを三度にわたり拒否し、ようやく四度目に妥協が成立し、ルエーガーはヨーロッパの大都市で最初の反ユダヤの市長となった。こうしたキリスト教社会党の運動は、最初はウィーンを中心に、のちには農村部のカトリック教徒を加えたひとつの陣営を形成し、戦間期の権威主義的体制の基盤を形成していく。第二次世界大戦後はカトリック的性格を残しながら国民党と改名してオーストリアの二大政党の一方を担っていく。

こうしたルエーガーの手工業者・営業者を基盤とした反ユダヤの運動に対して、ドイツ民族主義を基盤とする反ユダヤの運動を展開したのがゲオルク・シェーネラーであった。シェーネラーはドイツの統一とそれを実現したビスマルクを賛美し、オーストリア＝ハンガリー二重帝国を解体し、そのドイツ的地域をドイツ帝国に組み込むべきであると主張した。そのために、カトリックからの解放（「ローマからの解放」）運動やチェコのドイツ語地域（ズデーテン）のドイツ急進主義運動を指導した。その延長としてシェーネラーは反スラブ、反ユダヤを主張し、学生や学校の教員、知識人、官僚などにその支持を広げていった。シェーネラーはユダヤを宗教的に捉えるのでもなく、経済的グループとして理解するのでもなく、民族的ないし人種的に把握し、ドイツ人の帝国からは排除されなければならないと主張した。そうしたシェーネラーの主張は、のちにウィーンに滞在することになったヒトラーに大きな影響を与えたと言われている。シェーネラーのドイツ民族主義は、ルエーガーのキリスト教社会党とヴィクトーア・アードラーの社会民主党とならんで、その後のオーストリアにおける第三の政治勢力を形成していった。

キリスト教社会党ならびにドイツ民族主義と対抗して、当時労働者を基盤とし、知識人に指導されていたオーストリア社会民主党も決して反ユダヤ主義からまったく自由であったわけではなかった。しかし、その創設者とされるヴィクトーア・アードラー自身がユダヤ系の医師であった他、社会民主党の指導層にはユダヤ系の人々が多数おり、同党は明確な形で反ユダヤを主張することはなく、政策的に反ユダヤ的方向を示すにすぎなかった。社会民主党が敵対者としていた資本家はユダヤが多かったということであり、そうしたユダヤは同時に社会民主党を批判していた。

こうして、世紀末のウィーンは帝国内の諸民族の対立とともに、そのスケープゴート的な役割を果たしていたユダヤに対する攻撃の強い都市として、青年ヒトラーを迎えることになる。

コラム 5

ヒトラーのウィーン

ヒトラーは歴史上最も知られた「ドイツ人」であると言われるが、同時に最も知られた「オーストリア人」でもある。しかし、「オーストリアの歴史」は必ずしもそのことを認めていない。多くの歴史書は、ヒトラー支配下のオーストリアを本来の「オーストリアの歴史」ではないと記述し、事典のなかでも「オーストリア人」としてのヒトラーは簡単にしか紹介されていない。日本ではヒトラーがオーストリア人であったことさえもよく知られていないのが現実であろう。ここではヒトラーが青少年時代を過ごしたオーストリア、特に彼がその反ユダヤ主義的思想を形成するに際して重要な影響を受けたウィーン時代について簡単にみてみたい。

ヒトラーはオーストリアの国境税関吏の息子としてブラウナウ・アム・インに生まれ、少年時代はリンツおよびその近郊で過ごした。当時はよくあったことではあるが、父親が婚外子であったことが彼の反ユダヤ主義に結びつけられ、実はユダヤの出自なのではないかと疑われたりした。そうした噂はヒトラー政権の時代にも流布されていたが、戦後の徹底した研究からその事実は否定されている。ヒトラーの母親の主治医がユダヤの医師であったことを、彼の反ユダヤ主義の要因とする説も根拠がない。ヒトラーはオーストリアの合邦後にその医師を特別に保護し、金を与えてドイツから出国させている。ヒトラーの反ユダヤ主義の根源はむしろ、彼が一九〇七年から一九一三年までを過ごしたウィーンの雰囲気にこそ求められるべきであると考えられる。

青年時代のヒトラーの肖像画

ヒトラーが日本でいえば中・高校時代に成績が思わしくなく、大学受験の資格を獲得できなかったことはよく知られている。そのためヒトラーは受験資格の要らない芸術大学を受験しにウィーンに出てきたのである。そして、「不幸にして」その受験に二度にわたり失敗し、同居していた友人にも行方を告げず失踪してしまう。その後どこに住んで何をしていたかも不明であったが、最近の研究によりかなりの程度あきらかになっている。そしてヒトラーが一九一三年に、オーストリアの徴兵を逃れるためにミュンヘンに逃亡し、オーストリアの官吏により追及され、丙種合格、つまりは徴兵されずにすんだこともわかっている。その後第一次世界大戦が勃発し、ヒトラーはミュンヘンで義勇兵として参戦し、戦後はナチ党の結成に参画し、一九二三年一一月のミュンヘン一揆で逮捕された。その裁判での演説と牢獄で口述筆記した『我が闘争』は、ヒトラーを一躍名の知られた煽動家にしたが、その『我が闘争』の大部分は、一九〇七年から一三年までの彼のウィーンでの生活を描き、そこで仕入れた思想や経験をさらに展開させたものであった。
『我が闘争』のなかで、ヒトラーは、自分は徹底した反社会主義者、反ユダヤ主義者となってウィーンを去ったと述べている。特にヒトラーが思想的に師と仰いだ二人の人物としてカール・ルエーガーとゲオルク・シェーネラーの名を挙げていることは重要である。ルエーガーは反ユダヤ主義を基軸に手工業者たちの不満を集めキリスト教社会党を結成し、ウィーンの市長になった人物で、ヒトラーはその演説を真似たと言われる。しかしより大きな影響を受けたと思われるのはシェーネラーであった。ルエーガーがカトリックに忠誠であり、ハプスブルク帝国とも和解していったのに対して、シェーネラーはビスマルクの信奉者であり、ハプスブルク帝国のドイツ的部分を切り離しドイツ帝国に編入しようと宣伝し、オーストリア帝国内の非ドイツ諸民族、すなわちスラブ人あるいは特にユダヤの排除や抹殺を公言していた。

さらに最近の研究であるブリギッテ・ハーマンの『ヒトラーのウィーン』が詳細に分析しているように、当時のウィーンの雰囲気は、人々の日常生活にいたるまで、極めて濃厚に反ユダヤ的な雰囲気が溢れていたとみられるのである。そうした雰囲気は、ウィーンでは第一次世界大戦のユダヤ難民をめぐっての反ユダヤ主義の高まりを通じ、「合邦」の際の土着の反ユダヤ運動、そしてアイヒマンによる追放と絶滅によるウィーンのユダヤ世界の壊滅へとつながっていく。ちなみにアイヒマンはその後、ユダヤ追放・絶滅の専門家として台頭するが、その手下はほとんどがオーストリア人であった。

そのようなウィーンの反ユダヤの雰囲気を体験したヒトラーが、第一次世界大戦とロシア革命、ドイツ革命を経るなかで、ドイツの敗北と革命を社会主義とユダヤの責任に転嫁し、その宣伝効果を体験することにより、それをますます増幅していったであろうことは容易に想像できるのである。

反ユダヤのカリカチュア。当時のオペラ座のディレクターがユダヤの首を刈っている

反ユダヤ／反チェコ人のカリカチュア。国勢調査により両者の数が増え、ドイツ人が勢力をなくしていることを表現している

当時のウィーンの避難所。こうした宿無しの人々を保護する施設は数多くあった。ヒトラーもこうした施設に入っていた

第七章

第一次世界大戦

1878年のベルリン会議

アウスグライヒ以降、オーストリア＝ハンガリー二重帝国（以下二重帝国）の内政においては厳しい民族問題が繰り返されてきた一方、外交においても帝国は難しい立場に立たされていた。ドイツの統一の後、帝国は西方への影響力を失い、ドナウ帝国を夢見て東方と南方のバルカン半島への影響力を確保することが重要な課題となった。それにはセルビアとロシアおよびオスマン帝国との微妙な駆け引きが課題であったが、帝国はそれに必ずしも適切に対処できず、最後には戦争への道に踏み込んでしまった。そして戦争は敗戦と帝国の解体をもたらした。

戦争への道

ロシアがオスマン帝国と戦争をおこなう前には、二重帝国はロシアとの秘密条約において中立的立場を保証し、その見返りにボスニアとヘルツェゴヴィナ確保の同意を取り付けていた。一八七七～七八年のロシア対オスマン帝国の戦争（露土戦争）はロシアの圧倒的勝利に終わった。一八七八年に露土戦争の講和条約として結ばれたサン・ステファノ講和条約は、オスマン帝国がバルカンの領土をすべて放棄し、ロシアの属国としてのブルガリアがマケドニアとエーゲ海地方を含む大ブルガリア公国を形成することを定めていた。二重帝国はイギリスの対ロシア膨張政策と呼応してこれに反対した。ドイツのビスマルクの調停により開かれた一八七八年のベルリン会議によって、大ブルガリア公国は縮小され、セルビア、モンテネグロ、ルーマニアがオスマン帝国の支配を脱して独立を与えられ、二重帝国はボスニア・ヘルツェゴヴィナの管理権を獲得した。

しかしボスニア・ヘルツェゴヴィナの管理は生易しいものではなかった。帝国の軍隊はムスリムの抵抗を受け、激しい戦闘の後ようやくその地を支配することができた。その後一八八〇年にはボスニア・ヘルツェゴヴィナはオーストリアの関税圏に組み込まれ、翌年にはオーストリアに倣った一般兵役義務も導入された。さらにオーストリアは鉄道の敷設や道路の建設、経済の発展、教育の普及などにより、ムスリムおよび東方正教のセルビア人の懐柔を図り、この地方の事実上の併合を進めていった。

1914年6月28日の暗殺事件の様子を伝える想像画。世界の運命を変えたこの日、セルビア人学生ガヴリロ・プリンツィプはボスニア・ヘルツェゴヴィナの首都サライェヴォでオーストリア＝ハンガリー帝国帝位および王位継承者フランツ・フェルディナントと妻ソフィーを射殺した

一九〇八年一〇月にボスニア・ヘルツェゴヴィナの併合が公式に発表されると、オスマン帝国とセルビアが強硬に反対した。スルタンは多額の補償金により最終的には併合を承認したが、セルビアは併合により大セルビア国家設立の計画が消滅することを懸念し、ロシアおよびイギリス、イタリアの支援を背景にオーストリアのバルカン政策に対抗し続けた。一九一二年三月にはセルビアはブルガリアと攻守同盟を結び、バルカンにおけるオスマン帝国領の分割をめざしたが、それは同時にオーストリアのバルカン政策を阻止する意図をもっていた。その同盟にはギリシアとモンテネグロも加わり、一〇月にはオスマン帝国に対する攻撃を開始した（第一次バルカン戦争）。この戦争でブルガリア軍はコンスタンティノープル前面まで侵攻したが、一九一三年六月には獲得領土をめぐっての争いが起こり、ブルガリアと他の同盟諸国とのあいだの戦争（第二次バルカン戦争）が起こった。ブルガリアは敗北し、マケドニアなどの占領地域を失った。この戦争によって二重帝国のバルカン政策は挫折した。唯一成功したのは、アルバニアを独立国として創設し、セルビアのアドリア海への拡大を阻止したことだけであった。しかしセルビアの反オーストリアの意識は強まり、バルカンの緊張は高まっていった。

サライェヴォ事件と戦争の経緯

二重帝国がボスニア・ヘルツェゴヴィナを併合すると、複雑な民族構成をもつ同地方では、セルビア人を中心とする民族的抵抗運動が組織されていった。そうした秘密組織の一つに「黒手組」があった。同組織に参加していたセルビア人学生ガヴリロ・プリンツィプは、一九一四年六月二八日、同地方でおこなわれていたオーストリアの軍事演習に皇帝名代で視察に来ていた帝位継承者であったフランツ・フェルディナント大公夫妻を首都サライェヴォで射殺した。第一次世界大戦の引き金となった「サライェヴォ事件」である。

二重帝国は、ドイツ政府の全面的支援が得られることを確認すると、セルビア政府に対して一〇項目からなる強硬な最後通牒を突きつけた。セルビア政府はできる限り要求を呑んだが、明白な内政干渉と見なした項目だけには応えられなかった。結局、一九一四年七月二八日に二

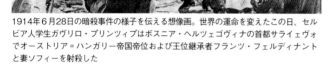

重帝国はセルビアに宣戦を布告した。これに対して、セルビアの支援者であったロシア帝国が総動員令で応えると、八月一日にドイツ帝国がロシア帝国に対して宣戦を布告、ロシアと同盟を結んでいたフランスにも八月三日に宣戦布告をおこなった。ドイツがベルギーに侵攻したことをきっかけに、イギリスは翌四日にドイツに対して宣戦布告をおこない、状況はいまや全面戦争の様相を呈することと

リンツ市の目抜き通りを行進する出征兵士部隊と彼らを見送るリンツ市民。1914年

新しい大量殺戮兵器が多く投入された第一次世界大戦前線では毒ガス兵器も使用された。ガリツィア東部の塹壕でガスマスクを着用する兵士たち。1916年夏

なった。ドイツと二重帝国を中心とする同盟国側にとって誤算であったのは、陣営の一角を担うはずのイタリアが中立を表明して、戦線に加わらなかったことであった。

戦争当初、二重帝国軍は、バルカン方面の他、ガリツィア地方でロシア軍と対峙した。翌一九一五年には、カルパチア地方がロシア軍との新たな主戦場となった。ロシア軍の激しい攻勢にさらされたこれらの戦場における人的被害は甚大で、一九一四年秋のガリツィアの戦いだけで、二重帝国軍は、死亡、負傷、行方不明、捕虜などで、五〇万の兵士を失った。一九一五年五月には、ロンドン秘密条約によって南チロルの領土拡大などを約束されたイタリアが、イギリス・フランス・ロシアの協商国の側に立って大戦に参加するという新たな状況が生じることとなった。二重帝国軍は対イタリア戦線に兵力を割かねばならなかった。この方面の主戦場はアルプス山岳地帯のイゾンツォ川流域で、ここで帝国軍は、一九一五年六月から一九一七年一一月までの二年半にわたりイタリア軍と熾烈な戦闘を展開することになる。冬期においては氷雪にも悩まされた過酷な山岳戦の結果、双方は数十万におよぶ多大な人的損害を被ることとなった（イタリア側だけで三四万の損害）。

急峻な山岳地帯が多いアルプス地方の戦線（対イタリア戦線）では、兵士たちに危険な作戦が課されることも多かった

1916年11月21日、斜陽のオーストリア＝ハンガリー二重帝国を統合する最後のシンボル的存在であったフランツ・ヨーゼフ1世がウィーンのシェーンブルン宮殿で86歳の生涯を終えた。1848年の即位以来、在位期間は68年の長きにわたった

一九一六年一一月二一日には、老帝フランツ・ヨーゼフが逝去するという事態も発生した。一八四八年の即位以来六八年間も在位し、帝国の精神的支柱でもあった皇帝の死去は、戦争の遂行にも少なからざる影響を与えた。帝位継承者となったのは、フランツ・ヨーゼフの弟の孫のカールであった。新皇帝カール一世は、ドイツ嫌いの皇后ツィタの影響を強く受け、一九一七年四月、協商国側に立ったアメリカ合衆国の参戦により戦争の帰趨が同盟国側に不利になると、独断でフランスとの単独講和を画策、ドイツとの足並みを大きく乱した。カールは、一九一七年二月に、自国の領土ではないアルザス＝ロートリンゲン地方の返却案をフランスにもちかけたのであった。しかし翌年初頭、ドイツ軍が西部戦線で大攻勢を計画すると、カールは前年の約束を反故にし、フランスに対する全面的軍事対決の姿勢を鮮明にした。この変節に激怒したフランス首相クレマンソーは、カールの提案が書かれた二通の手紙を新聞に公表し、カールは両陣営から強い批判にさらされ、皇帝の権威は失墜した。この事件はカールの交渉仲介者の名前をとって「シクトゥス事件」と呼ばれる。

ハプスブルク家最後の皇帝カール１世と家族の肖像（皇后ツィタ）。撮影時期は1917年。カール１世は1918年11月11日に国事への不関与を宣言し、スイスに亡命。1921年３月末から４月初旬にハンガリーで君主制復古の企てに加わるが失敗、1922年亡命先のポルトガル領マデイラ島で死去した。右の少年が2011年に死去したオットー・フォン・ハプスブルク

大戦中の人々の生活

オーストリア＝ハンガリー二重帝国の経済構造は大きな分業体制をとっていた。食肉や穀物の生産は大きくハンガリーに依存し、工業生産はチェコ地方に集中し、ウィーンは基本的に消費都市であった。ウィーンの胃袋はこうしたハンガリーの穀物・食肉、チェコの砂糖に依拠してい

大戦末期になるとウィーン市民は食料以外にも暖房・調理用の石炭不足に苦しむことになった。大戦終了後の1918年から19年にかけての冬、近郊のウィーンの森は燃料用の木材を求める大量の市民によって丸裸にされた。

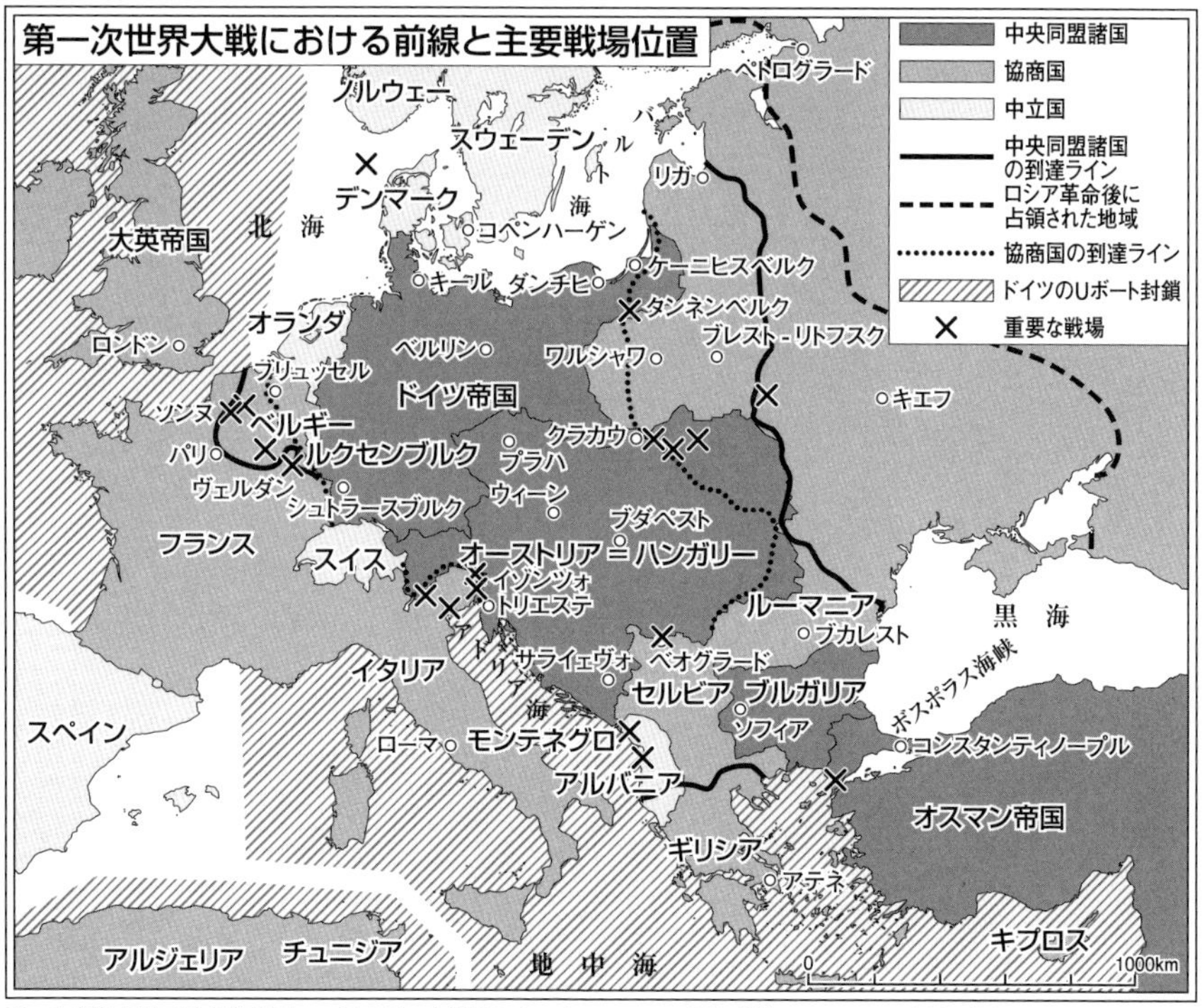

第一次世界大戦の欧州戦線図。二重帝国の主戦場となったのはロシア軍と対峙したクラカウ近郊地域とイタリアとのあいだで激しい山岳戦が繰り広げられたアルプス地域であった

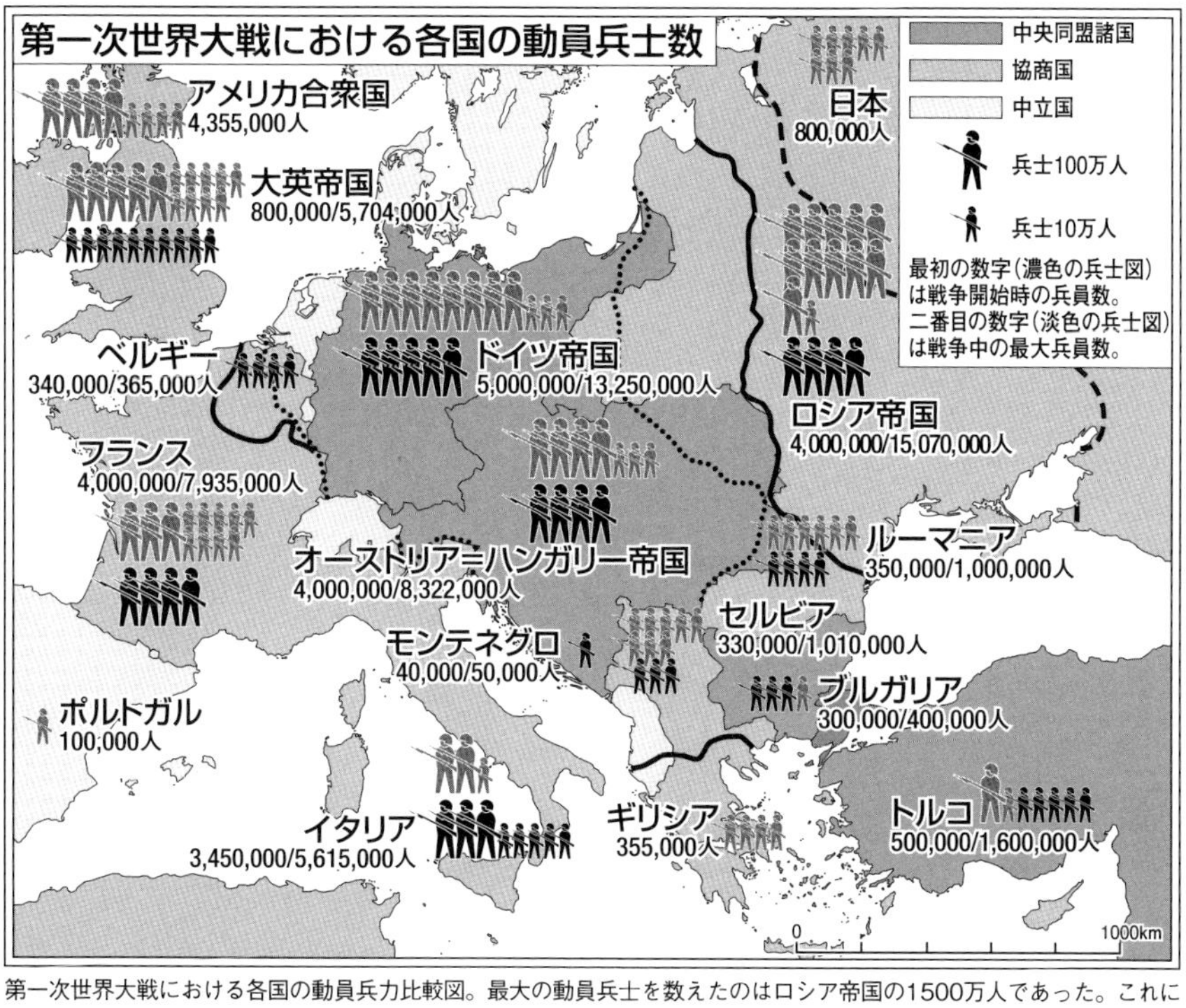

第一次世界大戦における各国の動員兵力比較図。最大の動員兵士を数えたのはロシア帝国の1500万人であった。これに次ぐのがドイツ帝国の1325万人、二重帝国の832万人、フランスの793万人であった

たが、戦争によってこうした食料搬入は途絶えがちになり、戦争末期にはほとんど途絶してしまった。のちのオーストリア領（以下「オーストリア」と表記）における農業も、大戦中の出征に伴う労働力の減少、軍に対する強制供出によって大きな打撃を受け、大戦開始直後のオーストリアの農業生産高は、一九一三年の水準の五三パーセントにまで低下していた（一九一八年の農業生産は、必要とする小麦粉の四分の一、ジャガイモの五分の一、肉の三分の一、食用油の二〇分の一、砂糖の

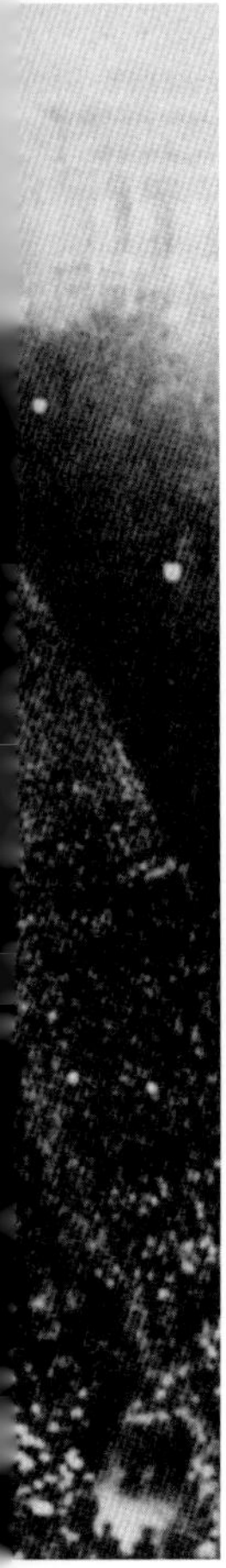

一四分の一しか賄うことができなかった)。
特にオーストリアの全人口の約三分の一が集中していたウィーン(一九二三年には約一八七万人)の食料事情は、最も危機的な様相を呈していた。早くも一九一五年四月には小麦粉とパンを対象とする食料配給制度が導入されたが、その対象は牛乳、ジャガイモ、石炭、牛肉に次々と拡大されていった。配給量も戦争の長期化に従って減少していった。こうした劣悪な食料事情下にあっては、子供や老人などの社会的弱者が真っ先にその影響を受けたことは言うまでもない。スイスの国際赤十字社の調査団が作成した一九一九年二月一四日付けの報告によれば、当時、医師の検診を受けたウィーンの学童一八万六〇〇〇人のうち、栄養失調の疑いをもたれたのは約九六パーセントにのぼり、そのうち、過度の栄養失調と診断されたのは過半数の九万六〇〇〇人にのぼっていた。劣悪な栄養状況に追い打ちをかけるように、一九一八年六月にはいわゆるスペイン風邪がヨーロッパで大流行した。栄養不足に苦しむウィーンや他の都市部の住民はこの流行病の前に多くの犠牲者を出すことになった。ある記録は、一週あたりウィーンだけで八〇〇人近い死者が出たと記している。犠牲者の多くは体力的に劣っていた子供であったが、画家エゴン・シーレなど多くの著名人も犠牲者のなかに名を連ねている。

戦争の終結

戦争遂行にあたって二重帝国の政府は、帝国憲法に定められていた皇帝緊急令に拠り、一種の軍事独裁統治をおこなっていた。一九一七年七月には、「戦時経済全権委任法」が新たに発布され、その体制下で、労組の禁止、検閲制度の導入、工場の軍による管理、労働強化などの強権的な施策が実施された。賃金低下や食料費高騰により労働者の窮状はますます極まり、各地で労働者による抗議行動やストライキが発生したが、これらは政府官憲によって容赦なく弾圧された。厭戦気分が蔓延するなか、一九一七年のロシア革命勃発の報せは、平和とパンを求める労働者の運動の後押しとなり、一九一八年一月には帝国内の各地で労働者のストライキが頻発した。二月には南ダルマティアのカッターロに駐留していたオーストリア海軍艦艇で水兵による蜂起が発生し、ロシアのソヴィエトを模した労働者・兵士評議会(レーテ)の結成も見られた。

アメリカ合衆国大統領ウッドロー・ウィルソンは、レーニンの「平和に関する布告」および民族自決権に対する「必死の代案」として、一九一八年一月に「一四カ条の平和原則」を提唱した。これに対して皇帝カールは、新たな和平交渉を試みるが、それは「シクトゥス事件」の影響もあって成功しなかった。ウィルソンの一四カ条は、帝国内の被支配諸民族の運動に新たな展望を与え、諸民族が分離ないし独立へ向けての行動を開始した。一九一八年一〇月六日にザグレブにおいて、「セルビア人・クロアチア人・スロヴェニア人王国」の樹立が宣言され、その直後にはガリツィアなどのポーランド人も帝国からの離脱を表明した。一〇月二八日にはプラハでチェコスロヴァキア共和国の樹立が宣言された。こうした動きに対して、皇帝カールは一六日に「諸

1918年11月12日15時55分、臨時国民議会議長のフランツ・ディングホーファーが議事堂アプローチから「ドイツ系オーストリア共和国」を宣言した。ウィーンの議事堂前とリングシュトラーセを埋め尽くす数万人の大群衆

民族のマニフェスト」を発表し、連邦国家制による帝国の改編を約束するが、すべてが後手に回った感は否めなかった。マニフェストに反対していたハンガリーも一〇月三〇日に帝国からの離脱を公式に表明した。

一〇月二一日、帝国議会に残ったドイツ系の議員がウィーンに参集し、「ドイツ系オーストリア臨時国民議会」を形成し、「ドイツ系オーストリア国」を宣言した。二九日には男女普通選挙制度の導入と憲法改正を国民に向けて布告した。さらに、一〇月三〇日から三一日にかけての夜半、社会民主党のカール・レンナーを首班とする臨時政府が成立し、一一月三日にはイタリアのパドヴァでオーストリア＝ハンガリー帝国と協商国とのあいだに休戦協定が締結され、四年間におよんだ戦争状態はようやく終結した。皇帝カールは、一一月一一日、ドイツと協商国との休戦がなった日、国政への関与を放棄するマニフェストを国民に向け発表し、下オーストリア州の居城に引きこもった。翌日にはドイツ系オーストリア国民議会は「共和国」を宣言し、それがドイツ共和国の一部であると表明した。

コラム 6

第一次世界大戦期のユダヤ難民と反ユダヤ主義

一七七二年にヨーゼフ二世がポーランド分割に参画し、ガリツィア地方を領有したときに、ハプスブルク帝国は膨大な数の「東方ユダヤ」（ポーランドやロシアなどに住み、ユダヤ教の教義に忠実な生活や服装を維持していたユダヤを、西欧化されたユダヤと対置して呼んだ言葉。差別的な意味合いを持っていた）を抱えることになった。ヨーゼフ二世の寛容令などによる改革にもかかわらず、ガリツィアのユダヤは厳格なユダヤの教義に忠実に生活し続け、帝国のユダヤのなかでも特異な存在であった。一九世紀の後半になって移動の自由・営業の自由が公布されると、こうした東方ユダヤの人々が、プラハやウィーンに流れ込んできた。もともとウィーンなどの大都市に居住することを許されていたユダヤの人々がしだいに都市の市民的生活に同化していったのに対して、こうした東方ユダヤの人々は、若者層を除くと多くがその故郷の生活スタイルを維持し、小売業や高利貸し、行商人といった商売に従事し、貧しい生活を余儀なくされていた。そうしたユダヤの人々を含め、世紀転換期のウィーンではユダヤは人口の約一〇パーセントを占めていた。

第一次世界大戦が始まると、ウィーンのユダヤは積極的に徴兵に応じ、戦争に参加していった。そのことによって、国家への忠誠を証明し、強固な反ユダヤ主義への反論としようとしたのである。しかし戦況は新たな事態を引き起こした。ロシア軍は弱体なオーストリア軍を破り、東部国境を越えて、あっという間にユダヤ人口の多いガリツィア、ブコヴィナを占領してしまった。一九世紀末から二〇世紀にかけてのロシアにおけるポグロム（民衆によるユダヤの襲撃、略奪行為）を経験していた当地のユダヤの人々は、他の住民ともども大挙して逃げ出し、ウィーンにも数多くの難民が流れ込んできた。難民の数は、一九一五年一〇月の政府統計で約四〇万人で、そのうちウィーンには一三万七〇〇〇人が押し寄せたとされる。そのなかでユダヤの数は七万七〇〇

戦争に積極的に参加したユダヤ兵士

○人で約五五パーセントを占めていた。

　ウィーンに逃げてきたユダヤ難民は、ほとんどが二区のレオポルトシュタットに収容ないし受け入れられた。彼らは二、三家族がひとつのアパートに住み、国家の難民扶助を受けてようやく生活していた。仕事はほとんどなく、労働の機会も可能性もなかった。一日中職もなく、食料を求めて歩き回る難民を、ウィーン市民は働かないで国家の扶助によりのうのうと生活する人々として非難し、彼らに住宅を貸したり食料を売ったりすることを嫌ったばかりではなく、ときにはあからさまに敵対的な行動に出た。世論はユダヤ難民を闇商売や戦争利用者として攻撃し、彼らを追放するか、ロシア的なポグロムを要求したりした。こうしたユダヤ難民への攻撃は、伝統的な反ユダヤ主義の論理に新たな論理と実践を付け加え、大戦後の反ユダヤ主義の強化につながっていく。

ウィーンの東駅に着いたガリツィアからの「東方ユダヤ」難民

ウィーンのユダヤ難民の貧困

　大戦直後のユダヤの人々に対する扱いも重要な意味をもった。一九一九年九月のサン・ジェルマン条約では、旧帝国の国籍は白紙とされ、どの国籍をもつかは基本的には本籍をもつ国に定められた。しかし、その八〇条は、原則として個人がその言語的民族的帰属に基づいて国籍選択権を行使できる可能性を残していた。特にガリツィアのユダヤはドイツ語の方言ともみなされるイーディッシュ語を話していたので、オーストリアの国籍を獲得できる可能性があった。しかしオーストリア内務省は、ユダヤ難民は人種的にセム人種に属する(!)との内規を基礎に、ユダヤ難民の言語的ないし個人的選択権を否定してしまった。

　こうした政府の対応は、一九世紀以来のオーストリアの反ユダヤ主義の延長上に位置づけられるとともに、そこに新たな論理を付け加えたと見ることができる。それはのちのファシズムの時代に悲惨な結果をもたらすことになる。

第八章

オーストリア第一共和国

第一次世界大戦における二重帝国の崩壊により、中東欧にはいくつもの国民国家を名乗る国家が成立した。しかし、そうした諸国家と時期を同じくして成立した「オーストリア」と称する国家は、戦争の結果を背景とした人為的で政治的に成立した国家であった。サン・ジェルマン条約は、オーストリアのドイツとの合邦を禁じたので、それはドイツ人の国民国家ではなかったし、何らかの独自の理念をもった国家でもなかった。しかし少なくともオーストリアは帝国ではなくなり、その内部に決定的な民族問題はなくなったが、それに代わる階級的な左右の対立を内包していた。

「誰も望まなかった国」

一九一八年一一月一一日のハプスブルク家最後の皇帝カール一世の国政放棄と翌一二日の国民議会の共和国宣言によって、六五〇年近く続いたハプスブルク家の政治的支配は終わりを告げ、オーストリア第一共和国の時代が始まった。当初、人口七〇〇万にも満たない小さな共和国のために臨時政府が用意した名前は「ドイツ系オーストリア共和国」であり、それはドイツ共和国の一部であると謳っていた。ドイツ系国民の多くは、ウィルソンの一四カ条に基づくドイツ人の民族自決をアンシュルス（独墺「合邦」）という形で実現することを強く希求していた。社会民主党のオットー・バウアーは外交の責任者としてベルリンに出かけ、すでにドイツとの交渉を始めていた。他方で、フォアアールベルク州はスイスへの参加を希望し、チロル州はバイエルンとの統合を模索する動きをみせた。両州では住民投票までおこなわれたのである。

しかしながら、ドイツとのアンシュルス計画はパリの講和会議において否定されることになる。ドイツの国力増強を恐れるフランスが強く反対したからである。講和会議はチェコスロヴァキアやポーランド、セルビア人・クロアチア人・スロヴェニア人王国（一九二九年にユーゴスラヴィア王国と改名）、ルーマニア、ハンガ

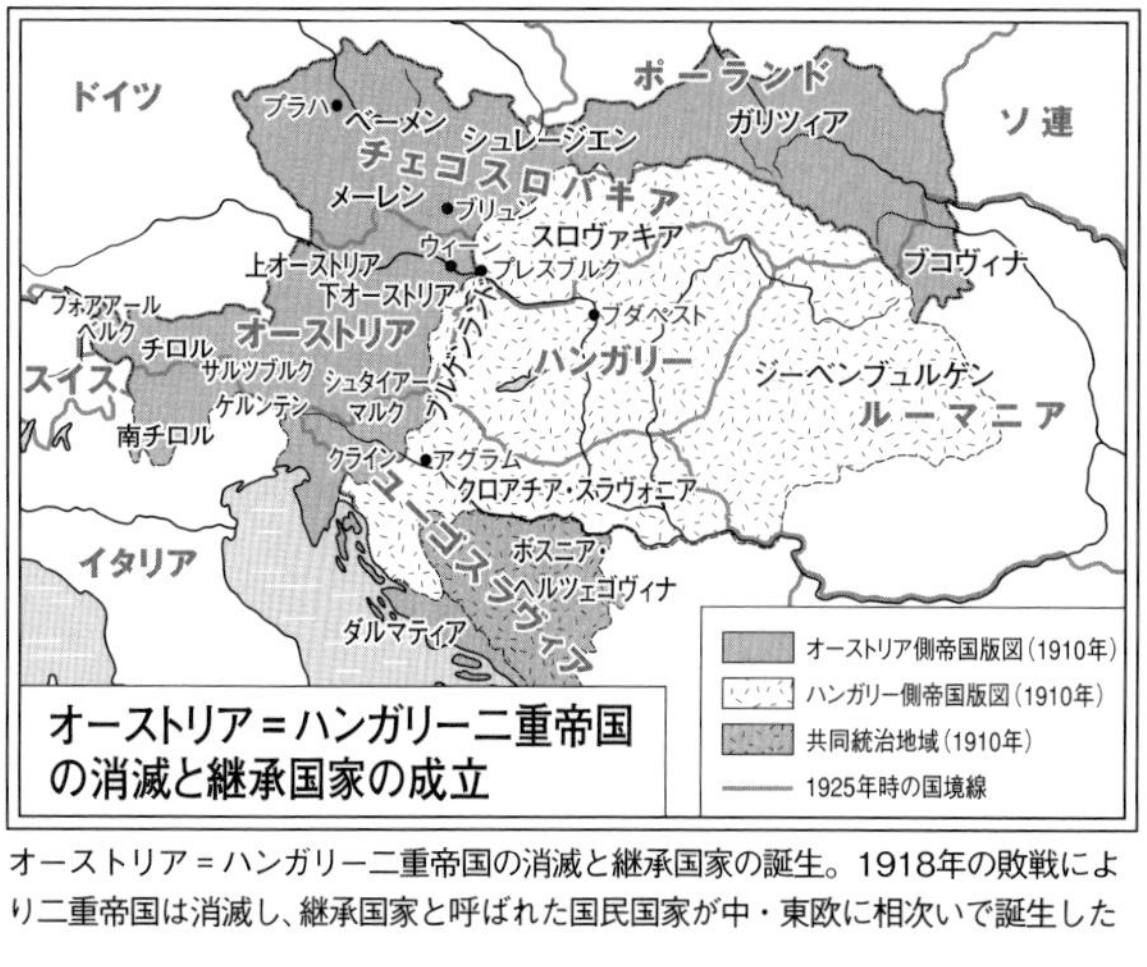

オーストリア＝ハンガリー二重帝国の消滅と継承国家の誕生。1918年の敗戦により二重帝国は消滅し、継承国家と呼ばれた国民国家が中・東欧に相次いで誕生した

リーなどの国家とその領土を認定したが、オーストリアについては、「オーストリア、それは残った部分だ！」（フランスの首相クレマンソーの言葉とされる）とされたのである。一九年九月一〇日調印のサン・ジェルマン条約では、南チロル地方のイタリアへの割譲、ズデーテン地方などのチェコスロヴァキアへの割譲が定められ、ドイツと同様に、軍・警察と武器の大幅削減（それぞれ三万人と一万人）の他、今後八〇年間にわたるアンシュルスの禁止などが定められた。これまでの食料資源・燃料資源の供給地や産業の発展した地域から切り離され、大部分が山岳である狭小な領土しかもたずに出発したオースト

1918年10月21日にウィーンで開催されたドイツ系帝国議員による最初の「ドイツ系オーストリア臨時国民議会」の模様

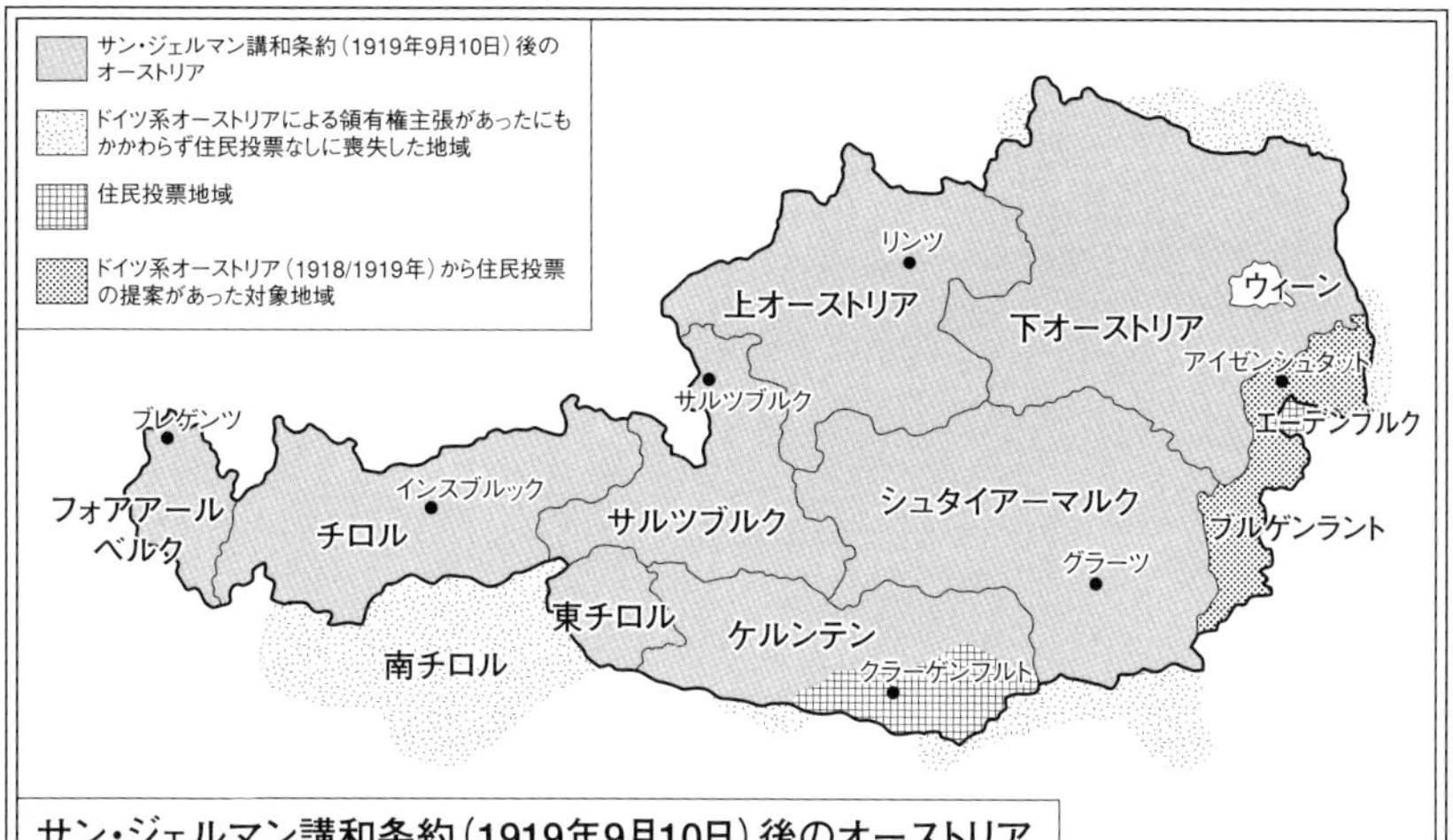

1919年９月10日のサン・ジェルマン条約で画定されたオーストリア共和国版図と係争地。第一次世界大戦終了後、新しい国境線画定をめぐってオーストリアと隣国とのあいだで多くの問題が生じた。とくに南部のケルンテン州では、スロヴェニア軍とオースリア側義勇軍との間で激しい戦闘が展開された

リア共和国は、単独では「生存不能な国家」とさえ言われた。オーストリアの作家アンディクスは、のちにある本でこの共和国を『誰も望まなかった国』（一九六二年）と揶揄している。

左右の対立の激化

サン・ジェルマン条約後もオーストリア共和国の国境をめぐっては問題が残り、南部のケルンテンや東部のブルゲンラントなどでは住民投票もおこなわれた。そうした国境問題とならんで経済・食料問題も深刻化し、生まれたばかりのオーストリア共和国は国として存立していけないとさえ思われた。共和国誕生直後、国政は、保守のキリスト教社会党と、左翼の社会民主党が加わった大連立政権によって担われていた。一九一九年二月の憲法制定国民議会選挙では、社会民主党が七二議席、キリスト教社会党が六九議席、大ドイツ民族主義党が二六議席を獲得し、社会民主党のカール・レンナーが首相に就任した。しかし、軍体制を定める法の成立をめぐる対立によって、一九二〇年一〇月に社会民主党は下野し、国境問題や食料問題をめぐって社会民主党とキリスト教社会党ならびに大ドイツ民族主義党による左右の対立が各方面で顕著となっていった。

一九二〇年五月、地域の治安維持を目的としたチロルの武装自警団がインスブルックで結成され、その後フォアアールベルク、サルツブルク、上オーストリアに同様な組織が結成された。国境問題を抱えたケルンテンやシュタイアーマルクにおいても国境警備を目的とした同様な武装自警団が結成された。それらは制限された軍隊や地方の警察部隊に代わる役割を果たすようになっていった。そうした保守派の自警団組織に対して、下野した社会民主党は、一九二三年四月に「共和国防衛同盟」と呼ばれる党の武装部隊を創設して保守派と対抗することになる。両者はしだいに政治集会の防衛やデモンストレーションにおいて武装して対立するようになり、左右の対立は深刻なものになっていった。

そうした対立は一九二七年の「シャッテンドルフ事件」によって頂点に達した。同年一月三〇日にブルゲンラント州のシャッテンドルフで、共和国防衛同盟のデモに対して自警団「前線兵士連盟」のメンバーが発砲し、四〇歳の労働者と見物していた八歳の子供が死亡するという事件が起きた。これに対して、ウィーンや各地で事件に抗議する自然発生的なストライキやデモがおこなわれた。しかし七月一四日に、捕らえられた犯人三人に対して陪審員裁判は無罪の判決を下した。その結果にウィーンの労働者大衆は憤慨し、判決直後から裁判所と国会議事堂の周辺で自発的に抗議デモを繰り広げた。翌一五日、電気産業労働者などがストライキとデモを決定し、国会や司法省などにはデモ隊が押し寄せ、司法省は放火された。これに呼応してオーストリア各地の電信・電話・鉄道・交通労働者もストライキを決行し、全国の通信・交通網が各地で寸断される事態に発展した。

社会民主党の指導者たちはデモ隊を鎮めようとしたが、労働者たちの怒りはおさまらず、当局側は騎馬警官を出動させ武装警官に発砲を命じ、デモンストレーションは徹底的に鎮圧された。労働者側は死者八四名の他、負傷者五〇〇〜六〇〇名、逮捕者一三六名を出した。ウィーンにおける労働者のデモが鎮圧された後も、地方では依然として頑強なストライキが継続されていたが、そのゼネストもスト破り部隊として投入された武装自警団によ

第一共和国期の国民議会選挙結果

党得票率　　議席数

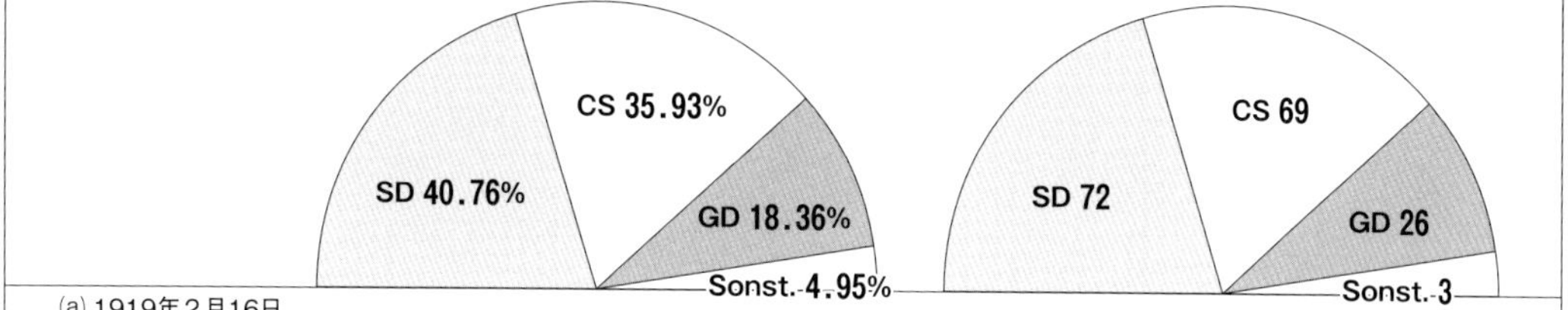

(a) 1919年2月16日

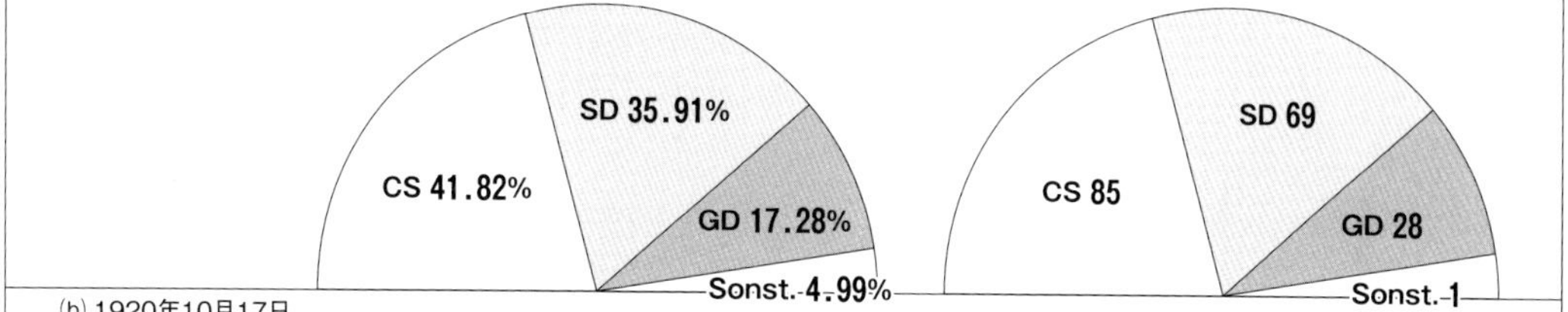

(b) 1920年10月17日

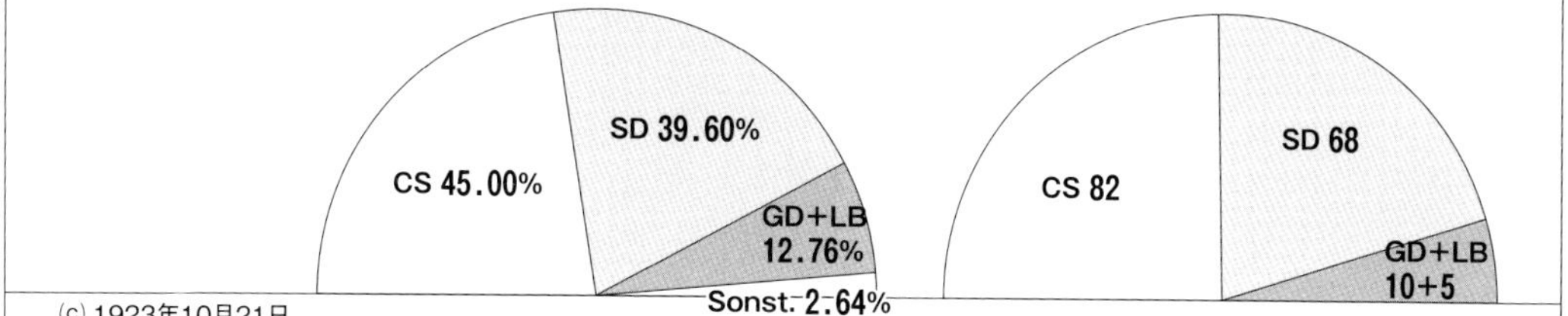

(c) 1923年10月21日

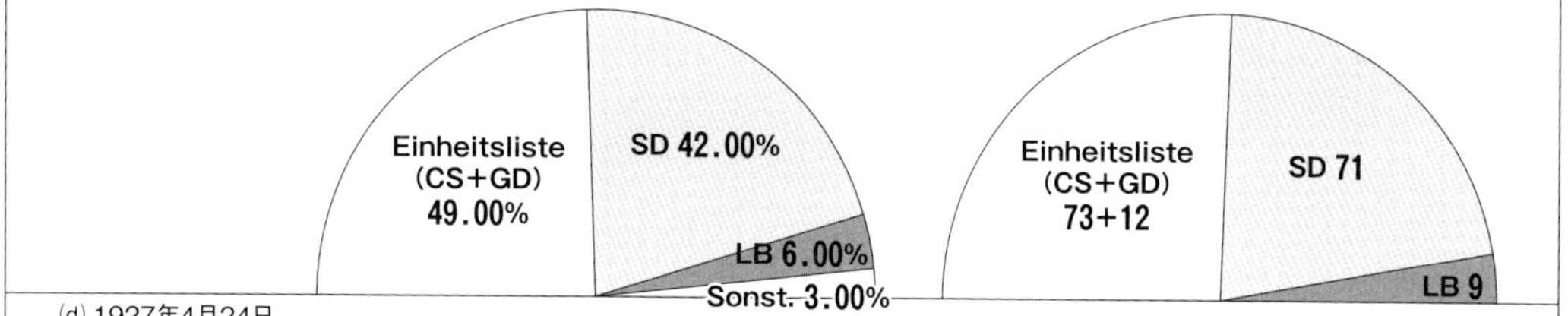

(d) 1927年4月24日

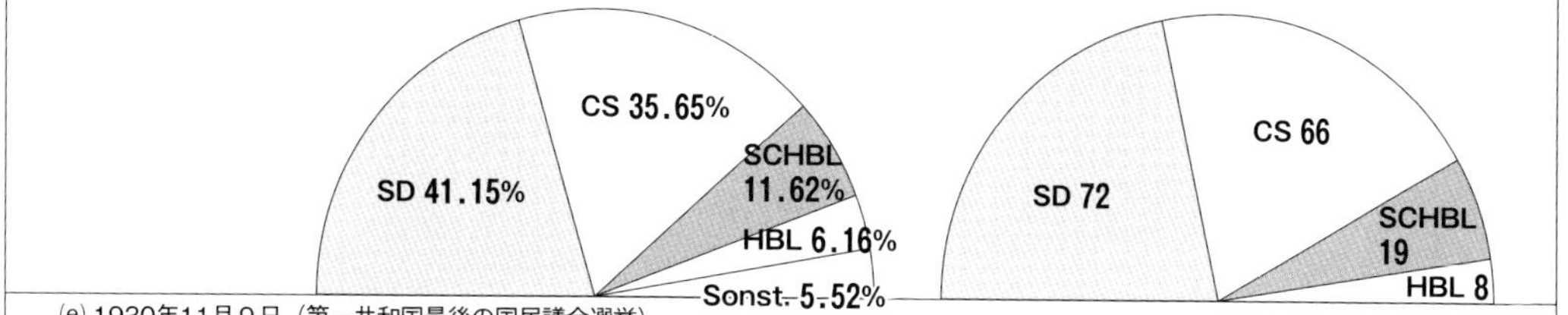

(e) 1930年11月9日（第一共和国最後の国民議会選挙）

＊図に使用されている略語の説明

SD=社会民主党、CS=キリスト教社会党、GD＝大ドイツ民族主義党、LB＝農村同盟、Einheitsliste＝統一リスト（キリスト教社会党＋大ドイツ民族主義党）、SCHBL=ショーバー・ブロック（大ドイツ民族主義党＋農村同盟）、HBL＝郷土ブロック（護国団）、Sonst.＝その他って一九日までに鎮圧されてしまった。

事件後、自らに対する自信を深めた自警団指導者は、組織を「護国団（ハイムヴエーア）」と呼ばれる準軍事組織へと発展させ、二〇年代末には、ムッソリーニの影響を受けてイタリア型の権力奪取（「ローマ進軍」を模した「ウィーン進軍」）を模索するファシズム的な政治団体へと変化させていった。そしてそれは、その後成立していくオーストリア・ファシズム（権威主義的体制）の基盤ともなっていった。

オーストリア・ファシズムの成立

ニューヨークを震源とした経済恐慌の影響が本格化する一九三〇年代に入ると、オーストリアでも大ドイツ民族主義を標榜するオーストリア・ナチが支持者を急速に拡大していく。三二年五月に首相に就任したキリスト教社会党の政治家エンゲルベルト・ドルフースは、経済状況が悪化するなか、労働者の支持を固める強力な社会民主党と躍進いちじるしいオーストリア・ナチとのあいだで、二正面作戦を強いられることになった。短軀とその強権的な政治手法によって「小メッテルニヒ」とも呼ばれたドルフースは、政権運営のパートナーに政治的野心を抱く護国団指導者を選択し、三三年三月には国民議会を閉鎖、同年六月には爆弾テロを繰り返すオーストリアのナチ党を禁止した。その結果、多くのオーストリア・ナチ党の活動家がドイツに亡命したが、彼らはナチ親衛隊内の「オーストリア軍

1927年の７月15日事件で激昂したウィーンの労働者大衆を必死で鎮めようと試みる社会民主党指導者のオットー・バウアー（壇上で帽子をかぶる男性）とウィーン市長カール・ザイツ（バウアーの後方に立つ男性）

７月15日事件でデモ隊に対しサーベルを抜いて襲いかかろうとする騎馬警官隊

７月15日事件後、各政党は準軍事組織の育成を強化し、街頭での暴力を伴う対立が激化していく。保守派が育成した護国団に対抗するため社会民主党も「共和国防衛同盟」の組織化を進めていく。写真は、1930年４月頃の「共和国防衛同盟突撃部隊」

一九三二年五月に首相に就任したキリスト教社会党のドルフースは、社会民主党とナチに対抗するため強権的な手法での統治に着手することになる。その際彼が政権運営のパートナーに選んだのがイタリア・ファシズムの影響を強く受けていた準軍事組織の護国団であった。写真は一九三三年五月に開催された「トルコ包囲からのウィーン解放二五〇周年記念式典」でのドルフース（中央マント姿）とシュターレンベルク（ドルフースの向かって左隣）と護国団指導者シュタイドル（ドルフースの向かって右隣）。シュタイドルから一人おいて後にドルフースの後継者となるシュシュニクが見える

団」に迎え入れられ、きたるべき報復のときを待ちながら軍事訓練に明け暮れることになった。

オーストリア・ナチに対するこうしたドルフースの強硬策に対して、ヒトラーはオーストリアに「一〇〇〇マルク封鎖令」を発動した。これはオーストリアに入国するドイツ人に一律一〇〇〇マルク（現在の価値では一万ユーロ程度と言われる）もの税金を課したものであり、観光国としてドイツ人旅行客に大きく依存していたオーストリアの経済に大きな打撃を与えることとなった。

「二月蜂起」とオーストリア・ナチのクーデター

翌一九三四年には二月と七月に二つの大きな事件が起きた。一つは社会民主党の共和国防衛同盟の蜂起（「二月蜂起」）

1933年９月11日、ウィーンのトラブレン広場で演説する首相ドルフース。ここでは、政党政治を不要とするため、カトリック的身分制国家の価値を共有し、政府に忠誠を誓うすべての政党を糾合することを主眼に、同年５月20日に設立された団体「祖国戦線」の意義があらためて強く語られた。この組織は、イタリアのファシズムをモデルとしており、シンボルマークには「クリュッケンクロイツ」と呼ばれる変形十字架が採用された

である。ドルフース政府は政敵である社会民主党とその共和国防衛同盟に対して武装解除を要求し、各地の同盟の捜査をおこなおうとした。これに対し社会民主党指導部は党員に冷静な対処を求めたが、二月一二日リンツ市の防衛同盟は強引な捜索行動に武力で対抗するにいたった。武装蜂起はいくつかの都市や工場に広がり、ウィーンでは労働者たちがカール・マルクス＝ホーフなど市の公共住宅に立てこもって抵抗した。党指導部はゼネストの指令を出したが、こうした自然発生的蜂起を指導できず、逆にこれを好機ととらえたドルフース政府は警察、護国団部隊だけではなく軍の戦車まで動員して、全国的規模で容赦なき弾圧をおこなった。蜂起は数日で弾圧され、防衛同盟はウィーンだけで一〇〇〇人を超える死者を出したと言われる。一方、政府側の死者も一二四人にのぼっている。この「二月蜂起」の結果、社会民主党は非合法化され、この国の民主主義は名実ともに終焉した。

　事件後、一九三四年五月一日にドルフースは新憲法、いわゆる「五月憲法」を公布した。この憲法は、「階級闘争を止揚するため」に、イタリアの影響を受けた「職能身分制国家」をモデルとする新社会秩序の樹立を定めていた。ここに議会決議に代わって職能会議の勧告に基づき統治をおこなう権威主義的な独裁体制が誕生した。

　もう一つの事件は、オーストリア・ナチのクーデターによる首相ドルフースの暗殺である。オーストリア・ナチはドイツの影響と後押しによって三〇年代から

一九三四年二月蜂起で政府軍側に投降する蜂起参加者

1934年２月蜂起事件で労働者の抵抗に重火器を使用する政府軍砲兵部隊

その勢力を強め、爆弾テロやデモンストレーションによってドルフースの政権を脅かしたが、ドルフースはムッソリーニの後押しを頼りに、その運動を抑え、一九三三年六月にはこれを非合法化した。しかし「非合法ナチ」には高級官僚や警察、軍隊、護国団に多くの同調者がいたし、共産党や社会民主党から寝返った者もいた。そうした背景のもとに、「非合法」化されたオーストリア・ナチはその後、ドイツのナチの指導下に反乱計画を推進していった。しかし七月のクーデターはオーストリア・ナチの独自の行動であった。

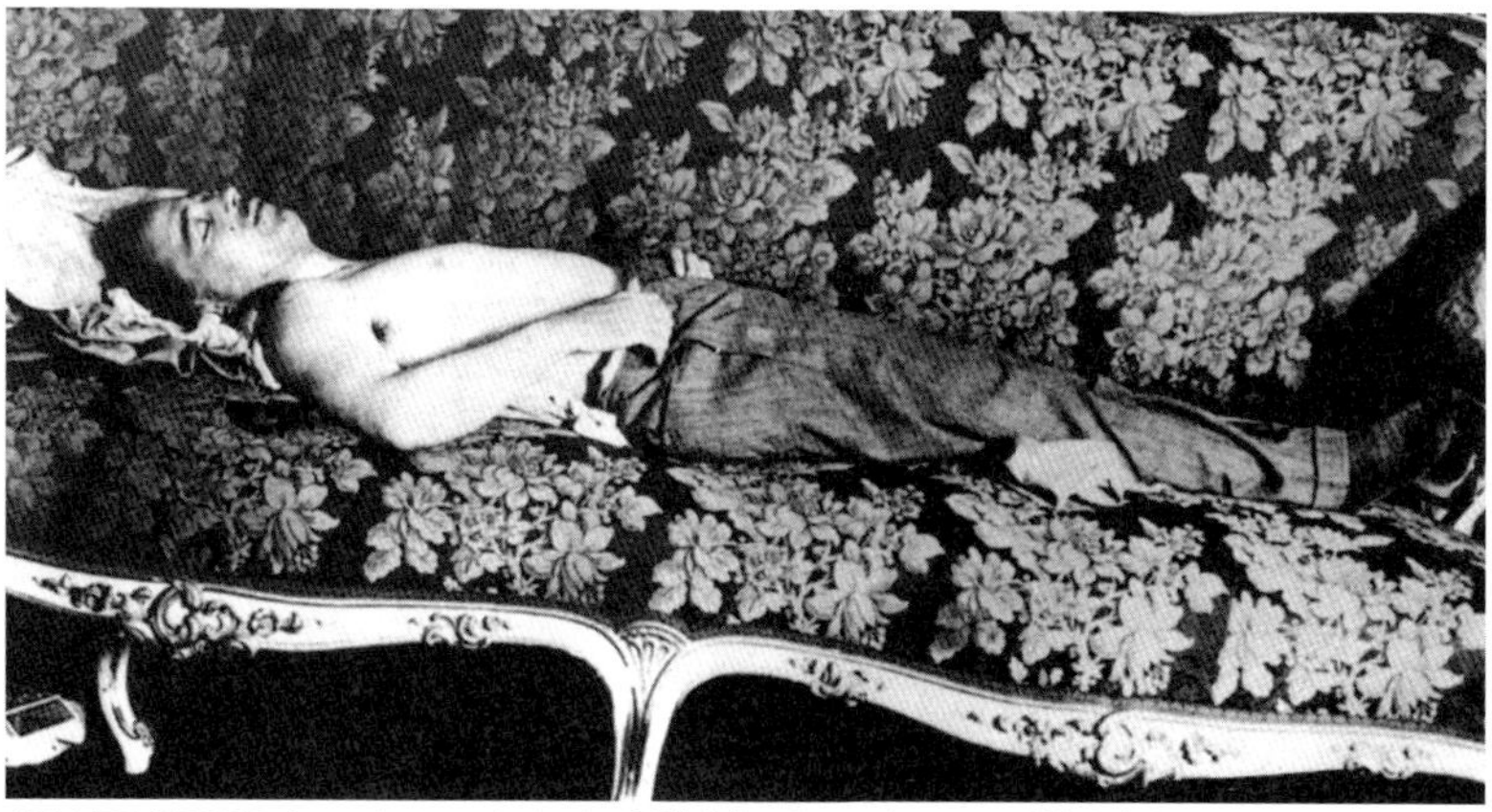

1934年7月25日のオーストリア・ナチによる反乱事件のなか、ウィーンの首相官邸内で反乱軍に射殺されたドルフースの遺体

ドルフースの死後、後継首相に就任したクルト・シュシュニクによる、「祖国戦線」集会での演説風景。「祖国戦線」の戦闘団である「オストマルク突撃隊」の制服に身をつつみ手すりに体をもたせかけて演説を聴く口ひげの男性は、一九四五年に第二共和国第二代連邦首相に就任する国民党のレオポルト・フィーグルである

　一九三四年七月二五日、ウィーンの首相官邸と放送局に政府軍兵士の軍服を着たオーストリア・ナチの一団が押し入り、官邸では首相ドルフースが二発の銃弾を受けて殺された。しかしウィーンの反乱は警察部隊の対応によってすぐさま鎮圧されてしまった。それに反して、ケルンテンやシュタイアーマルクでは、オーストリア・ナチの武装部隊が政府軍と激しい撃ち合いを繰り広げ、戦闘には護国団や地域によっては共和国防衛同盟の成員も加わった。結局、反乱は数日で鎮圧され、反乱側、当局側あわせて二六〇名の死者と数百人の負傷者を出した。すでにクーデターの情報を察知していた政府はムッソリーニに援軍を要請し、イタリア軍が国境のブレンナー峠に出動用意を整えていたので、内政でも不穏を抱えていたヒトラーは介入を見送ることになった。公式見解は「いかなるドイツの部局もオーストリアの事件とは何の関わりもない」と伝えた。

　ドルフースの死後、オーストリアの独裁体制は同政権で教育相を務めていたクルト・シュシュニクに委ねられた。

コラム 7

カール・マルクス＝ホーフ――「赤いウィーン」の象徴

「赤いウィーン」と呼ばれたウィーンの社会民主党市政の象徴、カール・マルクス＝ホーフの偉容

ウィーン一九区にある地下鉄四番線のターミナル駅ハイリゲンシュタットの正面入口を出ると、訪問者は圧倒的迫力で立ちはだかる巨大建造物、カール・マルクス＝ホーフを目にすることになる。一九二七年から三〇年までの年月をかけて建設されたこの建物は、世紀末ウィーンの代表的建築家オットー・ヴァーグナーの弟子カール・エーンの設計によるもので、その長さは一・二キロメートル、建物内にはおよそ一四〇〇の家族向け住居が準備されていた。さらに、中庭などには、住民用の各種施設として幼稚園や病院、共同ランドリーなどが完備されており、「国家のなかの国家」の観をなしていた。

カール・マルクス＝ホーフ内に設けられた共同ランドリー。住民のコミュニケーション促進の場所としても機能した

一九世紀後半以降顕著となった人口の集中に伴って、ウィーンでは慢性的な住居不足の解消が急を要する重要課題

となっていたが、第一次世界大戦後のウィーン市では、社会民主党市政の誕生とともに労働者向けの巨大な集合住宅が急ピッチで数多くつくられることとなった。裕福な市民がウィーン中心部のリングシュトラーセ（環状道路）沿いに居住したのに対し、労働者向けの集合住宅はウィーンの旧市外区と郊外区のあいだを一周するギュルテル通り（リーニエ）の外に集中していた（労働者のリングシュトラーセ）。その総数は六万三〇〇〇戸にのぼった。そうした建物の代表格が、このカール・マルクス＝ホーフであった。

「赤いウィーン」とも呼ばれた社会民主党市政は、こうした一連の巨大建造物の建築費をどのように捻出したのか。それは、新しい税金の導入であった。それを発案実行した中心人物は、一九一八年に社会民主党に入党したユダヤ銀行家フーゴ・ブライトナーであり、彼が一九二三年に導入した税制の骨子は富裕な市民層から一種の奢侈税を徴収することにあった。そこで具体的に徴税の対象となったのは、ペットの犬、乗馬用の馬、大型自動車、個人住宅で奉公する被雇用人、ホテルの部屋などであった。当然のことながら、ここに挙げた徴税項目は基本的に低所得者層には痛みをもたらすことはなかったが、逆に裕福な市民層にとってこの「ブライトナー税制」は多額の出費を意味していたため、彼らの怨嗟の的となった。

さらに、こうして調達された資金をもとに建設された大規模住宅は、その頑丈な構造と基準破りの大きさのため、ウィーンの保守的市民層の目には堅固な労働者の「要塞」として映り、保守派の疑念と不安を著しく増大させることになった。そしてこの保守派の不安は、カール・マルクス＝ホーフの完成から数年後に「現実の悪夢」となったのである。オーストリアに内戦状況を現出させた一九三四年の「二月蜂起」に際して、蜂起したウィーンの労働者部隊はカール・マルクス＝ホーフをはじめとするこれらの巨大建造物に武装して立てこもり、鎮圧に乗り出した政府軍に対して決死の抵抗を展開したのである。そのため、当時の首相ドルフースは、戦車部隊まで動員してカール・マルクス＝ホーフの労働者部隊に砲撃を加えた。現在でも、カール・マルクス＝ホーフの壁面には、当時の戦闘による砲弾の痕跡が多く見られる。

カール・ザイツ。社会民主党指導者の一人で、1923年から34年までウィーン市長として「赤いウィーン」建設に貢献した

フーゴ・ブライトナー。1920年から23年までウィーン市の財政担当者として有名な税制政策を展開し、労働者向けの大規模集合住宅の財政的基盤を整備したが、富裕層からは怨嗟の対象となった

第九章 ナチ支配下のオーストリア

第二次世界大戦後のオーストリアの歴史書の多くは、一九三八〜四五年におけるナチ支配下のオーストリアの歴史を自国の歴史ではないかのごとく扱ってきた。それは、ナチの時代の後に現れる「犠牲者論」（後述）の解釈によるものであるが、現実には、この時期にオーストリアでどのような歴史が展開されていたのかを検証することがこの章の課題である。すでにみたように、オーストリア国家と国民は本来ドイツとの合邦を望んでいたので、一九三八年三月のヒトラー・ドイツによる「合邦（アンシュルス）」は、国民の多くにとってむしろ歓迎すべき出来事となった。ヒトラー支配下の七年間にオーストリアの多くの人々は、ナチの政策を大歓迎して受け入れてしまう。特に、反ユダヤ政策におけるオーストリア人の関わりは、アイヒマンの例をまつまでもなく、極めて積極的であった。こうしたナチとの負の関係を抱えるオーストリアであったが、戦争末期になってその国民には思わぬ逃げ道が与えられる。連合国が一九四三年一一月一日に発表した「モスクワ宣言」である。それはオーストリアをナチの「最初の犠牲者」としていた。

「合邦」への道

一九三五年秋のイタリア軍のエチオピア侵攻事件は、ヨーロッパの外交関係を大きく変化させた。国際連盟はイタリアに経済制裁を課し、孤立したムッソリーニに対してヒトラーが援助の手を差し伸べたのである。両者はオーストリア問題に関しては妥協を示し、ヒトラーは南チロルをイタリア領と認め、地中海の支配に重点を移したムッソリーニはオーストリアに対するドイツの権益を了承した。イタリアの後ろ盾を失ったシュシュニクはしだいにナチ・ドイツとの妥協の道を歩み始める。一九三六年の「七月協定」

一九三八年二月、ヒトラーの外交的圧力の結果、オーストリアの新しい内務大臣に就任したザイス＝インクヴァルトとナチ式の挨拶で彼を迎えるオーストリア・ナチ党員

一九三八年三月一一日夜のインスブルック市でのシュシュニク支持の市民たちが路上で、同一三日に予定されていた国民投票に向けて展開する選挙応援。プラカード上には、「祖国戦線」の文字とともに「賛成。シュシュニクとともに」の文字が見える

1938年３月12日。チロルの州都インスブルックに到着したドイツ国防軍部隊。部隊は沿道に詰めかけた熱狂するインスブルック市民によってナチ式の挨拶で迎えられた

1938年３月15日。ヒトラーはかつて苦い青春時代を送ったウィーンに凱旋した。この日、ウィーンの新王宮前の英雄広場に詰めかけ歓呼する数十万の群衆に向かい、王宮のバルコニーからアンシュルスの完成を高らかに宣言した

において、シュシュニクはドイツとの関係を「正常化し友好的なものとする」と約し、ヒトラーはドイツ人のオーストリア訪問に課した「一〇〇〇マルク封鎖令」を解除した。シュシュニクはオーストリア・ナチ系の閣僚を採用し始め、ナチ・ドイツの「四年計画」の責任者ゲーリングはオーストリアの資源に期待をよせていった。

一九三八年二月、ヒトラーは駐オーストリア大使パーペンを介して、シュシュニクをベルヒテスガーデンの会談に「招待した」。秘書を連れてやってきた客人に対して、ヒトラーは長広舌と軍事介入の示唆によって圧力をかけ、ナチ党員ザイス=インクヴァルトの内相就任と彼による警察権力の掌握、逮捕されたナチ党員の三日以内の釈放、ナチ党支持表明の容認などの要求を認めさせた。帰国したシュシュニクは、ヒトラーの要求を実行すると同時に、自らの力を顕示するために、オーストリアの独立の是非を問う国民投票を実施すると発表した。それには地下に潜っていた社会民主党やユダヤも最後の期待を表明した。

そうした抵抗の姿勢に対してヒトラーは躊躇していたが、ムッソリーニからの「合邦」容認を取り付けると、準備を整えていた軍の出動を命令した。この作戦は「特例オットー」と呼ばれた。オーストリアでは、ドイツ軍のオーストリア侵

1938年３月のウィーンのエルドベルクにおける情景。ユダヤの多くはナチ党員によって路上に駆り出され、路上清掃を強要された。素手でブラシを使うユダヤの人々の背後には、笑みを浮かべながら屈辱的な作業を見守るウィーン市民の姿も見える

アンシュルスとともに各地でオーストリアのユダヤの人々に対する激しい迫害が始まった。ユダヤ商店には落書きがなされ、ユダヤは男女を問わず路上に駆り出されて衆人環視のなかでシュシュニクの政治スローガンを消し去る作業を強要された。ここではあるユダヤ商店に「ユダヤ（Jud）」という文字を書きつける少年とそれを見守る群衆の姿がみられる

入が不可避と悟ったシュシュニクが、三月一一日午後四時にミクラス大統領に首相辞任を表明し、午後七時五〇分ウィーンのラジオ局で国民に向けて最後の演説をおこなった。シュシュニクは暴力による抵抗を回避し、ドイツ人同胞の血が流されることがないよう諌め、「神よ、オーストリアを護りたまえ！」と締めくくった。深夜にはミクラス大統領はザイス＝インクヴァルトに組閣を許可し、彼は三日間だけの、そしてオーストリア第一共和国最後の首相となった。

　三月一二日未明、ドイツ国防軍は戦闘態勢を整えて、数カ所で国境を越えオーストリアに進軍した。国境には警備兵も見当たらず、予期されていた抵抗は何もなかった。それどころか国防軍は進軍した村や町で春の花を持った女性や村人たちに歓呼をもって迎えられたのである。ある兵士の日記によれば、それはまさに「花戦争」であった。結局、「合邦」に際して、オーストリア軍はドイツ国防軍に対して一発の銃弾も放つことはなかった。

　ドイツ国防軍の進軍を追いかけてオーストリアに足を踏み入れたヒトラーは、一二日の午後四時に故郷のブラウナウ・アム・インとリンツで住民から熱烈な歓迎を受けた。翌一三日にはリンツで「オーストリアのドイツ帝国との再統一法」を発布し、一五日にはかつて苦い青春時代を送ったウィーンに凱旋する。鉤十字の旗に埋め尽くされたウィーンの英雄広場に面する新王宮のバルコニーから詰めかけた数十万の群衆に向かい、ヒトラーは合邦の完成を宣言した。ここに、オーストリア第一共和国は消滅し、その版図は一九四五年までナチ・ドイツの一部を構成することになった。

ナチ支配下のオストマルク

ヒトラーはこの「合邦」について国際

亡命者シークムント・フロイト。オーストリアの精神分析学界を代表するユダヤ人学者フロイトも、アンシュルス後パリ経由でロンドンに亡命し、翌1939年当地で83歳の生涯を終えた。写真は娘アンナの付き添いで亡命途上のフロイト

1938年４月１日、シュシュニク政権時代の政治家、共産党員、社会民主党員、ユダヤの人たちのダッハウ強制収容所への移送が開始された。写真向かって右に立つのは、1960年代初頭に連邦首相となった国民党のアルフォンス・ゴアバッハ

的な承認を得るために、オーストリア国民の支持を必要とした。そのため、「合邦」からほぼ一カ月後の四月一〇日、ドイツと元オーストリア領で今回のヒトラーの決断に対する賛否を問う国民投票が実施された。「合邦」に反対する者は亡命したり検挙されたりしていたし、ユダヤや政治的被迫害者約三六万人が選挙資格を奪われていたため、結果は「合邦」を追認する賛成票が九九・七五パーセントと圧倒的なものとなった。国際連盟はコメントなしに事実を追認し、ソ連と他数カ国だけが「合邦」に抗議した。

「合邦」後、オーストリアという呼称はそのすべてが抹消され、地域名としては新しい「オストマルク」が採用され、旧「上オーストリア州」や「下オーストリア州」という地名も、「上ドナウ大管区」、「下ドナウ大管区」とされた（一九四二年にはオストマルクという名称も、オーストリアの独立性を強調しているとして、「ドナウ＝アルペン大管区」に置き換えられた）。そうした「オーストリア抹消」政策は、地名変更にとどまらず、旧オーストリア政府系官僚に対するパージ（追放）による官僚機構のドイツ化にも見られる。新しい官僚ポストにはドイツ出身者が任命され、たとえば、サルツブルク州では自治体の首長一三四人中、アンシュルス以降も在職できた者はわずか四名に過ぎなかった。自分たちの重用を期待していたオーストリア・ナチ党員の中には不満をもつ者もいた。ドイツに亡命していたオーストリア・ナチ党員八〇〇〇人のウィーン帰還が許されたのも、アンシュルスから数週間が過ぎた四月二日のことであった。

「合邦」直後には、ナチ・ドイツに対する政敵の逮捕が相次いだ。対象とされたのは旧政府メンバー、国家官僚、経済界

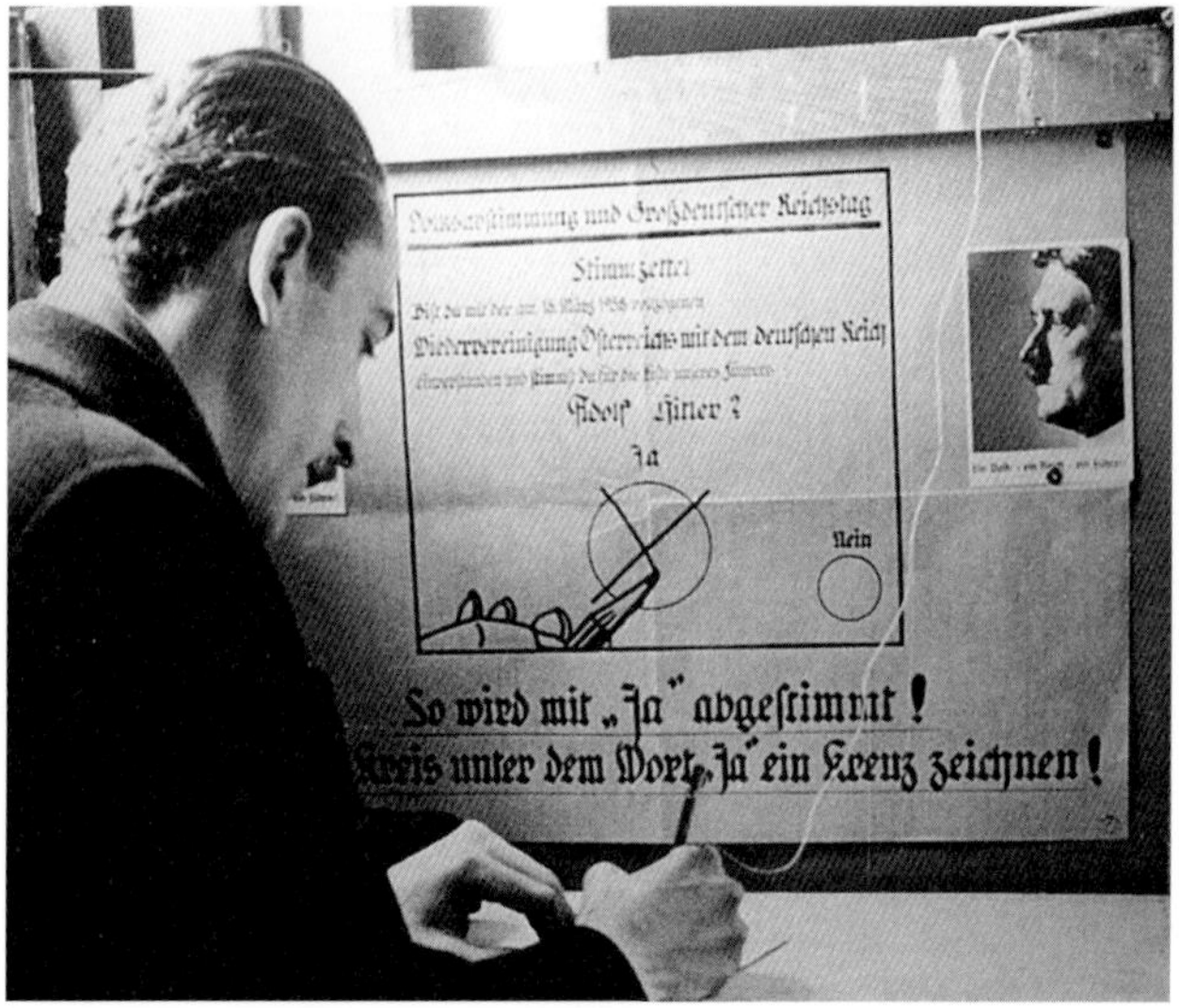

1938年4月10日に実施された国民投票の実態。オーストリアのドイツ帝国との統一に対して賛否を問われる投票者は、投票用紙に記入する際、正面の投票用紙を模したポスターを否が応でも目にするように仕組まれていた。そこには「賛成（ja）」欄は「反対（nein）」欄より露骨に大きく描かれ、賛否の意思表示である×印の付け方もあらかじめ賛成の方に記載されていた。さらにポスター下部には、「このように賛成をつけます！ 賛成（ja）という単語の下の欄のなかに×印を書き入れます！」との説明も加えられていた

「第三帝国」期の「ドナウ＝アルペン大管区」行政区分図。ナチ支配下においては徹底した「非オーストリア化」が実施され、オーストリアという呼称はすべて抹消された（例：下オーストリア→下ドナウ）

ナチ親衛隊中佐アドルフ・アイヒマン。1906年ドイツ西部のラインラント地方のゾーリンゲンに生まれたが、1913年に父の転勤でリンツに移住。母はオーストリア人。32年にオーストリア・ナチ党に入党し、33年６月の党の禁止後ミュンヘンに逃亡。38年３月のアンシュルス後、アイヒマンはユダヤ政策の専門家としてウィーンに派遣され、ユダヤ追放計画の責任者となった。後には「ユダヤ問題の最終的解決」を決定した有名なヴァンゼー会議（1942年１月）にも関与した。戦後は、アルゼンチンのブエノスアイレスで逃亡生活を送っていたが、1960年にイスラエルの諜報機関により逮捕された。61年４月にエルサレムで始まったアイヒマン裁判はあまりに有名である。61年12月に死刑判決を受け、翌年６月１日に絞首刑となった。写真は法廷内のアイヒマン

の有力者、著名な社会民主党員、旧政府を支持してナチと敵対したライバル運動の護国団指導者、知識人などであった。二万にのぼる逮捕者の約四分の三は、逮捕から数週間後には釈放されたものの、逮捕前に自殺に追い込まれた者も少なくなかった。前首相のシュシュニクはオーストリアからの国外退去を拒否したため、ウィーンのホテルでゲシュタポによって軟禁された。その後ベルリンで尋問を受け、ダッハウ強制収容所などを経て一九四一年には妻子とともにザクセンハウゼン強制収容所に軟禁された。

　他方、ナチの支配に期待し、その政策に積極的に加担したオーストリア人も数多かった。「合邦」後、ナチへの入党希望者が殺到し、オーストリアにおけるナチ党員やナチ系戦闘団員の数は激増した。そのためヒトラーは、オーストリアでの党員を国民の一〇パーセント以内に抑えることを指示し、入党希望者はウェイティングリストに載せられた。特に南部のケルンテン州はナチ党員の比率が最も高く、「総統に最も忠実な大管区」と呼ばれた。オーストリア全体においても、一九四二年には実に国民のおよそ一〇パーセントにあたる六八万八四七八人がナチ党員であった。その比率はドイツ側の約七パーセントを大きく上回る。さらにナチ党の下部組織への参加者を含めると、オーストリア国民のナチ政策への加担は極めて大きかったことがわかる。彼らの多くは東方のドイツ占領地域で活躍し、強制収容所などでの仕事において重要な

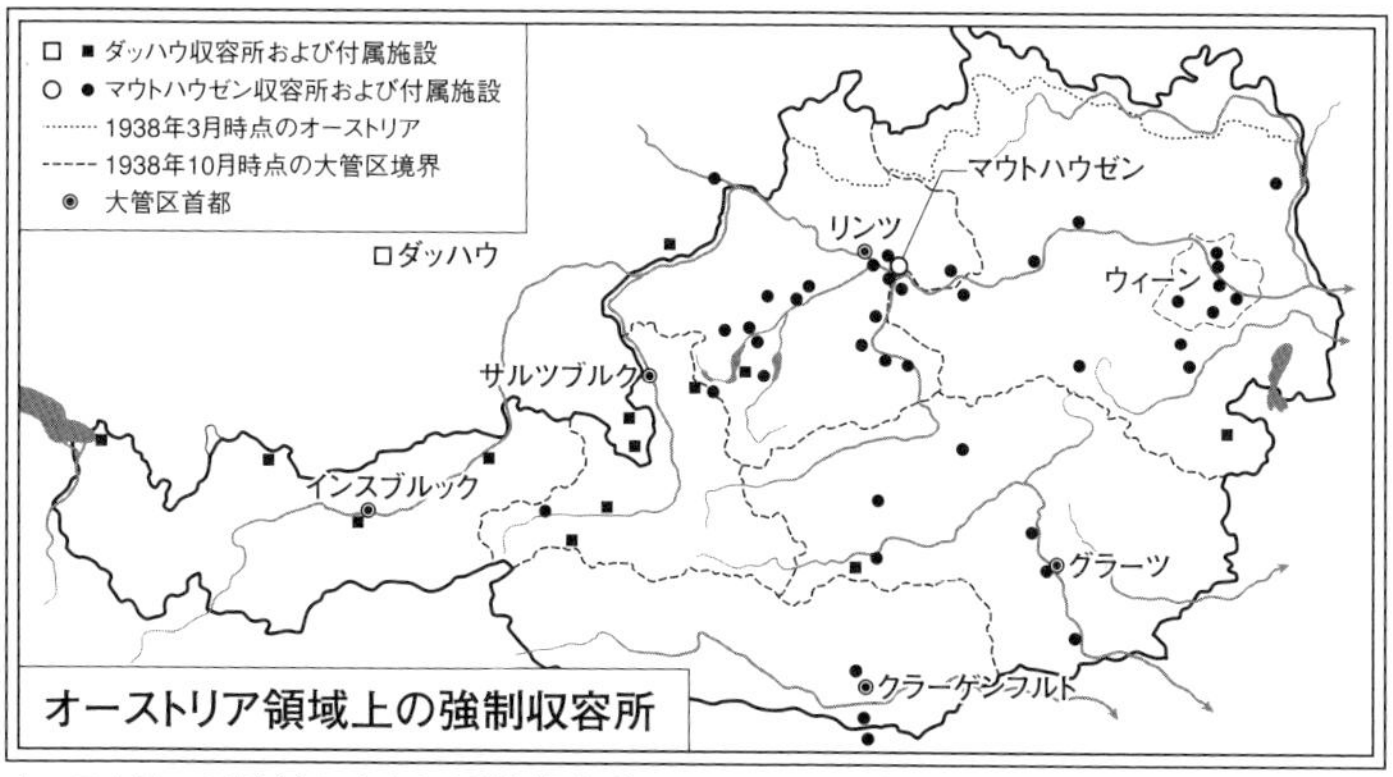

オーストリアの領域内に存在した強制収容所。オーストリアの代表的なナチ強制収容所はリンツ近郊に建設されたマウトハウゼン収容所である。当初はダッハウの付属施設であったが、1939年3月から独立した強制収容所として拡張された。同収容所（付属施設含む）には欧州各地から20万人が送致され、そのうち半数の10万人が過酷な強制労働などで落命した

役割を果たしていった。「ユダヤ人」迫害の責任者となったアイヒマンはその部下たちの大部分をオーストリア人からリクルートしていた。また『シンドラーのリスト』にみられるクラカウ収容所の所長アーモン・ゲートもウィーンからやってきた。

「ユダヤ人」の迫害

「合邦」により最も大きな被害を受けたのはオーストリアのユダヤの人々であった。「合邦」の時点でオーストリアの「ユダヤ教徒」は約一八万二〇〇〇人、ウィーンには約一六万七〇〇〇人が住んでいた。「合邦」後、ニュルンベルク法により「ユダヤ人」とみなされた者はさらに約二万五〇〇〇人を数える。「合邦」以前においてもオーストリアの反ユダヤ主義は強く、一九三四〜三八年のあいだに約一万人のユダヤがオーストリアを去っていたが、その反ユダヤ主義は暴力的な事件に発展することはほとんどなかった。しかし、「合邦」直前にはオーストリア人自身による土着の暴力的反ユダヤの運動が始まっていた。ウィーン二区のレオポルトシュタットでは、多くのユダヤ系市民が路上や自宅から拉致され、衆人環視のなかで舗装道路に書かれたシュシュニクの国民投票の宣伝を、小さなタワシや歯ブラシで磨き消すように強要された。その後、ユダヤはドイツとの「合邦」に反対した敵対者であると同時に人種的な排除の対象として、教団は解散させられ、その指導者は捕らえられ強制収容所に連行された。ユダヤの商店やデパート、企業や工場は、大小を含めて「アーリア化」を名目に接収・没収されていった。

「合邦」後のオーストリア、特にウィーンにおける反ユダヤ政策は独特なものであり、「アーリア化」政策と連動しながらナチの反ユダヤ政策の展開に重要な画期をなすものとなった。「アーリア化」は私的な「管財人システム」によっておこなわれ、ユダヤの商店や経営に対してナチ権力を装ったオーストリア・ナチが押し入り、その財産を「管理」し接収してしまうやり方で、数多くのユダヤ商店・企業がその財産を奪われていった。ドイツ・ナチの支配者は表向きにはそうしたやり方を批判し、コントロールしようとするが、実際にはそうした運動を最大限に利用し、ユダヤの財産を奪い、彼らを国外に追放しようとした。

ウィーンのユダヤ追放政策を実践していったのはオーストリアに育ったアドルフ・アイヒマンであった。彼はオーストリア・ナチの一員として、非合法下の時期にミュンヘンに逃げ、その後ベルリンのナチ突撃隊のユダヤ調査部にいたが、「合邦」直後にウィーンに派遣された。ウィーンではさっそくユダヤ教団の強制捜査をおこない、その指導者をダッハウ収容所に送り込んだ。しかしその後、シオニストのユダヤ指導者を解放し、自らのもとに別組織をつくらせ、外国からの援助金を集めさせた。その外貨を持たせ、金持ちの「ユダヤ人」とともに貧しい「ユダヤ人」をも海外に追放しようとしたのである。その際アイヒマンは彼らの全財産を差し押さえ、「逃亡税」(移民税)などによって徹底的に搾取した。そうした搾取を迅速に遂行するためにシオニスト・ユダヤの協力を得て「ユダヤ移民本部」を組織、それを通じて数多くの「ユダヤ人」が追放された。その数は一九三八年一一月までに五万人に達し、翌年五月までにウィーンの「ユダヤ人」の約半数が、戦争の開始までには約一二万人以上がオーストリアを後にした。戦争が始まると、残った「ユダヤ人」は東方占領地域に移送され、最終的には強制収容所ないし絶滅収容所に送り込まれ、大部分が命を失った。オーストリアでの戦闘が終結した一九四五年四月の時点で、ウィーン市内でナチの過酷な迫害を生き延びた「ユダヤ人」は五五一二人に過ぎなかった。

オーストリアの「ユダヤ人」のこうした追放・抑留は、他のウィーン市民にとっては失業問題の解決、住宅問題の解消へとつながり、「ユダヤ問題の解決」は「社会問題の解決」であるかのような効果を生み出した。そのことにより、多くのオーストリア人が帝国ドイツ人よりも強くナチを支持し、その政策に積極的に加担したのである。

ナチによって迫害されたのは「ユダヤ人」だけではない。シンティ・ロマ（ジプシー）に対する迫害の事実も看過されてはならない。当時のオーストリアで「ジプシー」と呼ばれて差別され、収容所に送られた人々は約一万一〇〇〇人にも及んだ。そのうちナチ統治時代を生き延びたのはわずか一五〇〇から二〇〇〇人に過ぎなかった。

新しい街頭の支配者たち。ハーケンクロイツの腕章を付けたウィーンの市民たち

ウィーンにおいて「ユダヤ人」迫害にデヴューし、その後その中心的指導者となったアドルフ・アイヒマン。ウィーンのユダヤ教団の手入れの際に写されたもの。右手手前の制服姿

「ユダヤ移民本部」で手続きをおこなうユダヤの人々。移民とは名ばかりであり、実態は、すべての財産を放棄し、高い逃亡税を払わされての追放であった

コラム 8

オーストリアの抵抗運動

ナチ支配下のオーストリアにおいては、多くの国民がナチの支配下に組み込まれその政策に積極的に加担していったが、ヒトラーの支配への抵抗運動も存在した。オーストリアの抵抗運動の特徴は、多様な政治陣営に属するさまざまなグループが個別に活動する一方で、これらの多様なグループを一つに結びつける統一的な組織と理念が存在しなかった点である。時期的にも、「合邦」直後から戦争へ、さらに戦争の推移が変化するなかで、抵抗運動の理念と中身、その担い手も変化していった。

「合邦」直後においては、「合邦」自体には反対ではなくとも、ヒトラーには反対する者ないしナチ支配から排除された者も「抵抗者」であった。すでにオーストリアのファシズム体制下で排除された社会民主党や共産党、労働組合の指導者などは、もともとヒトラーとナチには反対しており、一時はシュシュニクの国民投票に賛成したが、「合邦」時には多くが逮捕されるか隣国に亡命していった。組織が崩壊した社会民主党が活動を停止したため、多くの党員が共産党に移行して活動した。共産党は一九三八年夏には非合法の抵抗組織を形成し始め、その後も抵抗運動の主流を形成していく。それ以外にも一九三八年の初夏から秋にかけ、いくつかの個別のグループが組織された。ウィーン近郊クロースターノイブルク修道院のグループ、ウィーンの財務官僚を中心とするグループ、さらにウィーン・ヒーツィングのカフェハウスに集う弁護士を中心とするグループなどであるが、これらは相互の連絡手段をもたずに孤立したまま活動を続けることになる。

これに対して、当初ヒトラーにとって最もやっかいな反対者はカトリック教会であった。オーストリアにおけるカトリックの最高権威である枢機卿テオドール・インニッツァーは、一九三八年三月の「合邦」に際してはこれを支持し、ヒトラーのウィーン入りのときには全市の教会の鐘を鳴らさせて歓迎した。しかしやがて、ナチの政策が反教会的であることが判明すると、一九三八年一〇月七日、シュテファン教会で開催された宗教ミサに集まった六〇〇〇～八〇〇〇人の青少年層を前に反ナチ的演説をおこなった。これに興奮した聴衆がシュテファン広場でデモを展開すると、翌八日の夜には、一〇〇人ほどのヒトラー・ユーゲントがウィーンの大司教館などを襲撃し、聖職者に対する乱暴や器物を大量に破壊するなどの挙に出た。カトリックのデモに参加した若者たちは逮捕され、のちには強制収容所に送られた。

戦争が始まると抵抗運動は利敵行為として厳罰に処せられたので、共産党の地下組織を除けば旧オーストリア国内ではほとんど成立せず、国外の亡命者の組織やユーゴスラヴィアのパルティザン組織がオーストリアに関与するにとどまった。抵抗運動をめぐる状況が変化するのは一九四三年初頭のスターリングラードにおけるドイツ軍の敗北と、同年一一月一日に世界に向けて発表された「モスクワ宣言」以降のことであった。この宣言は、一〇月末にモスクワで開催された英・米・ソ三国外相（英・イーデン、米・ハル、ソ連・モロトフ）会談で確認されたヨーロッパの戦後構想をまとめたものであったが、その付録に「オーストリアに関する声明」があった。これはその前段部で、連合国はオーストリアをヒトラー・ドイツによる侵略行為の「最初の犠牲者」と認めつつも、後段部で同国にはヒトラーの戦争に加担した責任もあること（戦責条項）、従って同国は速やかに抵抗運動を組織し、戦後の民主化に寄与すべきことを求めていた。

　その後、この内容を印刷したビラは前線地域やウィーンをはじめとする大都市部に飛行機から大量に散布され、オーストリア国民の目にも触れることとなった。以降、オーストリアの抵抗運動をめぐる状況は活性化していく。シュタイアーマルクでは工場地帯を中心に超党派的な「オーストリア自由戦線」が結成され、参加者はパルティザン活動に従事し、工場敷地を占拠するなどの活動をおこなった。しかし、大きな広がりをもち最も知られた超党派的運動は、「グループ０５」である。このグループは保守的市民層に担われていたが、社会民主党や共産党の支持者をも巻き込んだ運動に発展していった。「０５」とは、０（オー）と五番目の文字ｅ（エー）を表したもので、オーストリアの国名の頭文字（オー・ウムラウト）を意味していた。彼らはこの記号をウィーン市中のいたるところに書きつけたのであるが、その一つがシュテファン教会の正面玄関の脇に残っている。

　戦争の終局が近づくなかで、軍部のなかにもナチへの抵抗の兆しが強くなっていった。ウィーンでも軍将校からなる抵抗運動グループが形成され、一九四四年七月二〇日の「ヒトラー暗殺未遂事件」にも加担した。計画は頓挫し、ウィーンでの蜂起責任者たちも逮捕されたが、それはナチの支配の崩壊が近いことを予感させた。

伝説的な05。ウィーンの中心部にあるシュテファン教会正面入り口の向かって右側に書きつけられた。現在、05の文字は史跡として強化プラスチックのカバーに覆われて保護されている

1945年4月8日、炎上するウィーンのシンボル、シュテファン教会。出火原因は不明とされる

第一〇章

第二共和国の誕生

戦後オーストリアは、第二次世界大戦における敗戦とナチ支配への協力者の立場から抜け出し、独立した国家として再生していくが、その道のりは連合四カ国による占領と東西対立のはざまで、微妙で困難なものであった。一方では独立した国家としての地位を確保しようとする必死の努力と忍従があったが、他方では戦争の敗者としての立場、残虐なナチ支配への協力者としての立場を払拭しようとする思惑や偽装もあった。

レンナー臨時政府の成立

オーストリア西部と南部からウィーンをめざしていたアメリカ、イギリス、フランス軍に先立ち、司令官ゲオルギー・ジューコフ率いるソ連赤軍第三ウクライナ方面軍が現オーストリアの東部国境線を越えたのは一九四五年三月二九日のことであった。赤軍は当初配布し掲示した各種布告のなかで、ソ連は「モスクワ宣言」の精神を遵守し、オーストリア領土の変更や社会秩序変革の意図はもっていないことを強調していた。ソ連軍政部がまず着手したのは、早期に中央政府を樹立して総選挙を実施するため、ナチ時代以前に存在していた既成政党を再建することであった。この方針に従い、ウィーンでの攻防戦が終結した四月一三日にまず社会党（旧社会民主党）が、それから四日後の一七日には国民党（旧キリスト教社会党）が結成され、これらは二一日にソ連軍政部が出した「命令第四号」で認可された。

ソ連軍政部がウィーン臨時市長に任命したのは旧社会民主党のテオドール・ケルナーであり、四月二七日に成立したオーストリア臨時中央政府の首班となったのも、同じく旧社会民主党の看板政治家カール・レンナーであった。当時七四歳のレンナーが、解放されたユダヤ女性に対するソ連兵の乱暴狼藉に抗議するため、下オーストリア州のソ連軍司令部に出頭したとの報を受けたスターリンは直ちに

大戦末期、ソ連赤軍の進入路となったため、激戦で破壊されたウィーン二区レオポルトシュタットに位置するプラーター遊園地と映画『第三の男』で有名となった大観覧車

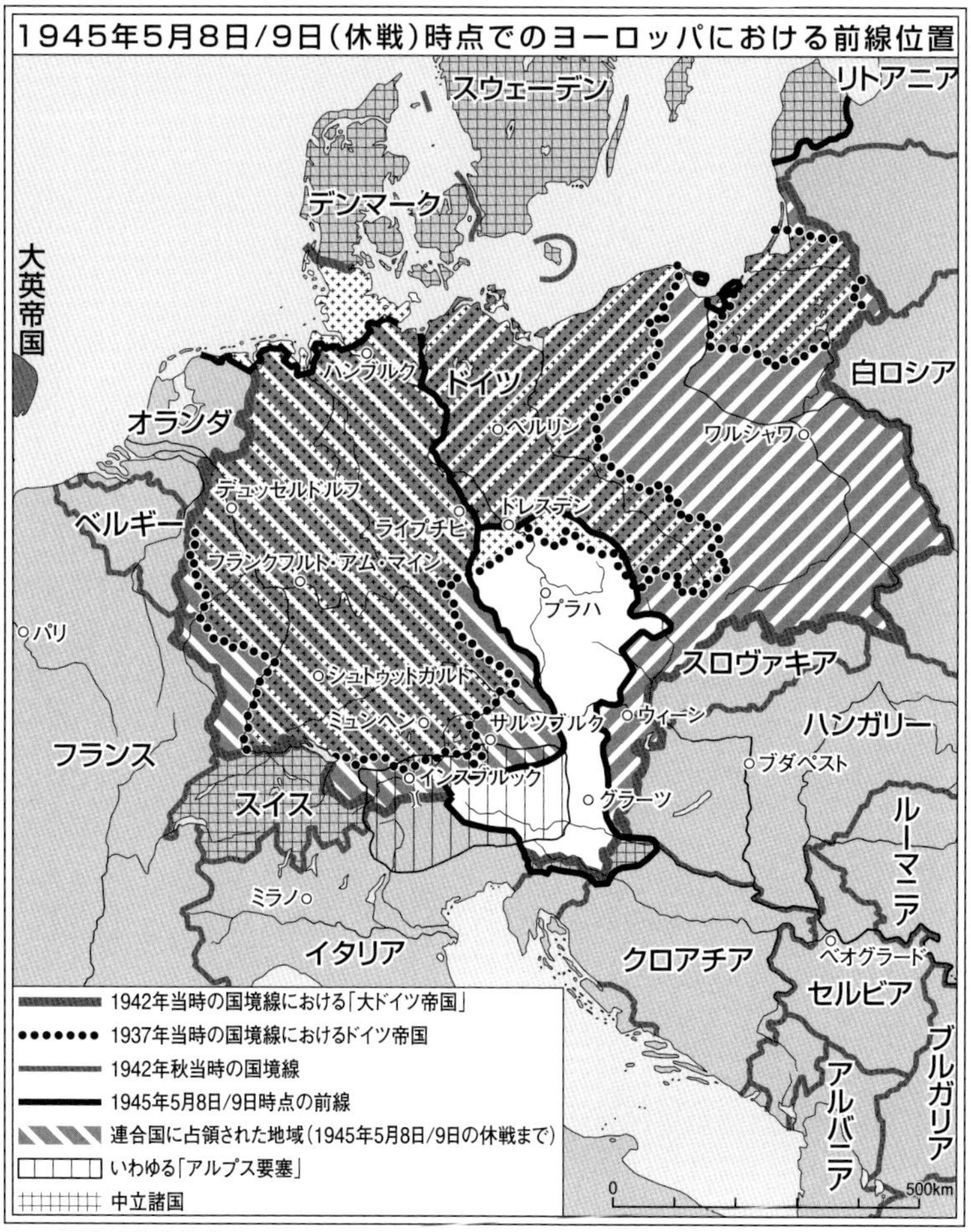

第二次世界大戦終結時（1945年5月8日／9日）の欧州戦略図。休戦時点でナチの戦線はプラハとグラーツを中心に辛うじて維持されていた。一方、西部のインスブルック周辺では、ナチ・プロパガンダによって「アルプス要塞」の存在がまことしやかに語られていた。架空の「要塞」ではあったが、イタリアを北上中の英米軍部隊は、調査のため前進を一時的に停止した

レンナーに電報を打ち、ソ連がオーストリアにおける民主政治の再建を支持することを確約した。一方、アメリカのトルーマン大統領には、レンナーという政治家はまったくノーマークであったため、当初アメリカ政府はこの政権に対して強い不信感をもち、他の西側連合諸国とともにその承認にいたるのは政権樹立からほぼ半年を経過した一〇月二〇日のことであった。

四月末に活動を本格化したレンナー臨時政府は、重要な政治問題に対処するため社会党、国民党、共産党から各一名ずつ副首相格の無任所相が参加する「政治キャビネット」を設置した。それ以外の閣僚ポストは三党で分け合うこととなったが、共産党はソ連占領下におかれた他の東欧諸国の事例と同様、警察権力と教育・宣伝を統括する内務相および教育文化相のポストを握ることとなった。しかし、歴史的に対立・分裂していたオーストリアの政治にとっては、三党の妥協を図ることは難しいことであった。そこで新政府が考え出したのが「プロポルツ」と呼ばれた比例配分制度であった。これはある省のトップが共産党の政治家である場合、他の二党はそれぞれ自党から次官一名ずつを出し、この三者の合意が得られた場合にのみ政治的決定をくだすことができるという、ある種の相互監視システムであった。この新たな試みの背景には、社会党と国民党が、ソ連軍政部と関係の深い共産党の行動を牽制しようとした意図もあった。この三党による相互監視システムは一九四七年の共産党閣僚

の離脱によって終了するが、社会党と国民党の二党による監視体制は、国民党の単独政権ができる一九六六年まで継続し、戦後のオーストリア第二共和国の政治体制を特徴づけるものであった。

マーシャル・プラン

1945年4月27日に成立したレンナー内閣を写した最初の写真。この内閣を承認したのは当初、ソ連占領軍だけであった。前列中央に座るのが臨時政府の首相に就任した社会党（旧社会民主党）の政治家カール・レンナー。レンナーは第一共和国においては初代首相、1945年12月20日には第二共和国初代の大統領に選出された

西側連合諸国がレンナー政府を承認した一〇月二〇日を境にして、オーストリアの連合国占領の構図は大きく変わった。さらに一九四五年一一月二五日に実施された第一回国民議会選挙の結果、西側連合諸国のレンナー政府への接近はさらに強まった。この選挙における共産党の得票率は五・四二パーセントと、国民党の四九・八パーセント、社会党の四四・六パーセントに比べて大きく見劣りする数値にとどまり、同党は閣内の重要ポストを失うことになった。共産党は新たに設けられた電化相ポストを獲得して閣内に残ったが、この選挙での惨敗を転機として、同党の戦術は政府の打倒をめざす大規模なストライキ運動へと転換されることになった。

一九四五年一二月一八日の国民党のレオポルト・フィーグルを首相とする新政権の誕生は、当初レンナー政権のソ連「傀儡化」を危惧していた西側連合国政府を安堵させることになった。一九四八年になると、アメリカ政府はソ連政府の強い反対を押し切って、オーストリアに「マーシャル・プラン」の援助の適用を決定する。復興のため多額の資金を必要としていたオーストリアに対して、アメリカは大戦終結時から一九五三年一二月までの約八年半のあいだに総額一四億九七八〇万ドルもの資金援助を実施したが、そのうち、一九四八年六月に開始された

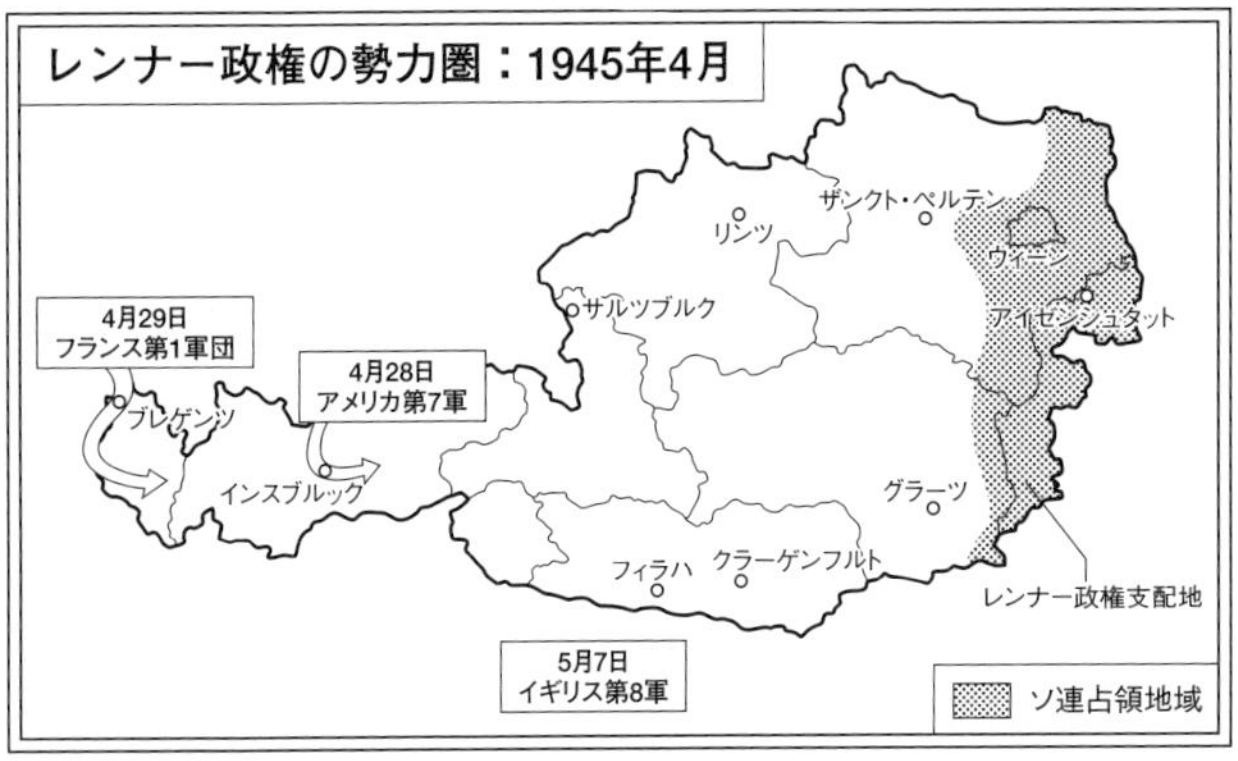

レンナー臨時政府の勢力図。当初、レンナー政権の影響力はウィーンを中心としたソ連占領地域にとどまった。西側連合国が同政権を公式に承認するのは、政権発足から半年後の1945年10月20日のことであった

「マーシャル・プラン」の枠組みでの実施分は九億六二〇〇万ドルに達した。

　さらに、この時期オーストリア政府にとって大きな意味をもったのは、連合国理事会の管理協定の改定がおこなわれたことであった。イギリス案をもとに作成された第二次管理協定は、その第六項でオーストリアに独自の立法権が認められ、一般法規に関しては連合国理事会が三一日以内に四国一致で反対しない限り発効されることを定めていた。この協定は連合国とフィーグル政府のあいだで一九四六年六月二八日に調印、同七月一四日に施行され、オーストリアは独立国家に近い権利を得ることになった。

一九四五年四月二七日、議会に向かう首相レンナー。レンナーに付き添うのは臨時ウィーン市長となったテオドール・ケルナー（社会党）

　このようにオーストリアの対米接近が始まった一方で、ソ連は一転して新しいフィーグル政府を多方面で牽制し始めるようになった。特にオーストリア内の「ドイツ資産」（第一一章参照）をめぐって、オーストリア政府とソ連政府の認識が正面から対立するようになると、ソ連は占領の終結を意味する「平和条約」締結の条件としてオーストリアにおける「非ナチ化」の進展を要求するようになった。

議事堂前に集まった群衆に配布される新聞。ソ連占領軍が発行した「オーストリア新聞」の第一号は占領軍の手によって路上で配布された

非ナチ化の進展

　ソ連軍政部によってオーストリア中央政府が承認された一九四五年四月二七日、新政府を構成した社会党、国民党、共産党の三党は共同で民主的な国家再建をめざす独立声明を発表した。この声明に従って、レンナー臨時政府はソ連軍政部の監督下、「非ナチ化」とナチ犯罪処罰の実施を緊急の政策に掲げた。「非ナチ化」に関しては、政府は五月八日、「ナチ党禁止に関する憲法法令」（「禁止法」）を公布した。それによって、①ナチ党組織の禁止、②旧党員の登録、③旧党員の公職任用の禁止、④戦犯を裁く国民裁判所の設置、⑤いわゆる「非合法党員」（一九三三年から三八年のナチ党禁止時代に一八歳以上であった党員および戦闘団員）」に対する厳しい処罰規定（禁錮重労働刑・財産没収）、などが決定された。ただし、この「禁止法」には重要な「逃げ道」も

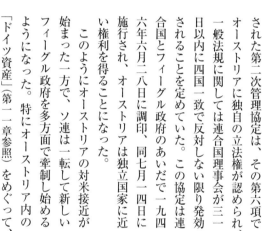

用意されていた。それは、ナチ党員・戦闘団員としての立場を一度も悪用せず、解放前にオーストリア共和国に対する支持を表明したことを証明できる者は登録（処罰・解雇）を免れるとした「例外規定」の存在であった。実際、一九四六年九月一五日に実施された政府調査によれば、登録のために出頭したオーストリア・ナチ党員および戦闘団員の総計約五四万人（うち「非合法党員」は九万八〇〇〇人）の九割近くが、本審査の延期を意味する「例外規定」の適用を同時申請した。

一方、ナチ犯罪処罰に関連してレンナー臨時政府は、一九四五年六月二六日に「戦犯法」を定め、①非人道的行為者、②戦争宣伝者、③強制収容所監督者、④不当蓄財者、⑤政敵密告者、⑥大管区指導者以上のナチ高官、を「戦犯」として規定した。裁判を担当する国民裁判所はウィーンなど四都市に設置され、八月の第一回公判から、同裁判所制度が廃止される一九五五年一二月までのあいだに、あわせて一三万六八二九件のケースを処理することになった。なお、そこで下された有罪判決は、死刑判決四三件（執行三〇件）、無期懲役三四件の他、一年から二〇年までの懲役刑約一万三五〇〇件であった。

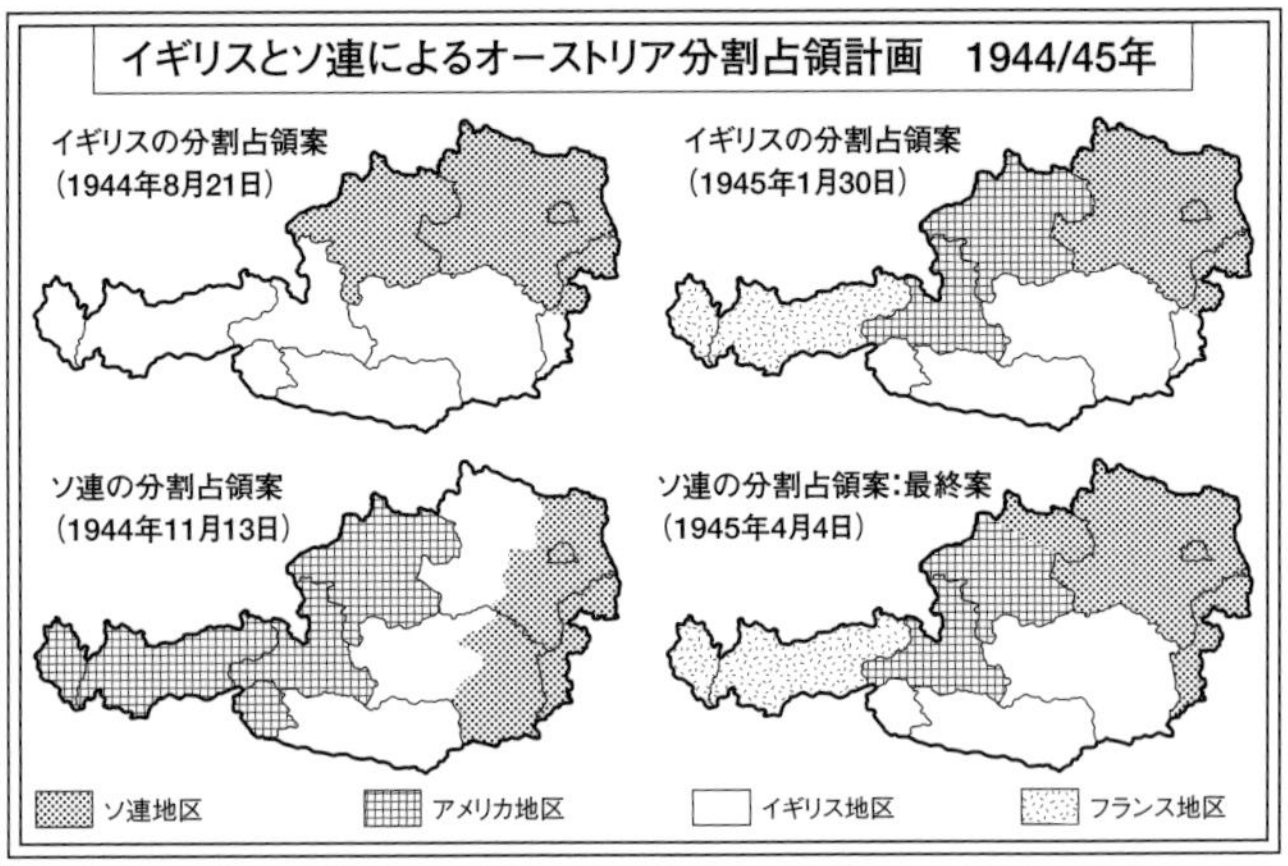

オーストリアの連合国分割占領案の変遷。オーストリア分割占領案は、ロンドンに設置されたヨーロッパ諮問委員会（EAC）で検討が重ねられた。この大使級委員会は1943年10月のモスクワ三国外相会談でその設立が決定され、1944年1月以降その活動を本格化させていく。具体的な分割占領案は英・ソ案を中心に議論され、最終的には1945年4月4日のソ連案で決着した

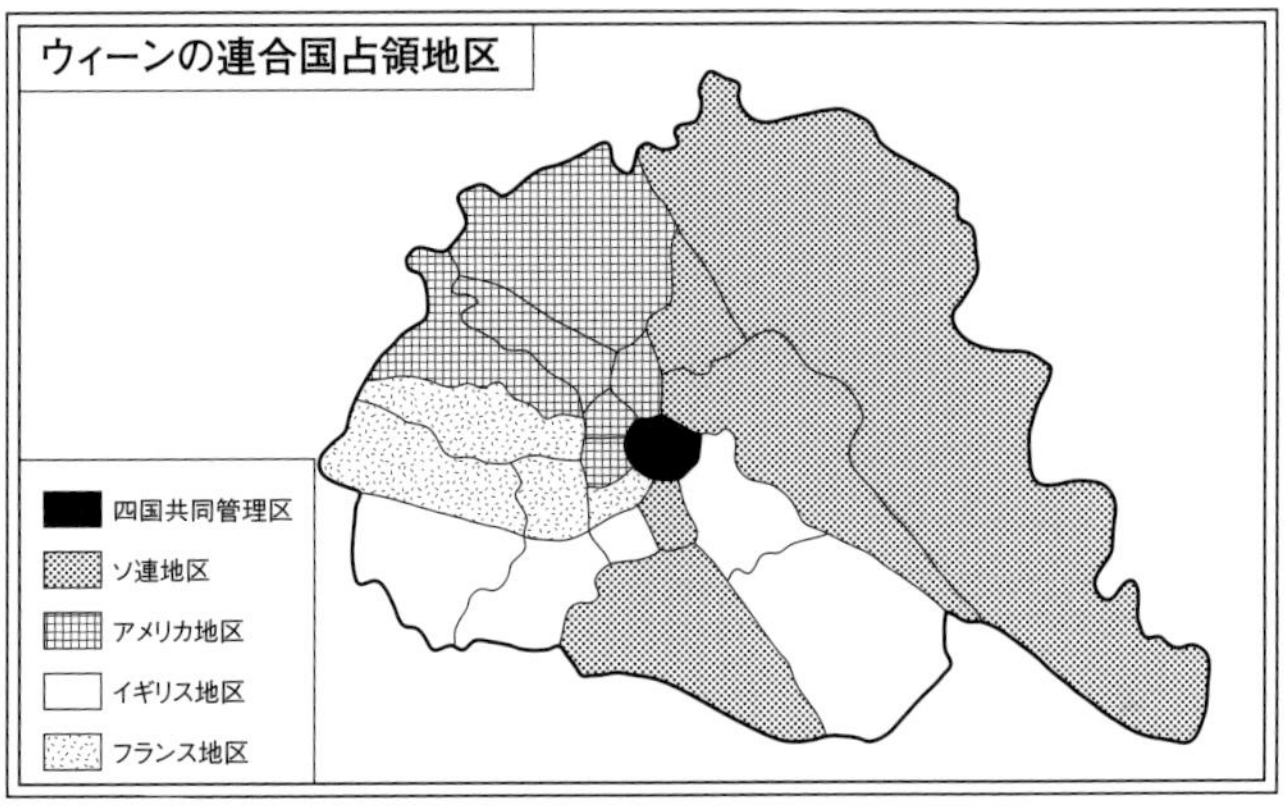

ウィーンの連合国分割占領案。オーストリアの首都ウィーンもドイツのベルリンと同様に連合４カ国に分割占領された。ただし、中心部の１区が４カ国共同管理地域（国際ゾーン）とされたのが、ベルリンの事例とは決定的に異なっていた

第二共和国第二代首相レオポルト・フィーグル。レンナー臨時政府の後を継いで困難を乗り越え、戦後オーストリアの再建に尽力した国民党の政治家

非ナチ化の終結

一九四五年一二月、レンナー政権後に誕生したフィーグル政権は、当初、前政権の非ナチ化の方針を踏襲していたが、翌一九四六年三月、新しい非ナチ化法案の制定に着手することになった。新法案がそれまでの「禁止法」と異なっていたのは、新法がなによりも党員の党内におけるそれぞれの役割に応じて処罰基準を

非ナチ化。4人の旧ナチ突撃隊員に対して実施された国民裁判所での審理の模様（1945年8月）

変更した点にあった。具体的に新法は、対象を①戦犯、②重罪者（細胞長以上の党指導者）、③微罪者（一般党員、参加団体構成員）に分類し、①には刑罰を、また②、③には税負担増額などの科料を科すことを定めていた。この法律は旧ナチ党員に対する実質的な「アムネスティ（恩赦）」を意味していた。

こうした内容を骨子とする「新非ナチ化法案」は、連合国理事会による五〇カ所の修正要求を受け入れたうえで、翌一九四七年二月六日に国民議会で可決され、同一八日に発効となった。その後、一九四八年の「微罪者アムネスティ」（四九万五七六二人の罰則解除と公民権回復）、一九五二年の「重罪者アムネスティ」（四万二〇〇〇人対象）を経て、主権回復後の一九五七年にはすべての非ナチ化法が廃止され、オーストリアにおける非ナチ化措置は終了することになった。

フィーグル政府による非ナチ化措置の緩和を可能とした要因として以下の二つを指摘しておきたい。その一つは旧ナチ党員に対するやむをえぬ政治行政的配慮である。オーストリアのような小国で、人口の一割近くにあたる旧ナチ党員を戦後の政治および社会から長期間閉め出すことは実質不可能であった。厳格な基準で非ナチ化を遂行した場合、旧ナチ党員ばかりかその家族を含めると国民の四分の一を政治および社会から閉め出さねばならなかったからである。特に、ナチ支持者の多かった教員や官吏などは、彼らなしでは機構が機能しなかったという現実があった。

マーシャル・プランの調印。1948年7月2日、マーシャル・プランへのオーストリアの参加を確約した協定への調印が実施された。中央は当時のシェルフ副首相

さらに選挙において、旧ナチ党員とその家族は有権者の四分の一に達したので、彼らを敵に回すような厳格な非ナチ化は、どの政党にとっても難しい選択であった。もう一つは、ドイツでの非ナチ化措置の収束である。「モスクワ宣言」で「ナチの野蛮な占領の被害者」と規定されたオーストリアにとっては、ドイツ以上の非ナチ化を実行する論拠はなかったのである。だが、そうした非ナチ化の不徹底さはのちに大きな禍根を残すことになる。

第二次世界大戦末期、オーストリアを含めた欧州では前線の移動に伴って大量の難民が発生した

コラム 9

「難民トランジット国」としてのオーストリア

グレアム・グリーンの小説をもとに制作されたイギリス映画『第三の男』(一九四九年公開、キャロル・リード監督)は、ジョゼフ・コットン演じるアメリカ人三文小説家ホリー・マーティンズが、オーソン・ウェルズ演じる旧知のハリー・ライムをはるばる訪ねてウィーン西駅に降り立つシーンで始まる。

この映画で印象に残るのは、その巧みなストーリー回しだけではなく、映画の背景として使用されている戦争で荒廃したウィーンの街路風景である。周囲が破壊されたプラーター遊園地の大観覧車でのシーンをはじめ、多くは戦争直後のウィーンのロケで実写されたものである。そのため、この映画自体が、戦争直後のウィーンの姿を目で理解するための貴重な映像資料となっている。

その他、この映画を観て現代史家の関心を惹くものに、いわゆる「ジープの四人」がある。これは当時ウィーン占領に関与した米・英・ソ・仏連合四カ国の軍事警察が四人一組で一台のジープに同乗して同市の警備にあたった国際警察部隊の俗称である。映画のなかでも「ジープの四人」が、ハリー・ライムの恋人でチェコスロヴァキア人(小説ではハンガリー人)であるヒロインのアンナ・シュミット(女優アリダ・ヴァリ)を逮捕に出向くシーンがある。劇中、アンナが逮捕される嫌疑とされたのは偽造パスポートの所持であった。パスポート偽造の理由は、映画のなかでは明らかにされないものの、原作では噂話としてアンナの父親がナチであるため、ソ連による逮捕を恐れているとの記述がある。

こうした設定は、映画『第三の男』の背景となっている戦争直後の時期がオーストリアに大量の戦争難民が生じた時代であることによって初めて成立する。大戦末期、東からドイツ軍を追撃したソ連の赤軍の手から逃れようとしたドイツの軍人や一般人、ナチ協力者としての嫌疑を恐れる外国人は、敗走するドイツ国防軍の後を追い、かろうじて戦線が維持されていたオーストリアに逃げ込むことになった(本文九七頁の図参照)。その他に解放されたとは言え、戦後の国境線移動などで帰るべき「祖国」を喪失してしまった捕虜や強制収容所の囚人、強制労働に狩り出された者たちも、この地域に滞留することになった。つまり、映画『第三の男』のヒロインであるアンナもこうした運命に翻弄された難民の一人と設定されているのである。

戦争直後、オーストリアに流入したこうした多様な難民の数は総計で一六三万二〇〇〇人(オーストリア人口の二七・三パーセントにあたる)にものぼったが、一九四七年末までに半数にあたる八七万三〇〇〇人の外国人が国外に退去している。一方、各地の強制収容所から解放されたユダヤ難民は、アメリカ軍によって手厚く保護された。一九四六年七月の米占領地区のユダヤ難民の総数は五三七三人に過ぎなかったが、彼らには国防軍兵舎や避暑地のホテルなどが宿舎として提供された他、衣食も十分に支給されたため、疲弊したオーストリア国民の反ユダヤ感情を刺激することとなった（各地でのユダヤ難民に対する露骨な敵対行動も当時数多く記録されている）。こうしたことも影響してか、多くの解放ユダヤたちは、その後イスラエルやアメリカ合衆国に向かい、オーストリアにとどまるものは比較的少なかった。

「ジープの四人」。冷戦期にも米・英・ソ・仏の軍事警察官が４人一組となって共同でウィーン１区の警備にあたった

このように「難民トランジット＝一時滞在国」としてのオーストリアは戦争直後に始まったと言えるが、この特性はその後も引き継がれていく。一九五六年の「ハンガリー事件」では、ハンガリー民主化の試みに対し、ソ連の戦車部隊が制圧にあたったため、同年一一月四日から翌年四月までに隣国のオーストリアへ一八万人のハンガリー人が亡命したが、同国にとどまったのはその一〇分の一に過ぎなかった。

同じく、一九六八年から六九年にかけて行われたチェコの民主化運動（「プラハの春」）も、ワルシャワ条約機構軍の介入により徹底的に弾圧されたが、この事件の結果、オーストリアにはチェコから直接九万六〇〇〇人、ユーゴスラヴィア経由で六万六〇〇〇人の亡命者が流入した。彼らの三分の二がオーストリアに亡命申請したと言われるが、実際に同国には亡命者の五〜一〇パーセントがとどまったにすぎなかった。

一九八一〜八二年には、当時のヤルゼルスキ軍事政権に対する民主化運動の弾圧の結果、一二万〜一五万のポーランド人難民がオーストリアに向かったが、オーストリアに政治的庇護を求めたのはごく僅かにとどまったと言われる。

また、一九七三年から八九年にかけては、ソ連から約二五万人のユダヤがオーストリア経由でアメリカ合衆国、イスラエルに出国している。

このように、オーストリアの戦後史は人道的見地からの難民受け入れの歴史と言っても過言ではないが、その特徴は難民の多くがオーストリアを一時滞在用の「トランジット国」としてみなし、さらに第三国への出国をめざした点にある。

第二章 永世中立国

戦争が終わり、連合国による占領下で、ドイツと異なり曲がりなりにも自前の政府をもつことを許されたオーストリアであったが、独立国家として自立するまでには長い年月を必要とした。東西対立の最中において地理的にもその中間的位置にあったオーストリアは、ドイツが分断の運命を荷うなかで、最終的には東西陣営のどちらにも属さない中立的な立場を得ることによって占領から解放され、独立国家としての地位を獲得できた。しかしその過程は紆余曲折に満ちていた。

「モスクワ宣言」

一九四三年一一月一日、英・米・ソ三カ国の外務大臣が、ドイツの戦後処理に関する「モスクワ宣言」を発表した。その付録第六号「オーストリアに関する声明」はオーストリアの戦後処理を定めるものであった。そこでは、オーストリアは「ヒトラーの野蛮な侵略により犠牲となった最初の自由国家であり、ドイツの支配から解放されなければならない」と規定されていた。そのことによって一九三八年の「合邦」は否定され、自由で独立したオーストリアが再建されることが保証されたのである。

しかし、その後半部分においては、「モスクワ宣言」は次のような重要な文章を付け加えていた。「しかしながら、オーストリアには次の点に注意が喚起されるであろう。すなわち、オーストリアはヒトラー・ドイツの側に立って戦争に参加した責任を負っていることは免れえない事実であり、最終的な調整に際しては不可避的に、自らの解放にどれだけの貢献があったかが考慮されるであろう」と。

この後半の部分が、オーストリアにおける抵抗運動の活性化を期待してのものであることは明らかであるし、実際に抵抗運動は活性化し、一定の住民層にはドイツとは異なるオーストリア人意識を芽生えさせることに効果があったことは前述した通りである。

しかし、戦争が終結しても、オーストリアの解放と独立は、国民が期待した通りには進まなかった。オーストリアが完全な独立を保証されたのは、日本や西ドイツの主権回復からも遅れた一九五五年のことになる。

独立が遅れた理由としては大きく言えば二つの要因が考えられる。一つは、一九四五年以降、占領軍としてオーストリア東部を支配したソ連とのあいだで進められた賠償交渉の過程で顕在化した対立、特にいわゆる「ドイツ資産」の扱いをめぐる問題であった。この問題に関してオーストリア政府とソ連との考え方が、大きく違っていた。もう一つは、オーストリアの地理的位置とも関連して、冷戦期の東西両陣営における安全保障政策が関連していた。

賠償問題とオーストリアの「ドイツ資産」

まずソ連との賠償問題について見てみよう。第二次世界大戦中、自国産業をナチ・ドイツによって破壊し尽くされたソ連にとっての最大の関心は、ドイツからいかに多額の賠償を確保するかであった。コーカサス地方の油田地帯の荒廃と、北イランからの撤退により慢性的な石油不足に苦しむソ連政府は、ハンガリー国境沿いのオーストリアのツィステルスドルフ油田に埋蔵されていた豊富な石油と、ドイツ資本がオーストリアで積極的に開発してきた石油精製施設に目をつけた。大戦中には、オーストリアの石油産出量は年間一二〇万トンに達し、欧州ではルーマニアに次いで第二位の地位を占めていたため、車両・航空機用燃料不足に悩むソ連にとっては魅力的な資源であった。

ソ連軍政当局は、一九四五年四月二七日にウィーンで成立した社会党のカール・レンナーを首班とする臨時政府に対して、同年夏、合弁会社「サナプタ」の設立を提案した。しかしながら、この合弁条約提案は、社会党指導部の反対によって不採用となった。これに対して、ソ連当局は一〇月にソ連石油管理局（SMV）を創設して油田の採掘を開始し、翌一九四六年にはオーストリア内の「ドイツ資産」の包括的接収案をもち出した。

こうした動きに対して、国民党のレオポルト・フィーグル率いる連立政府は、共同で基幹産業の「国有化法案」を制定してこれに対抗した。一九四六年七月二六日、フィーグル首相が提出した「第一次国有化・社会化法案」は国民議会で採決されたが、英・米・仏の西側占領地区とは対照的に東部のソ連占領地区ではポツダム協定を盾に法案の適用が拒否されることになった。国有化の対象となった企業は本来七〇社に及んだが、東部のソ連占領地区に関しては、オーストリア政府が意図した国有化は「書類上」にとどまった。「ドイツ資産」の取り扱いをめぐる対立が決着をみるのは、一九五五年の主権回復直前のことであった。結局、賠償問題について妥協点を模索したオーストリア政府は、ソ連に対して「弁済金」を支払うことで最終的な合意を得たが、もう一つ困難な課題が残っていた。それはオーストリアの軍事戦略的位置の問題であった。

安全保障問題とオーストリア

ドイツとの苛烈な戦争を経験したソ連の最大の関心事は、なによりも自国の安全の確保にあった。この戦略に沿って、戦後ソ連はドイツの東部国境を西に大きく移動させ、さらにドイツとのあいだに緩衝地帯をつくることに腐心した。具体的には、ソ連は自国と国境を接する国々に親ソ的な共産党政権を樹立させる方法で、より手堅く安全を強化していった。オーストリアは直接ソ連と接してはいなかったので、ソ連はオーストリアに対しては、むしろ永世中立国化による自国の安全保障の可能性を模索したとみることができる。

一九四〇年代末以降、ヨーロッパの冷戦が進展すると、東西ヨーロッパの狭間にあるオーストリアの地政学的な意味があらためて注目されることとなった。一九四九年五月のドイツ連邦共和国（西ドイツ）建国と同十月のドイツ民主共和国（東ドイツ）建国によるドイツの分断は、オーストリア国民にも自国の分断の危機を感じさせる出来事となった。さらに一九五〇年代初頭の西ドイツ首相アデナウアーの対米・対西欧接近政策のもと、西

1955年5月15日、ウィーンのベルヴェデーレ宮殿「大理石の間」でおこなわれた「国家条約」調印式の模様。写真中央でペンを持ち署名をしているのが当時のオーストリア外相レオポルト・フィーグル

朗報とともにモスクワ会談から空路帰国した当時の首相ユリウス・ラープ（国民党）

ドイツのNATO（北大西洋条約機構）加盟が熱を帯びて語られ始めると、西ドイツの「隣国」オーストリアの戦略的価値がこれまで以上に国際的な関心を集めることになった。具体的には、アメリカはオーストリアにNATO加盟国であるイタリアと西ドイツ間の経済的経路に加え、軍事的連絡路としての価値を見いだしていた。他方ソ連もオーストリアに対する占領が続く限り、ソ連は同国への占領軍の交替という名目でハンガリーやチェコスロヴァキア領内に赤軍を入れることができた。それは両国への軍事的威嚇ともなった。そうした事情下では、オーストリアの国家主権の回復は遠い道のりであるかに見えた。

しかし一九五二年三月一〇日、西ドイツのNATOへの編入を強く危惧したスターリンは、突如「スターリン・ノート」と呼ばれる「ドイツ統一提案」をおこなった。これにより、オーストリアにも新たな局面が開かれた。「スターリン・ノート」の内容は、ドイツ統一を「中立化されたドイツ」という新しい枠組みのなかで実現しようとしたものであり、のちにソ連は、その構想を具現化するための先行モデルとして、オーストリアの中立化を推進するようになったのである。「ノート」の扱いをめぐって西ドイツの一部の政党内では議論がおこなわれたが、この時期アメリカやフランスへの接近を全力で進めていた当時のアデナウアー政権は、基本的にこの「ドイツ中立化構想」を黙殺した。

スターリンの死（一九五三年三月五日）後、西ドイツのNATO加盟と再軍備が不可避な情勢となると、クレムリンの新指導者ニキータ・フルシチョフは、「ドイツ問題」からオーストリアを切り離し、まずオーストリアの中立化を実現することによって同国の分断と西部地域の西側ブロック編入阻止をソ連外交の重要課題とした。この頃、NATOに対抗する目的でソ連が主導したワルシャワ条約機構の成立が現実のものとなってきたことも、緩衝帯としてのオーストリアの中立化への動きに拍車をかけることとなった。

オーストリアを取り巻く国際環境が変化するなか、ソ連政府からの招待を受けたオーストリア政府代表団が、一九五五年四月一一日から一五日にかけてモスクワで開催された四カ国会談へと赴き、そこでオーストリアの中立化を実現する方法について調整する機会を得た。モスク

国家条約の調印後、ベルヴェデーレ宮殿２階のバルコニーから詰めかけたウィーン市民に「国家条約」を提示するオーストリア外相フィーグル。右から２人目が首相のユリウス・ラープ

ワでの協議の結果、参加国間でオーストリアにおける占領状態の終結を定める条約の締結が確認されたが、その条件の一つとして、オーストリアは永世中立国となることをしかるべき法律によって明確に規定することが要求されていた（「モスクワ覚え書」）。

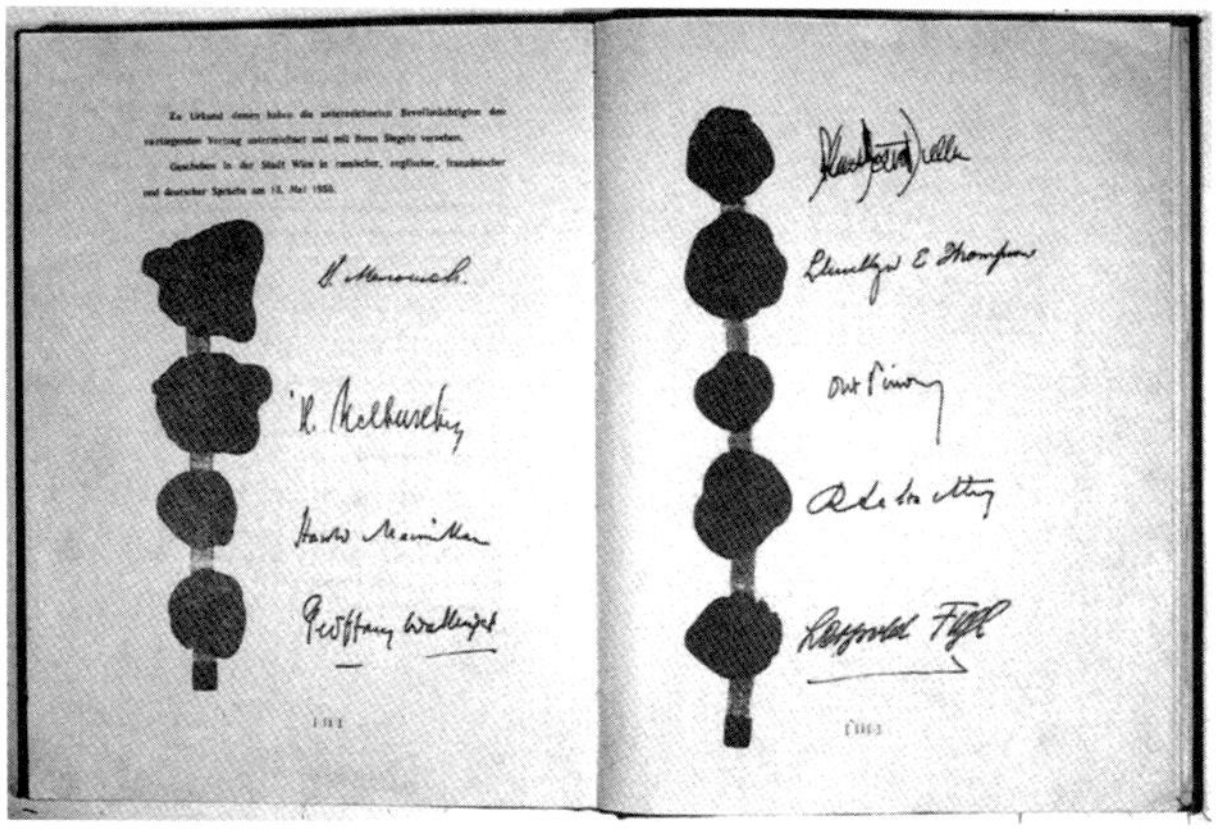
「国家条約」の署名者。オーストリア外相フィーグル（右下）、アメリカ国務長官ダレス、ソ連外相モロトフ、イギリス外相マクミラン、フランス外相ピネーの他、４カ国の駐オーストリア大使をあわせて計九つの署名がある

ウィーンでの再調整を経た一九五五年の五月一五日、四カ国代表とオーストリア政府のあいだで、同国民が長く待ち望んだ主権の回復を保証する「国家条約」がウィーンのベルヴェデーレ宮殿の「大理石の間」で調印された。連合国によって「解放国」と見なされていたオーストリアには「平和条約」という文言は使用され得なかった。調印後、宮殿のバルコニーに姿を見せた首相ユリウス・ラープ（国民党）と外相レオポルト・フィーグル（国民党）は、熱狂して詰めかけた大群衆を前に「国家条約」を誇らしげに高々と掲げて見せた。

「国家条約」の締結

さて前文と全九部からなる「国家条約」の骨子は以下の通りである。

①ソ連とのあいだで係争の対象となったいわゆる「ドイツ資産」に対して、オーストリアは「弁済金」として六年間に分けて一億五〇〇〇万ドルをソ連政府に支払うこととする（七月一二日にモスクワで最終合意が両国政府間でなされたが、それによれば「ソ連管理企業に対する補償」として上記金額の支払いに加えて、一〇年間にわたり毎年一〇〇万トンの原油提供が決定された）。

②条約に従い連合四カ国の占領軍は、オーストリア領域から撤退することを義務づけられる。

③その他、ドイツとの合邦の禁止（第四条）、スロヴェニア人およびクロアチア人の少数民族としての権利保護（第七条）、ナチ組織の解散およびナチ組織・ファシズム的組織活動再開の不許可（第九条）

なども重要項目として具体的に確認された。

「国家条約」はオーストリア国民議会による批准（六月七日）の後、さらに連合四カ国の本国議会でも相次いで批准された。これを受けて七月二七日には連合国委員会の最後の会議がウィーンで開催された。

「国家条約」の文言にはなかったものの、先のモスクワ会談で合意されていたオーストリアの中立に関する憲法法案草案は、「国家条約」調印後に開催された最初の議会（五月二五日）でオーストリアの四党代表の手による動議として提出された。一〇月二五日、最後の占領軍となったイギリス軍が南部のケルンテン州から撤退したことを受け、翌一〇月二六日にオーストリア国民議会で「オーストリアの永世中立に関する連邦憲法法案」が可決された。オーストリアの中立がスイスの中立と異なる点は国連加入に対する意思を示したことであったが、これはこの国が独自の中立政策に加えて、国連のメンバーとなることによって独立維持に関する二重の保障を手にすることを欲したためであった。「永世中立憲法法案」発効後、政府は自国の中立化を、外交関係をもつ世界各国に通達し、連合四カ国はこれを一二月六日に承認した。これによってオーストリアは永世中立国として認定され、国連加盟も一二月一四日に認められた。

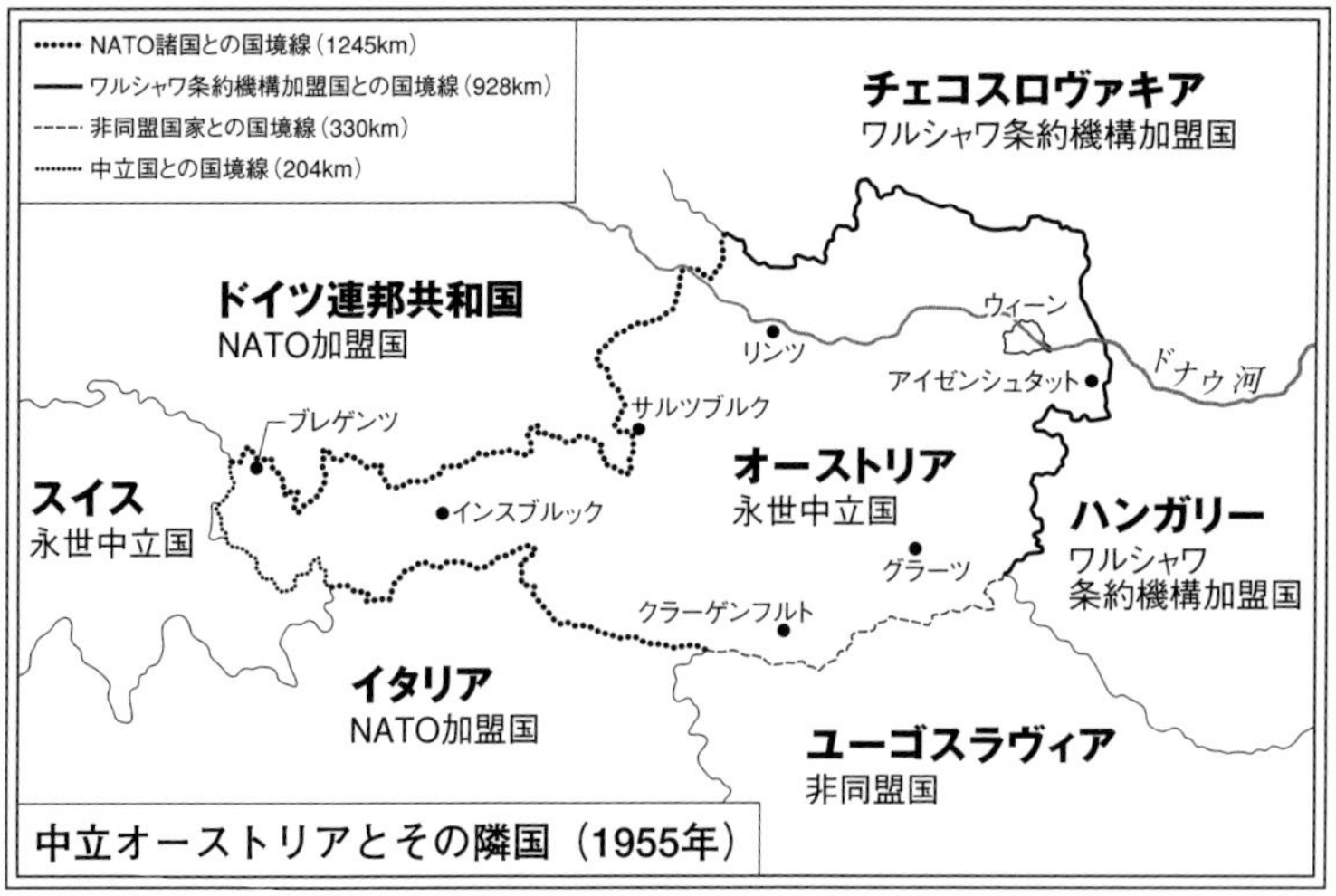

中立オーストリアとその隣国（1955年）

中立オーストリアと周辺諸国。冷戦の産物。東西両陣営の緩衝地帯としての中立オーストリア

一九五五年五月一五日、ベルヴェデーレ宮殿の中庭に集まり歓喜するウィーン市民

ベルヴェデーレ宮殿「大理石の間」における「国家条約」調印式の模様をつたえる俯瞰図

第一二章

大連合からクライスキーの時代へ

オーストリアの国民議会選挙(1945−95年)における各政党の得票数と議席数の推移

	オーストリア国民党	オーストリア社会党	オーストリア共産党	独立者選挙党(1956年以降オーストリア自由党)	民主進歩党	自由フォーラム	グリューネ・アルタナティーヴェ(緑の党・選択)	オーストリア統一緑の党
1945年11月25日	1,602(85)	1,434(76)	174(4)	−(−)				
1949年10月9日	1,846(77)	1,623(67)	213(5)	489(16)				
1953年2月22日	1,781(74)	1,818(73)	228(4)	472(14)				
1956年5月13日	1,999(82)	1,873(74)	192(3)	283(6)				
1959年5月10日	1,928(79)	1,953(78)	142(−)	336(8)				
1962年11月18日	2,024(81)	1,960(74)	135(−)	313(8)				
1966年3月6日	2,191(85)	1,928(74)	18(−)	242(6)	148(−)			
1970年3月1日	2,051(78)	2,221(81)		253(6)				
1971年10月10日	1,964(80)	2,280(93)		248(10)				
1975年10月5日	1,981(80)	2,326(93)		249(10)				
1979年5月6日	1,981(77)	2,413(95)		286(11)				
1983年4月24日	2,097(81)	2,312(90)		241(12)			65(−)	93(−)
1986年11月23日	2,003(77)	2,092(80)		472(18)			Allianz: ALÖ+VGÖ 234(8)	
1990年10月7日	1,508(60)	2,012(80)		782(33)			225(10)	
1994年10月9日	1,281(52)	1,617(65)	11(−)	1,042(42)		276(11)	338(13)	5
1995年12月17日	1,370(53)	1,843(71)	13(−)	1,060(40)		267(10)	233(9)	

(議席数はカッコ内に表示/単位:千、百票以下切り捨て)

一九五五年の「国家条約」によって占領軍が去り、国家としての独立と自由裁量を獲得したオーストリア共和国においては、その後も社会党と国民党のあいだでの大連合が継続されていった。しかし大連合はしだいに硬直化し、どちらの陣営においても積極的な改革への道が閉ざされ、新たな政治勢力の台頭が抑えられていた。ようやく一九七〇年代にクライスキーの社会党による積極的改革路線が国民の支持を得て、その単独政権によってオーストリアはひとつの時代を形成する。

大連合の成立

ようやく真の独立を果たしたオーストリアは、その後も内外の混乱や諸問題に対処していくために、国民党と社会党の二大政党による大連合を維持していかなければならず、両党の意見の相違や対立はできるだけ避けなければならなかった。

そのために両党は、臨時政府時代からのプロポルッと呼ばれる法制度の枠外での比例配分制度を継続していった。それは、首相が国民党なら副首相ないし大統領は社会党、あるいは国民党が大臣をもつ省には社会党の次官をおき、逆の場合はその逆とするなど、両党のバランスを保とうとするものであった。この均衡制度は、政治的分野のみならず行政や国有化された企業、銀行などの公的機関の他、ラジオやテレビ局および大学ポスト、学校などにも適用され、そのためこの二党の体制下で社会全体が二分化されるような状況にもなっていった。

実際、国家条約の締結後のオーストリアはさまざまな試練に直面した。一九五六年にはハンガリー事件が起き、さっそくオーストリアの中立が試練に晒されることになった。オーストリアはワルシャワ条約機構軍によるソ連の武力介入に抗議し、積極中立の立場をあきらかにし、民衆蜂起の鎮圧後には二〇万人以上の難民、亡命者を受け入れた。内政においては国有化企業をめぐっての社会党と国民党の対立が生じた。国家条約によって、それまでソ連の管理下におかれていた石油産出、ドナウ汽船会社などの多くの企業がオーストリアに返還され、国有化企業の数は増大し、その管理をめぐって論争が起きたのである。一九五六年五月の総選挙においてはこの問題が焦点となり、国民党が八議席を増やし、社会党は一議席増、共産党は一議席を減らした。その後も続けられた大連合政府では、国有化企業の担当は社会党大臣の担当から外され、新たな管理会社が設けられ、両党の代表大臣からなる理事会の下に運営されることとなった（三年後には再び政府の直接管理下に戻り、首相官房の下におかれた）。

　一九五九年五月の総選挙は大連合の主導権をめぐっておこなわれた。選挙では、連合の運営方法を改めプロポルツ制を弱めようとした国民党が三議席を失い（七九議席）、国民党の単独政権の阻止を宣伝した社会党は国民党を上回る票を獲得し四議席を増やした（七八議席）。ドイツ民族主義の伝統を受け継ぐ自由党は六から八議席に伸ばし、共産党は残っていた三議席を失い、議会から姿を消した。長い交渉の後、国民党のラープ内閣が成立したが、社会党も外相としてクライスキーを送り込み、その影響力を拡大することができた。

　国民はまだ大連合の存続を優先し、いずれかの党による単独政権に躊躇を示していた。実際一九六二年一一月の選挙ではラープの後を継いで首相になったアルフォンス・ゴアバッハの国民党が微増し、社会党を五議席上回った。だが、翌年四月の大統領選では、社会党のシェルフが国民党のラープを破って再選された。しかし大連合間の協力はますます難しくなっていった。特に一九六〇年、ハプスブルク家のオットーがオーストリアへの帰還を希望したとき、両党の意見は激しく対立した。国家条約はハプスブルク家の復位を禁止していたが、国民党は好意を示し、社会党は反対していた。憲法裁判所は一九六三年にオットーの帰還に好意的な判断を下したが、伝統的に反ハプスブルクである自由党が議会に帰還反対の決議案を出し、連合与党の社会党がこれに賛成票を投じて大連合は危機にさらされた。社会党と自由党の小連合交渉もあったが、社会党内の抵抗が強く実現しなかった。

　一九六六年三月の総選挙は大連合の終了を導いた。大連合の維持を求めて争った社会党は、党内の分裂などにより自由党とともにそれぞれ二議席を失い、国民党が四議席を増やして絶対多数を獲得した。国民党は単独政権には慎重であったが、社会党が連合の条件を不満としたので、二一年間続いた大連合政府は終わりを告げ、国民党のヨーゼフ・クラウスの単独内閣が成立した。

クライスキーの時代

　クラウスの国民党政権は、戦後初の単独内閣を慎重に、連合政権時代の方式を極端に変えることなく運営していった。「賃金と物価に関する同権委員会」などの社会制度が議会の政策を強く縛っていたので、国民党独自の政策を追求することが困難であった。それに対して社会党は一九六七年の党大会でクライスキーを党首に選出し、彼は北欧流の柔軟な社会主義の実現に着手していった。その結果社会党の支持は、都市の労働者から中間層へ、ウィーンおよび東部諸州から西部諸州へと拡大していった。一九七〇年三月の総選挙は社会党に国民党を上回る得

ツヴェンテンドルフの原発。国民投票で廃棄が決定され、現在は博物館および太陽光発電所となっている

票と第一党の地位をもたらしたが、絶対多数には届かなかった（社会党八一、国民党七九、自由党五）。クライスキーは自由党の閣外支持を頼りに少数政党内閣を形成した。自由党には選挙法の改正が約束されていた。その新たな選挙法に基づく選挙は一九七一年一〇月におこなわれ、社会党は絶対多数（過半数の得票と九三議席。総議席が一六五から一八九に拡大されていた）を獲得した。国民党は内紛の影響もあり八〇議席にとどまり、自由党も期待した程の得票を得られず一〇議席にとどまった。ここにクライスキー時代が始まった。

彼の時代には大連合の拘束を打破するような経済的社会的改革が数多くおこなわれたが、特に注目すべきは国民生活に係わる積極的な諸改革である。労働時間が週四〇時間に短縮され、週五日労働が実現した。雇用者側には最低四週間のバカンス休暇とそのためのボーナスの支払いが義務づけられ、解雇の際には労働者は解雇金を受け取ることができた。また母親の希望による中絶は妊娠三カ月までは許されるという新刑法案が社会党の賛成により国民議会で採択された。これはカトリック教会側からの反発を呼び、連邦参議院では否決されたが、社会党は国民議会で再度可決し、一九七五年一月に新刑法として発効させた。この刑法は成年の同性愛も罰せられないという項目を含んでいた。さらに新家族法によって「家長制」が廃止され、女性は男性と同等の権利を享受できるようになった。子供を持つ者への税の優遇に代わって、すべての子供への平等な「子供支援金」も導入された。教育面でも若者に対する機会均等を実現するための一連の改革がおこなわれ、教科書および通学費、大学までの授業料の無料化が実現された。

こうした諸改革は国民生活に直結するものであり、ヨーロッパ内におけるオーストリアの生活水準を著しく向上させ、注目を集めるとともに社会党ならびにクライスキーの人気を高めた。社会党は一九七五年一〇月の選挙でも五〇・四パーセントの票を獲得し、一九七九年五月には五一・二パーセントの得票、一八三議席のうち九五議席を獲得した。大統領選挙においても、社会党の推薦する無党派のキルヒシュレーガーが一九七四年と一九八〇年に圧倒的な票で当選した。

しかし、困難な問題がなかったわけではなかった。一九七二年、クライスキーの政権が国家条約の規定に基づいて、ケルンテン州のドイツ語とスロヴェニア語の混合地域において両言語の地域標識を導入すると、州の多数派による強力な抗議が起こり、二カ国標識の撤去行動が起こった。新たな民族グループ法がつくられ問題の解決が図られたが事態は収まらなかった。この問題は南チロル問題とな

左より西ドイツ首相ブラント、エジプト大統領サダトとクライスキー（1976年）

らんでオーストリアの重要な民族問題であった。

さらに、社会党政権は下オーストリア州のツヴェンテンドルフに原子力発電所の建設を進めていたが、一九七〇年代には国民のあいだに環境問題に関する意識が高まっていてその稼働に多くの疑念が生じていた。クライスキーは自己の威信をかけて国民投票に訴えた（一九七八年）が、小差によって反対が多数を占めた（五〇・四七パーセント）。クライスキーは潔く反対を受け入れ、原子力発電を禁止し、発電所は原発反対の記念碑となった。

クライスキーの外交政策

外交問題においては、クライスキーはドイツのブラントの東方外交に同調し、むしろより積極的に東欧およびソ連との結びつきを強化した。ブラントとの相違は、クライスキーの東方外交は経済的な側面が強く実質的なものであったことである。ソ連からの天然ガス輸入やポーランドへの電力供給、チェコやユーゴスラヴィアとの輸出入などが挙げられる。さらに中立オーストリアの地位を利用し強化する政策も重要である。伝説的な一九六一年のケネディとフルシチョフ会談への場の提供は、一九七〇年の米ソ間のSALT（戦略兵器制限交渉）に引き継がれ、一九七一年の元外相ヴァルトハイムの国連事務総長への選出をもたらした。その延長上において、一九七九年にはウィーンのドナウ川の向こう岸に国連（UNO）シティが建設され、ウィーンはニューヨーク、ジュネーヴと並んで第三の国連都市となった。そこには国連工業開発機関、国際原子力機関（IAEA）、パレスティナ難民救済事業機関などがおかれ、国際麻薬統制委員会もジュネーヴから移管された。

クライスキーの中東政策も注目すべきである。クライスキーはヨーロッパへの同化を強調するユダヤの系譜を引き、ユダヤ民族主義としてのシオニズムに疑念をもっていたので、イスラエルには批判的で、むしろパレスティナに同情的であった。一九七九年にはパレスティナ人の代表機関としてPLO（パレスティナ解放機構）を承認し、翌年にはその代表部をウィーンにおくことを認めた。オーストリアもその一員である石油輸出国機構OPECの事務局もウィーンにおかれている。

一九五〇年から一九八〇年までの三〇年のあいだに、オーストリア人の収入は約七倍に増えたが、生活維持費は三倍しか増えなかったという統計がある。そして特にクライスキーの時代にオーストリア国民の福祉は、すべての階層においてこれまでにないほどの水準に達したと言われる。社会階層間の対立も社会パートナーシップや「同権委員会」によって緩和され、クライスキーはそれを「緑のテーブルクロスの上の純化された階級闘争」と表現した。教皇パウロ六世もオーストリアを「至福の島」と呼んだ。

一九八三年の選挙前にクライスキーは節約政策を提起し、特に預金利子への課税を導入した。そのため選挙で社会党は絶対多数を失い、クライスキーは首相を退陣し、後継者のシノヴァッツは自由党との小連合を形成することになった。しかしこの小連合は三年しか続かなかった。鉄鋼危機や失業の増大だけではなく、ドナウ河の水力発電所建設による環境問題が政権を揺るがし、環境政党としての「緑の党」(選挙では「緑の党・アルタナティーヴェ」)の進出をもたらした。

イスラエルでのクライスキー。「今やあなた方は話し合いを始める勇気を持つときである」と呼びかけた

アラファトと抱き合うクライスキー

コラム 10

「南チロル」問題

オーストリアにおいて「南チロル」と呼ばれる地域は、チロル州の南に位置する、現在はイタリアに所属するドイツ語話者が多数を占める地域である。二〇〇一年の国勢調査では、中心都市のボルツァーノ（ボーツェン）はイタリア語化されているが、農村部ではドイツ語話者がまだ七〇パーセント程度を占める。二重帝国の時代にはオーストリア帝国に所属していたこの地方がイタリア領となったのは、第一次世界大戦の終了後である。大戦の勃発に際して、イタリアはドイツ・オーストリア側に与することなく、一九一五年五月のロンドン秘密条約によって、逆に協商国側に立って参戦することとなった。その見返りとして、イタリアはこの南チロルとイストリア半島およびダルマティア地方の一部を領有することを保証された。大戦中はこのイタリア戦線が、オーストリアにとっての最大の激戦地となった。

大戦の終了後、イタリア軍は秘密条約に基づいてブレンナー峠まで軍を進め、サン・ジェルマン条約はこの地域のイタリア所属を確認した。ムッソリーニ政権は、ボルツァーノの郊外に工場を建て、南部からイタリア人労働者を導入してこの地方のイタリア化を図っただけではなく、地名や人名のイタリア語化を推進した。学校もイタリア語化され、ドイツ語による教育は禁止されていった。教会はカタコンベ学校（ローマ帝国時代の弾圧下のキリスト教会にならい、教会地下につくられた学校）などによって、ドイツ語およびドイツ的文化の維持を図った。しかし、オーストリア政府が、ヒトラー・ドイツと対立し、イタリア・ファッショ政権に依拠するようになると、南チロルの人々はむしろ、ドイツ民族主義を強調するヒトラー政権に期待を寄せていった。「南チロル祖国戦線」が形成され、ナチへの傾倒がすすんだ。

しかし、ヒトラーは『我が闘争』などにおいて、最初から南チロルを見捨てていたと認められる。それに従い一九三七年四月にはゲーリングとムッソリーニの話し合いで、南チロルをイタリア領と認めることが決定され、オーストリアの「合邦」後の一九三九年一〇月には、南チロルの「民族ドイツ人」を一九四二年までにドイツ帝国内に移住させる協定が両国間で結ばれた。移住するかどうかは「選択（オプション）」することができたが、それをめぐっては激しい宣伝がおこなわれた。結局「南チロル」の選択権所有者（民族ドイツ人）二四万六〇〇〇人のうちドイツへの移住を選択した者は二〇万五〇〇〇人（八八パーセント）であった（ラディーン語を話す者を含めると二一万二〇〇〇人または八六パーセント）。

移住の実行はそう簡単ではなかった。実際に南チロルから出て行った者は七万五〇〇〇人にとどまった。その半数は一九四〇年に南チロルを離れたが、その後はしだいに減少していった。職種別にみると、移住者の八五パーセント以上が非自営の被雇用者と年金生活者であり、工場ないし手工業に働く人の六七パーセント、観光業の八三パーセント、家事業七

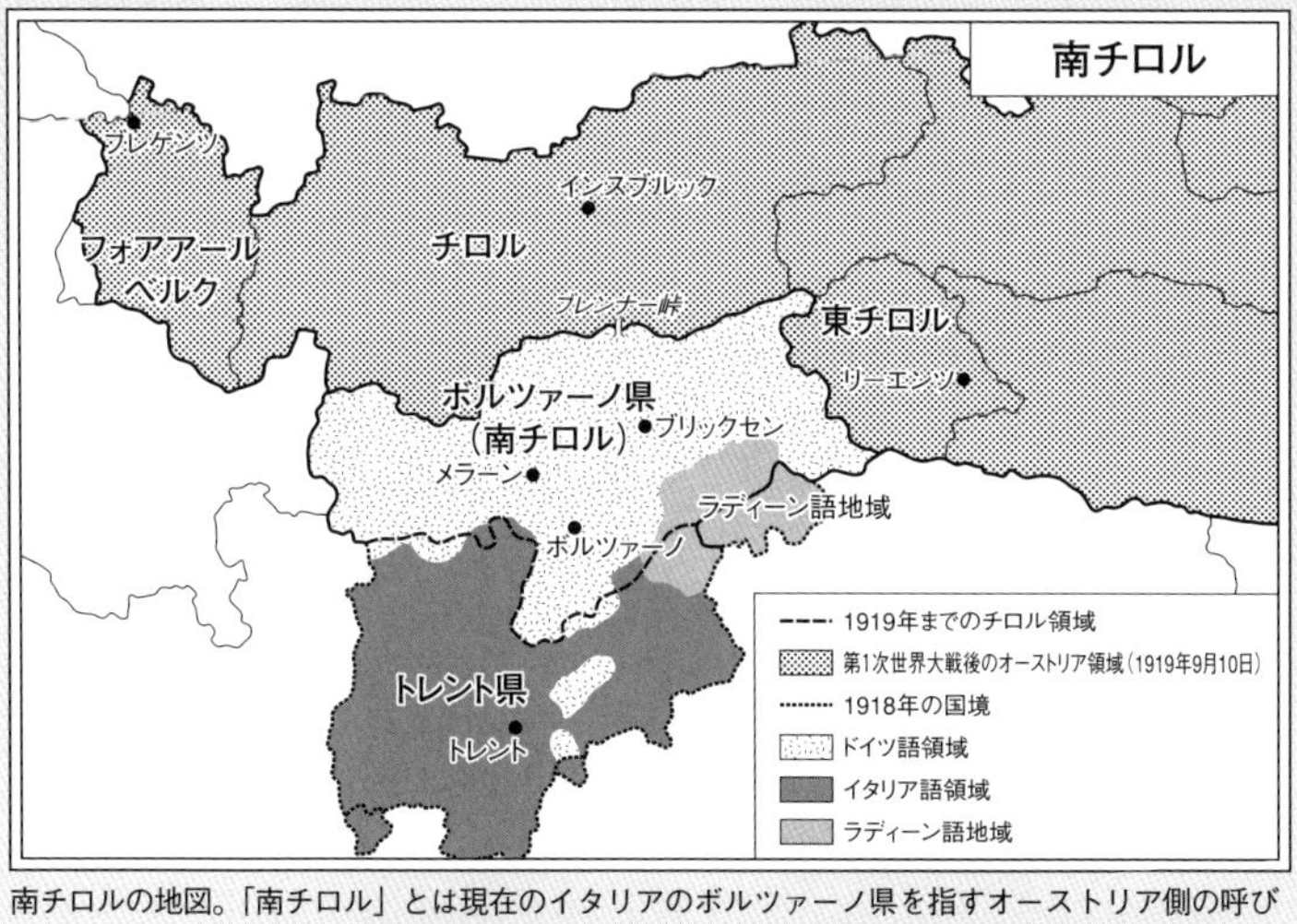

南チロルの地図。「南チロル」とは現在のイタリアのボルツァーノ県を指すオーストリア側の呼び名であり、ドイツ語話者が多数を占める

四パーセント、接客業の四〇パーセントが南チロルを後にした。しかし農業を営む人々で故郷を離れた者は九パーセントに過ぎなかった。移住先は、北チロルが約五〇パーセント、その他の元オーストリアの地域に三〇パーセント、一九三七年当時のドイツには一五パーセントであった。インスブルックの郊外には移住者用のアパート群が建てられた。

一九四三年七月にイタリアでムッソリーニ政権が倒されると、南チロルは突然、アルペン丘陵戦略地域としてチロル大管区に包摂され、ドイツ帝国の一部となった。移住した者の一部は戻ってきた。戦争が終結すると残りの多くの移住者も南チロルに戻り、オーストリアないしドイツに残った者は約二万五〇〇〇人と見積もられている。戦後、ボーツェンでは、南チロルの自決権を要求する「南チロル国民党」が結成され、一致してオーストリアへの復活を要求する大規模な署名活動がおこなわれた。この署名は南チロルの成人人口に匹敵する一五万以上の数に達し、オーストリアによってパリの講和会議にもち込まれたが、一九四六年に連合諸国によって拒否された。

「選択」の後、ドイツ軍に入るため南チロルを去る人々

結局オーストリアとイタリアとのあいだで、南チロルのドイツ語話者の保護と自治権を約束した協約が結ばれ、それは一九四七年の和平条約の付帯文書とされた。しかしその約束は部分的にしか実現されなかったので、南チロルでは過激派による爆弾闘争が繰り広げられ、一九六〇年には外相クライスキーは問題を国連に持ち込んだ。ようやく一九六九年一一月に、南チロル国民党が自治に関する「一括提案」を承認し、イタリア政府は自治の実践を義務づけられた。その後も紆余曲折がありながらも、一九九二年に国民党がイタリア政府による一括提案の実践を承認し、オーストリア政府は国連において紛争の終結を宣言して、南チロル問題は解決した。

第一三章 オーストリア国民意識とヴァルトハイム問題

戦後のオーストリアの人々は、一九七〇〜八〇年代になってからようやく自らの国家を「至福の島」として誇りをもって語ることができ、自らを「オーストリア国民」と意識するようになったと言われる。しかし、一九八六年の大統領選挙におけるヴァルトハイム問題は、そうしたオーストリア国民の意識に再度冷や水を浴びせ、オーストリアの過去そのものを再検証する必要性を突きつけた。

戦後オーストリアの国民意識

第一次世界大戦後にハプスブルク帝国が崩壊し、民族自決の原則によっていくつもの後継国家が成立したなかで、帝国内のドイツ系の人々はドイツとの合邦を望み「ドイツ系オーストリア国」を宣言した。しかしそれはパリ講和会議ないしサン・ジェルマン条約によって否定され、「誰も望まなかった国」としてのオーストリア(第一)共和国が成立した。それ故、第一共和国においては、オーストリア国民意識はほとんど成立していないと言ってもよい。プロイセン・ドイツに対する歴史的な対抗意識(そのなかにはプロテスタントに対するカトリック意識も含まれる)、あるいは特殊なオーストリア優越意識と反ヒトラー意識が、オーストリア・ファシズムと呼ばれる権威主義体制をつくり出したが、それはヒトラーによる合邦によってあっという間に消え失せてしまった。

ナチ支配下のオストマルクにおける人々は、ドイツの優越民族意識に取り込まれ、オーストリア意識は国外における亡命者のなかにわずかに残っているにすぎなかった。亡命者たちは、自分たちが滞在国の敵国であるドイツ帝国の国民であることを否定するために、自らをオーストリア国民と称し、「自由オーストリア」などの組織をつくったりしたのである。

オーストリアの国内においてオーストリア人意識が芽生えるのは、ドイツ帝国の後退が明確になってからのことである。その契機を与えたのは一九四三年一一月のモスクワ宣言である。すでに述べたように、そこではオーストリアはナチの野蛮な侵略の最初の犠牲者であると規定され、戦後はオーストリアをドイツから切り離された独立国家とすることが決定された。そうすることによって、ナチに対するオーストリアの抵抗運動に期待がかけられたのである。実際に「O5運動」といったオーストリアの解放を求める抵抗運動が現れたことはすでに述べた。

戦後、ドイツと同様にオーストリアも連合四カ国により分割占領されたが、連合軍による支配は原則的にモスクワ宣言の決定に沿っておこなわれ、ソ連軍によって形成されたレンナー臨時政府もやがて英・仏・米の占領諸国によって認めら

オーストリア人は自らを一つの国民と考えているか

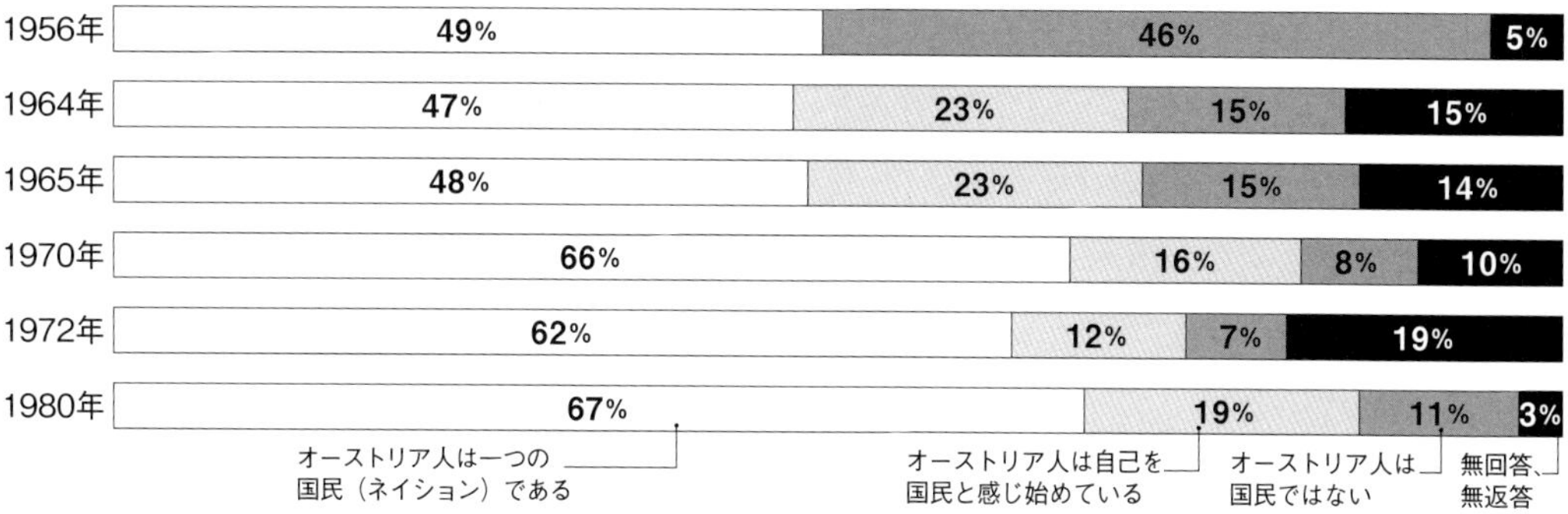

Felix Kreissler, Der Österreicher und seine Nation. Ein Lernprozess mit Hindernissen, Wien / Köln / Graz 1984, S.496-497.

オーストリアにおけるナチ時代の優越民族意識の残存（1976年）

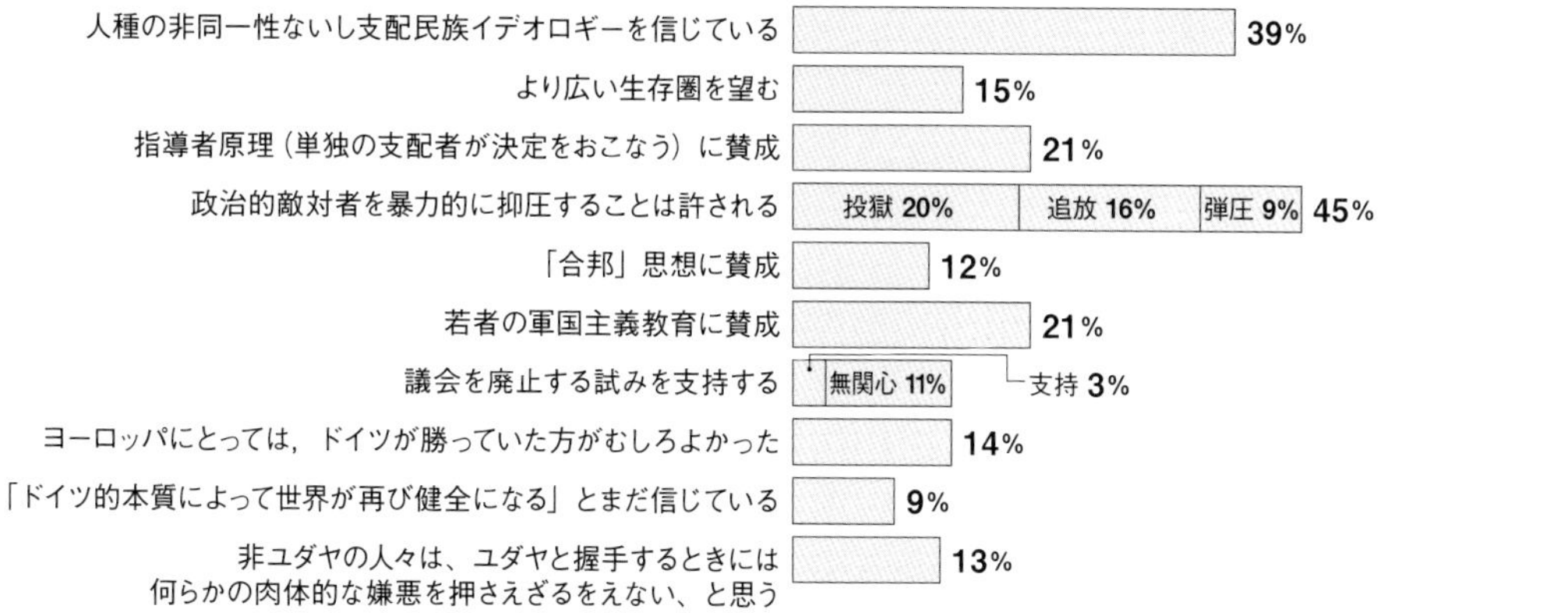

Felix Kreissler, Der Österreicher und seine Nation. Ein Lernprozess mit Hindernissen, Wien / Köln / Graz 1984. S.500.

れた。臨時政府は第一共和国の憲法に基づいてオーストリアの復活を目標とし、諸政党・諸勢力を結集させようとしていった。第一共和国時代の対立を封印しての社会党と国民党の連合政府の成立も、そうした方向を示すものである。ナチの政策に加担した国民の多くも、モスクワ宣言を隠れ蓑とし、自らのオーストリア意識を強調し、ナチへの協力は強制されたものとして非ナチ化の追及を逃れようとした。そのように、戦争直後には消極的な意味において、つまりナチとの関係を覆い隠すために、オーストリア国民意識がつくり出されていった。一九五五年の国家条約は、そうしたオーストリア国民意識の実現であるとみなされた。

しかしながら、そうした国民意識が定着していたかどうかは疑わしい。一九五〇年代のある世論調査の結果は、「オーストリア人は自らを一つの国民と考えているか」（上表）という質問に対して、イエスと答えたのは四〇パーセント台に過ぎなかった。それどころか、別の調査であるが、オーストリア国民のなかで、「優越民族と劣等民族があるか」（下表）という問いに対して、「ある」と答えた者がいまだ三九パーセントに達するという結果が存在していた。すなわち、一九五五年の国家条約によって中立オーストリアが成立したにもかかわらず、オーストリア国民意識は成立していたとは言えないし、むしろナチ時代の優越民族意識が根深く残存していたのである。この「オーストリア国民意識」の成立が六〇パーセント台に達するのは、ようやく一九六〇〜七〇年代のクライスキーの時代になってからである。「オーストリア国民は成立しつつある」という項目にイエスと答えた者は七〇パーセントに達した。クライスキーの社会福祉政策と中立外交によって、この時代にオーストリア国民意識が成立してきたということができる。しかしその後、一九八〇年代になって、ある事件によってオーストリアの国民意識の問題点が浮き彫りになった。

ヴァルトハイム問題

　一九八六年六月の大統領選挙に際し、国民党は元国連事務総長クルト・ヴァルトハイムを担ぎ出した。世界的に名の知られたヴァルトハイムは、国民党にとって初めての大統領を生み出すに充分な候補者であると思われた。しかし、情報伝達の速いウィーンのカフェでは、ヴァルトハイムの怪しげな過去に関する噂が早くから流れていた。そして選挙戦たけなわの三月には、当時のオーストリアでは最も信頼できるとみなされていた週刊誌「プロフィール」誌に、ナチの親衛隊将校の制服に身を包んだヴァルトハイムの写真とともに、彼がユーゴスラヴィアにおいてナチ・ドイツ軍のパルティザン狩りに参加していたことを暴露する記事が載せられた。ヴァルトハイムは親衛隊の通訳将校として現地に滞在し、戦後ユーゴスラヴィアの戦犯リストにも載せられていたというのである。そのリストは殺人・虐殺・人質銃殺・家屋放火などの重犯罪に関するものであった。ヴァルトハイム自身は大統領選に際しての履歴において、その時期には東部戦線で負傷し、戦闘に適さなくなっていたのでウィーン大学で法律の勉強を続け、博士論文を書いていたと弁明していた。追い打ちをかけるように、彼がギリシアからアウシュヴィッツへのユダヤの移送に関して事実を知っていたのではないかという資料も発表され、彼自身の軍隊日誌も暴露された。

　こうした情報を前に国際世論はヴァルトハイムに厳しくなる一方で、ヴァルトハイムは大統領選挙で勝てないのではないかという予想が大勢を占めていた。しかし、オーストリア国内では思わぬ反応が現れた。国民党とその支持者たちは、前述の情報の多くが「世界ユダヤ会議」やユーゴスラヴィアなど外国からもたら

ヴァルトハイム問題を報じたオーストリアの雑誌。ナチの制服に身を固めた中央の人物がヴァルトハイム

されたことを強調し、外からの干渉を排除するオーストリア・ナショナリズムを宣伝していったのである。選挙のスローガンも「我々オーストリア人は、我々が望む者を選ぶ」と述べていた。オーストリア国内のマスコミも「まどろんでいた原始的感情が再び目覚めさせられた」として反ユダヤ主義的感情の再燃を示唆していた。

結局、大統領選は国際的予想に反してヴァルトハイムの圧勝に終わる。そこにはクライスキー時代の中立・福祉社会的オーストリア国民意識とは異なるもう一つのオーストリア国民意識が垣間みられる。排外主義的・反ユダヤ的な国民意識とでも言えるかもしれない。

ヴァルトハイムの選挙ポスター。「経験を持った男、オーストリアのための男、今こそまさに」とある

しかし問題はヴァルトハイムの圧勝で終わりはしなかった。新大統領に対しては普通ならば、諸外国からいわば表敬訪問の招待状がいくつも届くはずであるが、ヴァルトハイムに対してはどこからも招待がなかったのである。それどころか苦し紛れに彼が企画したアメリカ合衆国への私的な訪問も、アメリカ外務省によって彼のナチの前歴を理由に拒否されてしまったのである。

ヴァルトハイムは国内の小さな結婚式に参加するなどして、その権威を維持する他なかった。しかし彼の任期の最中には一九三八年のオーストリア「合邦」五〇周年の記念式典がおこなわれなければならなかった。そのため、政府と大統領は七カ国の歴史家による「国際歴史家委員会」を設置し、ヴァルトハイム問題に関する調査を始めた。委員会は、ヴァルトハイムは「ナチの戦争犯罪を知り得る立場にあった」という灰色報告を出したが、合邦式典は外国賓客なしの国内の内輪の式典に終わり、大統領のヴァルトハイムは式典で演説さえさせてもらえなかった。

こうしてヴァルトハイム問題は、オーストリアの歴史意識もしくは国民意識をめぐる重要な論争に発展していった。合邦五〇周年を前に、国民党と社会党は野党の自由党を含めて「合意ある歴史叙述」を求める議論を始めた。当然ながら、その中心問題は、「オーストリアはヒトラーの最初の犠牲者である」という「偽りの過去」であり、それに基づいた国民意識の問題であった。国民党は、一九三四〜三八年の政府が非民主主義的であったことは認めたが、それはヒトラーへの抵抗であり、暗殺されたドルフースはナチの最初の犠牲者であると主張した。社会党は、オーストリアの民主主義はナチの武装した暴力によって排除されたのではなく、キリスト教社会党の権威主義体制によって廃絶された。その「緑色ファシズム」（緑色はオーストリアの国民色。特に護国団などの制服に使用された）はナチの防波堤として機能せず、むしろその先導者となった、と反論した。反ユダヤ主義の運動への加担や戦後の非ナチ化のやり方なども当然問題となった。しかし、論争は記念日までには決着がつかず、オーストリア国民意識は対立する二つの歴史認識を併存させたまま新たな事態を迎えることになった。

コラム 11

映画『サウンド・オブ・ミュージック』のオーストリア像

映画『サウンド・オブ・ミュージック』が数十年にわたり、日本におけるオーストリアのイメージを最も強く歪めてきたと言うと驚く人もおられるかもしれない。しかしそれは言い過ぎではないであろう。

山を越え逃亡するトラップ一家（写真協力・公益財団法人川喜多記念映画文化財団）

もちろんこの映画はアメリカの映画であり、アメリカ人も長らくこの映画にあるようなオーストリア像をもっていた、あるいはいまだもっているかもしれないのである。美しい自然があり、誰でも音楽を楽しみ、貴族世界とカトリック教会が自由で豊かな基盤を維持していたオーストリア。そこに野蛮で強権的なナチが武力をもって入り込んできた。オーストリアの多くの国民はそれに抵抗し反対であった。この映画にはそうしたメッセージが読み取れるだろう。しかし、本書を読んでこられた読者はすでにお気づきと思うが、当時のオーストリアの現実はまったく異なるものであった。

第一次世界大戦後のオーストリアは、政治的には左右の対立が激化し、経済的には産業が衰退していた。特に一九三〇年代には恐慌の影響で失業率も二〇パーセントを超え、政治的にはオーストリア・ファシズムとみなされるカトリックを基盤とする貴族的な権威主義体制が敷かれ、議会制は停止され、社会民主党や共産党などは解党され、労働組合なども解散されていった。そうしたなかで社会民主党の労働者が蜂起したり、オーストリア・ナチが一揆を起こし首相のドルフースを暗殺したりする事件も起きた。非合法化されていたオーストリア・ナチは一九三〇年代後半にはしだいに台頭し、権威主義体制を脅かしていた。つまり、この時代のオーストリアは、自由で豊かな国とはほど遠い、一種のファシズム化された国家であり、権力闘争の渦中にあった。

映画の主人公の一人トラップ大佐は、第一次世界大戦のときにはオーストリア海軍の潜水艦部隊の将校を務め、戦後に軍が縮小されたために引退していたが、この権威主義体制の首相シュシュニクを支持していた。それは映画のパーティーの場面でも明らかである。大佐はこの権威主義体制の徽章を首に巻いているのである。つまり大佐はオーストリア・ファシズムの実質的支持者であって、オーストリア支配をめぐるナチとの権力闘争に敗北し、亡命を余儀なくされたのである。

そしてオーストリアの国民は「野蛮な」ナチ・ドイツ軍を諸手を挙げて歓迎してしまうのである。

問題はそれがいつ「ナチ・ドイツの野蛮な侵略政策の犠牲になった最初の自由な国家」に転換してしまったのかは、すでに読者はおわかりであろう。そういう意味では、この映画はオーストリアの「犠牲者論」の上塗り的役割を果たしているのであり、オーストリアにおいてはサルツブルクで観光客目当てに上映されているが、ウィーンでは二一世紀に至るまで一度も上映されていないのである。ウィーンではこの映画は戦前の権威主義体制を擁護する映画とみられているのであり、戦後の中立オーストリアとも合致しないし、オーストリアの「歴史の見直し」ともまったく矛盾しているのである。この映画のもつ美しい自然と音楽とは別に、日本におけるオーストリア史理解のためには、この映画の正統な位置づけが必要なのである。

トラップ大佐の首にはオーストリア・ファシズムの徽章が
(写真協力・公益財団法人川喜多記念映画文化財団)

1934年ヴィクトーア・アードラーなどの社会民主党の指導者の胸像はオーストリア・ファシズムの徽章を付けた布により覆われた

第一四章　ドイツの再統一とオーストリアのEU加盟

東欧諸国の変革とベルリンの壁の開放は、一九九〇年代のヨーロッパにおける中立オーストリアの意味を大きく変えた。ある意味で思いもよらぬドイツの再統一を先導したのはオーストリアとハンガリー国境の開放であったし、スロヴェニアとクロアチアの独立を真っ先に承認したのはドイツとオーストリアだったが、その要因は東欧・バルカンとの長い関係を良くも悪くももっていたオーストリアの歴史のなかに見いだされる。オーストリアのEU加盟が国民によって圧倒的に支持されたのも、経済的側面が強くはあるが、中欧のドナウ帝国再現の夢なしには考えにくいのである。

ベルリンの壁崩壊とユーゴ紛争

一九八九年六月二七日、オーストリアの外相アロイス・モック（国民党）とハンガリー外相ホルン・ジュラは、ノイジードラー湖近くのクリンゲンバッハの国境で出会い、両国の国境を開放することに合意した。両者は、多くのジャーナリストを前にして、象徴的に「鉄のカーテン」の一部である鉄条網を大きな鋏で切断してみせた。この最初の機会に約六〇〇人のハンガリー人がオーストリアへと出国し、その後数週間で何万という東ドイツ市民がハンガリー経由でオーストリアへ、そしてドイツへと脱出した。それは同年一一月九日のベルリンの壁の崩壊へとつながっていった。

ベルリンの壁の瓦解、さらには翌一九九〇年一〇月三日の東西ドイツの再統一は、これまで欧州の国際政治を半世紀にわたって形づくってきた欧州冷戦構造を終焉させた。地理的にも欧州の中央に位置するオーストリアは、この時期、隣接する東欧・東南欧諸国で起こった一連の大変革の影響を政治難民の大量流入という形で強く受けることになった。東欧諸国の開国に端を発して、オーストリアへの入国を希望した難民の数は急増し、一九九一年の難民申請は二万七三〇六人と過去最高を記録した（後述の戦争避難民は除外）。こうした東から西に向かう新しい人の流れに直面した当時のオーストリア政府（社会民主党のフランツ・フラニツキー首相）は、同年、難民庇護法（アジール法）を策定した。同法の発効によって実現された国境警備の強化などの施策によって、オーストリアへの難民の大量流入は阻止された（一九九二年＝一万六二三八人、一九九三年＝四七四四人）。

しかし、一九九一年から九五年まで続いたクロアチア独立をめぐる紛争と、九二年から三年間継続したボスニア・ヘルツェゴヴィナ紛争は、オーストリアに大量の戦争避難民の受け入れを余儀なくさせた。一九九四年の時点で、オーストリアには旧ユーゴ地域から六万人もの戦争避難民が流入していたが、政府は彼らを

欧州冷戦終結の象徴。1989年6月27日、オーストリアとハンガリーの国境で共同で鉄条網を切断するオーストリア外相アロイス・モック（向かって左）とハンガリー外相ホルン・ジュラ

ボスニア難民の問題を特集記事にしたオーストリアの代表的週刊誌「プロフィール」（1992年第30号：7月20日）。「何処へ？」というメインタイトルに「戦争の地獄からの大量逃亡」のサブタイトルが付されている

「事実上の難民」と規定し、混乱の終結まで一時的に国内滞在を許可したのである。最終的に約九万人に達したボスニア難民のうち、三分の二はそのままオーストリアにとどまり、労働許可を得て定住した（なお、一万一〇〇〇人は故郷に帰還、一万二〇〇〇人は他国に移住した）。

EU加盟問題

ユーゴ紛争への対処に追われていた一九九四年は、永世中立を国是とするオーストリアの行く末を大きく左右する歴史的判断が国民に委ねられた年でもあった。その判断とは、オーストリアのEU（欧州連合）加盟の是非であった。同年六月一二日に実施された投票の結果は、投票者の六六・五八パーセントがオーストリアのEU加盟を承認し、この人口八〇〇万ほどのアルプスの小国は、同じく永世中立国である北欧のスウェーデン、フィンランドとともに、一九九五年一月一日

からEUの正式メンバーとなった。

　第二次世界大戦後、フランスの政治家で「ヨーロッパの父」と呼ばれたジャン・モネのイニシアティブによって一九五二年に創設された欧州石炭鉄鋼共同体は、その後EC（欧州共同体）へと変貌した。さらに一九九二年二月、EC加盟一二カ国は、オランダのマーストリヒトで調印された「欧州連合条約」によって、EUの設立をめざすことを宣言した。市場統合だけではなく共通通貨（ECU＝現ユーロの前身）の導入、共通外交・安全保障、「欧州市民権」など新しいパラダイムを提示して究極的には一つのヨーロッパの創出を謳うこの新しい国際機構に新規加入を希望する国は少なくなかった。オーストリア政府も一九八八年頃から当時のEC加入をめざす意思を内外にむけて表明し、翌一九八九年七月には正式にECへの加盟申請を実施した。しかし、一九五五年に戦後の冷戦期に東西ヨーロッパの緩衝地域となるべく永世中立国としての独立を認められたオーストリアにとって、ECのような国際機構に参加することは大きな転換を意味していた。それは、独立を達成した一九五五年の国家条約のなかに特定の軍事機構への参加を禁止する条項が明示されていたからである。もちろん、ECはもとより現在のEUも軍事機構ではないが、旧ソ連は加盟国の多くがNATO（北大西洋条約機構）のメンバーであることから、西欧寄りのEUにオーストリアが加盟することは明らかに同国の中立的立場を損なうとみなしていた。実際、オーストリアは一九六〇年代に一度ECの前身機構EEC（欧州経済共同体）に加盟を希望したことがあったが、ソ連の激しい反対によりこれを撤回した苦い経験をもっていた。

EUと永世中立

　ところで、オーストリアの国民はEU加盟と自国の永世中立の関係をどのように考えていたのか。一九九〇年当時のある世論調査結果によれば、オーストリア国民の約半数が基本的に当時のEC加盟には賛成しているものの、国民の約八割は「永世中立と両立できない場合にはECへの加盟を放棄すべき」と考えていた。つまり、永世中立は戦後のオーストリアにとってはまさに国家的なアイデンティティーとして国民の絶大な支持を得てきたのである。「オーストリアで中立問題を論じるのは、カトリックの家庭内で性の問題を論じるようなものだ」と、ある外交官が皮肉をこめて述べたように、オーストリアにとって永世中立の問題、特にその放棄について語ることはある意味でタブーであった。

　しかしながら、一九八九年の一連の東欧革命と「ベルリンの壁」の崩壊、さらには翌一九九〇年の東西ドイツの統一、一九九一年末のソ連の解体・消滅という事態は、永世中立の意義と必要性を大きく減じることになり、その結果、オーストリア政府が提唱する当時のEC加盟推進政策に有利な状況が生じてきたのである。さらに先に述べた一九九二年の「欧州連合条約」の調印直後には、バラ色のヨーロッパ将来像が世間一般に流布され、オーストリアの国民間でも「ヨーロッパ統合に乗り遅れまい」とする雰囲気が強くなりつつあった。とは言え、オーストリア国民の加盟賛成派が占める比重は各種世論調査でも半数をかろうじて保っていたに過ぎず、当時のフラニツキー政府を心底やきもきさせることになった。

　一九九四年六月一二日、ともに加盟申請したスウェーデン、フィンランド（ともにのちに加盟）、ノルウェー（のちに国民投票で否決）に先んじてオーストリアにおいてEU加盟の是非を問う国民投票が実施されたが、選挙結果は政府の心配を吹き飛ばす加盟賛成派の大勝利に終わった。

加盟賛成の背景

投票者のほぼ三分の二が賛成票を投じた背景として、まず政府のプロパガンダ作戦の成功を挙げることができよう。当時の社会民主党（旧名の社会党から一九九一年に改称）と国民党からなる大連立政権は、EU参加がオーストリアの貿易・経済活動に極めて有利な状況をもたらすであろうことを強調したが、これが国民の支持を得るうえで重要な役割を果たしたことは明らかである。国民投票の直後にオーストリアの週刊誌「プロフィール」に掲載された電話世論調査結果によると、賛成票を投じた者の三九パーセントが「経済的メリット・経済成長」を理由（複数回答可）に挙げている。これに続くのが、「オーストリアの国際的な孤立回避」一九パーセント、さらに「欧州統一理念に賛同する」一七パーセント、「職場の確保・外国における就労の可能性の拡大」一四パーセント、「内政および外交上の安全」一三パーセント、「国境移動の自由化」五パーセント、「大量で安価な商品の提供」四パーセントなどであった。その他、この調査結果を見る限り数字上は少ないが、「EU加盟反対派および批判者に対する反対票として」という理由を挙げる人が全体の二パーセント存在していた。これは当時、ドイツ民族主義的主張を繰り返していた右派のオーストリア自由党の党首ヨルク・ハイダーへの対抗意識を強く示す回答と推測される。ハイダーは、オーストリアのアイデンティティー喪失や外国人・難民流入を理由にEU加盟反対を主張していた。

加盟反対派の主張

こうした賛成派の主張に対して、加盟反対の論陣を張った政党には前述したハイダー率いる自由党の他にも、大量のトラック流入によるアルプス地方の環境悪

1994年のEU加盟反対派の宣伝用シール。EU に踏みつけられるオーストリアをイメージしたイラストとともに「アンシュルスII、EUはオーストリアに対する裏切りだ」の標語が記されている

EU反対論者フンデルトヴァッサー。著名な版画家・建築家のフンデルトヴァッサーは行動する環境保護活動家でもあった。写真は1984年ウィーン東部のハインブルク周辺の森林保護キャンペーン中のフンデルトヴァッサーの姿（向かって左端）

1994年６月24日、ギリシャのコルフ島で欧州連合加盟条約に調印する、当時のオーストリア首相フランツ・フラニツキー（社会民主党）

EU加盟の是非を問う国民投票の結果

連邦州	有権者	有効票	賛成票	反対票	賛成票(%)	反対票(%)
ブルゲンラント	213,090	198,279	148,041	50,238	74.7	25.3
シュタイアーマルク	907,991	728,037	501,481	226,556	68.9	31.1
ケルンテン	420,630	340,867	232,457	108,410	68.2	31.8
下オーストリア	1,115,663	999,471	678,988	320,483	67.9	32.1
フォアアールベルク	221,863	177,506	118,206	59,300	66.6	33.4
ウィーン	1,133,690	820,675	542,905	277,770	66.2	33.8
上オーストリア	974,865	824,512	539,965	284,547	65.5	34.5
サルツブルク	347,387	284,283	184,948	99,335	65.1	34.9
チロル	455,396	351,201	198,990	152,211	56.7	43.3
全国	5,790,578	4,724,831	3,145,981	1,578,850	66.6	33.4

1994年6月12日実施。州別に見るとオーストリア東端に位置するブルゲンラント州での賛成が74.7パーセントと最も高い。これは経済的には最も遅れている東部住民のEUの経済効果に対する期待値の高さを反映していよう。これに対して、アルプス地方の環境悪化問題に敏感なオーストリア西部のチロル州住民の賛成は56.7パーセントと全国で最も低くなっている。

ストラースブールの欧州議会前に翻る欧州旗と加盟国旗。2004年5月1日

化を不安視する緑の党や、「大国への従属化を危惧する」共産党があった。著名人のなかにも加盟反対の声をあげる人が数多く存在したが、なかでも世界的に有名な版画家・建築家であるフリーデンスライヒ・フンデルトヴァッサーは、この加盟を「第二のアンシュルス（独墺合邦）」、あるいは「中央集権化による小国のアイデンティティーの破壊」と見たてて積極的な反対活動を展開し、マスコミから「欧州憎悪者」というあまりありがたくないニックネームを贈られることとなった。しかし、こうした反対活動は国民的運動には発展せず、すでにみたようにEU加盟反対派は賛成派に大差で敗れることになる。ちなみに国民の反対理由を先の電話調査から分析してみると、反対者の二三パーセントはオーストリアが被る「農業上の不利益」を理由（複数回答可）に挙げていた。その他、「交通・移動・環境の悪化」が二〇パーセント、「中立の維持が損なわれること、軍事同盟に編入される危険性」が一五パーセント、「政府に対する反対票として」が同じく一五パーセント、「失業への不安および経済問題」が一三パーセント、「現状への満足」が一二パーセント、「オーストリアの独自性喪失など」が一一パーセント、「製品品質の劣化への不安」が一〇パーセントなどであった。

　一九九二年から一九九五年まで継続したボスニア・ヘルツェゴヴィナ紛争が泥沼化する様相を呈していた当時の状況にあって、NATOと極めて近い立場にあり、英・独・仏などの大国の思惑が強く反映しかねない国際機構に小国が加わることの危険性は確かに存在していたと言えよう。しかしオーストリアの国民は自らの意思で「ヨーロッパ」のメンバーになることを選択したのである。

コラム 12

クーデンホーフ＝カレルギーの「パン・ヨーロッパ」論

両大戦間期の欧州でEUの先駆的理論「パン・ヨーロッパ」を唱えたリヒャルト・クーデンホーフ＝カレルギー

リヒャルトの母、青山みつ（光子・クーデンホーフ＝カレルギー）

オーストリアとEUの関係史を論じる場合、なにをおいてもリヒャルト・クーデンホーフ＝カレルギー（一八九四～一九七二）の存在を忘れることはできない。リヒャルトは、オーストリア＝ハンガリー帝国駐日代理公使であった父ハインリヒ・クーデンホーフ＝カレルギー伯爵と、ハインリヒが見初めた東京の油・骨董商青山喜八の娘である母みつ（一八七四〈明治七〉年生）のあいだに誕生した七人の子供たちの一人であった。つまり、リヒャルトの両親は当時としてはめずらしい国際結婚によって結ばれたのであるが、これが一九二〇年代にリヒャルトの有名なヨーロッパ統合の先駆的理論である「パン・ヨーロッパ」論に、ハプスブルク的つまり多民族国家における行政管理の伝統とならんで、母ゆずりの東洋思想の影響が指摘される所以である。

一九二三年に刊行された著書『パン・ヨーロッパ』のなかで示されたリヒャルトの意図は、第一次世界大戦後のオーストリア＝ハンガリー帝国の解体とその後の小国乱立状況によってもたらされた旧帝国地域の政治的混乱を「欧州合衆国」の創設によって克服することにあった。リヒャルトのこのユニークな理念は、当時の欧州の有力な政治家たちの理解も得ていたと言われている。特に、「相対的安定期」と呼ばれた二〇年代欧州の平和秩序の維持に貢献した、フランスの政治家アリスティード・ブリアンとドイツの政治家グスタフ・シュトレーゼマンはリヒャルトの構想の熱心な理解者であったが、二人の相次ぐ死と、その後のヒトラーの台頭は、リヒャルトの理想の実現をさまたげることとなった。母が暮らすオーストリアも、一九三八年三月、ドイツ軍の侵攻によりナチ「第三帝国」に編入され、その後リヒャルトはスイスおよびアメリカ合衆国での亡命生活を強いられた。しかし、第二次世界大戦後の一九四七年、彼は「ヨーロッパ議員同盟」を結成するなど、不屈の信念で理想の実現に向けてさらなる活動を展開していく。

第一五章 二一世紀のオーストリア

二〇〇一年の九月一一日事件という衝撃的な出来事によって幕を開けた二一世紀は、否応もなくオーストリアにも大きな影響を与えた。しかしその影響と対応は、当然ながらも、他のヨーロッパ諸国や同胞国家とみなされてきたドイツとも異なったものであった。二〇世紀末から展開されてきた「グローバル化」あるいは「EU化」の現象への対応を含めて、二一世紀のオーストリアの歴史の主要な問題を探ってみよう。まず第一に挙げられるのは、二〇〇一年九月一一日事件後のイスラム社会との新たな軋轢の問題であろう。それはオーストリアの政治および社会に微妙な問題を投げかけている。経済的な側面で言うならば、ヨーロッパないしは世界的な問題となったリーマン・ショックがオーストリアにも深刻な問題をなげかけた。さらには、EU加盟と関連して、オーストリアが中立の問題と関連してどのような海外派兵を展開しているかを検証しておきたい。

イスラム系移民と極右政党

隣国のドイツと同様にオーストリアにおいても、一九六〇年代以降外国人労働者の導入がおこなわれ、八〇年代には彼らの統合が同じく大きな政治課題となってきた。さらに九〇年代においては、オーストリアでは特に旧ユーゴスラヴィアの戦争などによる多くの難民の受け入れがこの問題に拍車をかけるようになった。

イスラム系住民の増加を背景に、オーストリアの代表的週刊誌「プロフィール」は2006年第21号で特集記事を組んだ。「邪悪なムスリム像」という表題を与えられた特集は、オーストリア国民がイスラム教徒に対して抱く偏見や差別意識を統計資料を交えつつ客観的に分析し、オーストリア政府の統合政策の現状と限界を鋭く指摘した

そして二〇〇一年九月一一日のいわゆる「同時多発テロ」は、外国人問題にさらに「ムスリム（イスラム教徒）問題」を付け加え、オーストリアにおけるムスリムに対する偏見を大きく助長することとなった。

　しかしながら、非EU系外国人の三分の二が旧ユーゴ圏出身者という特徴をもつオーストリアでは、トルコ人を中心とするムスリムの数はさほど多くはない。

2008年9月28日実施の国民議会選挙結果

政党名	略称	得票数	得票率
オーストリア社会民主党	SPÖ	1,430,206	29.26%
オーストリア国民党	ÖVP	1,269,656	25.98%
緑の党	GRÜNE	509,936	10.43%
オーストリア自由党	FPÖ	857,029	17.54%
オーストリア未来同盟	BZÖ	522,933	10.70%

選挙結果をうけて第一党の社会民主党と第二党の国民党のあいだで大連立政権が成立した。首相は社会民主党のヴェルナー・ファイマンである。特筆すべきは、オーストリア自由党とその分派である「オーストリア未来同盟」の得票があわせて28パーセントを超えていることである。外国人に対して排外的な主張を展開する右翼政党に対する有権者の支持率が再び高まりつつある

二〇〇六年の統計では、オーストリアの総人口約八三〇万人に占める滞在許可取得外国人数は八一万四〇〇〇人、その比率は九・八パーセントにあたるが、そのうち、二二万七四〇〇人は欧州連合の加盟国出身者である。これに対して、EU域外出身で滞在許可を取得した外国人の内訳をみると、その六五パーセントが旧ユーゴスラヴィアの出身者である。また、ドイツでは第一位のトルコ系住民は、オーストリアでは二一パーセントにとどまっている。ところが、オーストリアにおけるムスリムの数は世紀転換期以降に急速に増えている。一九七一年には、二万二二六七人（全人口の〇・二九パーセント）を占めるに過ぎなかったムスリムは、一九八一年には七万六九三九人（一・〇二パーセント）、一九九一年には一五万八七七六人（二・〇四パーセント）、二〇〇一年には三三万八九八八人（四・二二パーセント）と増加しているのである。依然としてその絶対数は少ないものの、トルコ人を中心とするムスリムの存在は以前に比べて可視化されつつあると言えよう。

　こうした状況を背景にして勃発した二〇〇一年の九月一一日事件は、ムスリムとオーストリア社会のあいだに新たな軋轢を生み出し、「外国人問題」は「ムスリム問題」へと転換していったかにみえる。オーストリアの新聞記事のテーマ設定において「外国人問題」と「ムスリム問題」のどちらに比重がおかれているかを調査したある雑誌は、一九九七年には「外国人問題」五六パーセント、「ムスリム問題」四四パーセントであったのに対して、二〇〇五年には「ムスリム問題」六二パーセント、「外国人問題」三八パーセントと、マスコミの関心がこの間明らかに外国人問題からムスリムの問題へと推移してきていることを伝えている。そのことは外国人問題が外国人労働者問題ないしは難民問題から社会問題へと移っていったことを意味していた。

　また、二〇〇六年に五〇〇〇人を対象にした世論調査において、「どの国の移民が統合に無関心か？」という問いかけに、回答者はムスリムであるトルコ人がオーストリアへの統合に最も無関心との見解を表明したのである。旧ユーゴ圏からの移民に対しては、「統合に反対していると思う」二三パーセント、「統合に賛成していると思う」六六パーセント、無回答一一パーセント。そしてアフリカ系黒

人に関しては、「統合に反対していると思う」四二パーセント、「統合に賛成していると思う」三三パーセント、無回答二五パーセントであった。それに対してトルコ人に関しては、「統合に反対していると思う」七二パーセント、「統合に賛成していると思う」一九パーセント、無回答九パーセントという回答がよせられたのである。

つまり、オーストリアにおいても、他の西欧諸国と同様、ムスリムへの偏見や敵対感情をもつ人々は近年増加傾向にあると言える。そして、もともと反外国人政策を唱えて一九九〇年代に大きく躍進したオーストリア自由党や、自由党党首のヨルク・ハイダーが二〇〇五年にこの党から脱退して結成した「オーストリア未来同盟」などの右翼政党は、二一世紀に入るとこうした社会階層のなかに新たな支持基盤を見いだしている。二〇〇八年の国民議会選挙において、前者は一八三議席中三四議席を、また後者は二一議席を獲得している。

リーマン・ショックとオーストリア

新世紀に入って金融のグローバル化が深化すると、オーストリアの銀行は、伝統的に結びつきの深い近隣の東欧諸国に対して積極的な金融投資を実施する。しかしながら、アメリカのサブプライムローンをめぐるトラブルに端を発して二〇〇八年秋に勃発したリーマン・ショックは、世界の金融や経済に連鎖的な危機状況をもたらした。この事件は、アメリカの金融界のみならず、欧州さらには東欧諸国に対して過度の投資をおこなってきたオーストリアの金融界にも強い負の影響を与えた。

これまでの好景気から、一転して信用不安に陥ったオーストリアの銀行を救済するために、政府は「救済基金」を設立して銀行の経営基盤の強化と安定化をめざすことになった。先に述べたように、オーストリアの銀行業界の特徴は、なによりもリーマン・ショックの打撃が直撃した東南欧諸国への資本投下が群を抜いて高いことであった。二〇〇八年秋の段階では、オーストリアの銀行がこうした投資によって被る可能性のある喪失額は三一〇億ユーロに達すると予想されたほどであった。難局を乗り切るため、オーストリアの国民議会は、二〇〇八年一〇月二〇日に金融市場安定化法案を可決し、一〇〇〇億ユーロ規模の銀行支援策を実施した。具体的には、同国最大の銀行である第一銀行をはじめとする数行に対する公的資金の注入がおこなわれた。あわせてコミュナルクレジット・オーストリアは倒産を回避するため国有化された。

オーストリアの中立と海外派兵

永世中立の維持か放棄かをめぐっての議論が続くオーストリアで、「同時多発テロ」は長年にわたって安定したオーストリア外交の基盤を形づくってきた永世中立の意義をあらためて国民に確認させる重要なきっかけともなった。そのためもあり、現在、オーストリアが永世中立を放棄する可能性はほとんどない。その一方、同国は永世中立国という特徴を生かし、イスラム圏諸国に対してどのような外交的貢献をはたしているのか。

武装中立国であるオーストリアは、現在、五万五〇〇〇人におよぶ兵員を保有している。中立国という性格上、オーストリアはＮＡＴＯ（北大西洋条約機構）に加盟していないが、国連重視の国家的姿勢もあり、世界平和の維持に向けた貢献に対してはこれまでも積極的にコミッ

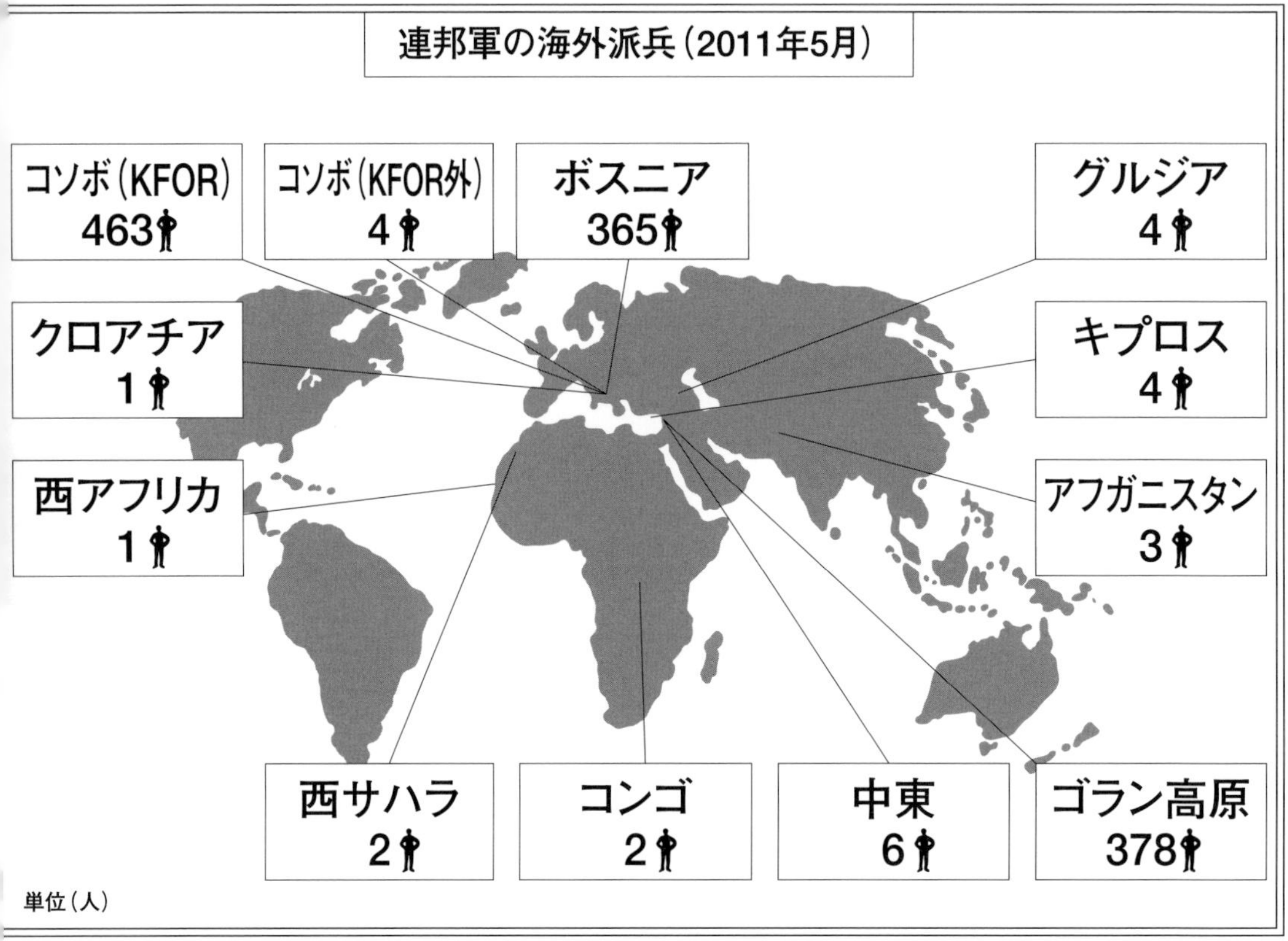

オーストリア連邦軍海外派兵図。国連決議をベースにしたオーストリア連邦軍兵士の海外派兵は、旧ユーゴスラヴィア地域とゴラン高原に集中している。尚、対象地域や派兵人員数は随時変化している。ここでは2011年5月時点のものを掲載した（オーストリア国防省のホームページより）

ボスニア派遣の連邦軍

1970年代にキプロスの監視所で活動に従事するオーストリア兵士

コソボ派遣の連邦軍

国連の旗のもとに、ゴラン高原の平和維持活動にあたるオーストリア連邦軍兵士

ゴラン高原における監視活動

トしてきた。

　二一世紀においても国連決議に基づく平和維持活動、人道的支援、災害救援活動の枠に限って、オーストリア政府は、連邦軍兵士の海外派兵を実施している。二〇一一年時点で、オーストリア兵士の駐留が見られる地域や国は計一一で、人員派遣の規模は数名から数百名までと多様であるが、ここではそのうち、大規模な要員派遣の例をみてみよう。

　同国に近い欧州の紛争地域であるコソボでの再建活動に従事する目的で、一九九九年六月の国連安全保障理事会決議一二四四号に基づき派兵が決定された。以来、オーストリア政府は、常時四〇〇人から五〇〇人の兵士を同地に駐留させ、監視活動および治安維持任務（ＫＦＯＲ）にあたらせている。司令部は首都プリシュティナにおかれている。同じバルカン地方のボスニア・ヘルツェゴヴィナ（住民の半数近いボスニア人の大半はイスラム教徒）でも、二〇〇四年一二月以降、ＥＵ（欧州連合）の指揮下、オーストリア連邦軍兵士がパリ平和協定の遵守を軍事的に支援し、同地におけるあらたな紛争の勃発を阻止するために活動を継続中である。

　その他、シリアのゴラン高原において、一九七四年の国連安全保障理事会決議三五〇号に基づき、オーストリア連邦軍は、同地域におけるイスラエルとシリアの軍事境界線保持のための監視活動に参加してきた長い歴史をもっているが、二〇一一年時点では、〇二年一〇月の国民議会決議を基盤として四〇〇名近い兵士を同地方に駐留させ、同地域の平和維持活動に多大な貢献をなしている。

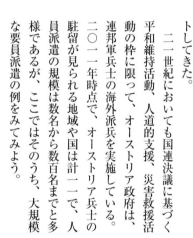

コラム 13

「ハイダー現象」

若さと活動力と暴言によって名を売ったヨルク・ハイダー

ヨルク・ハイダーという人物は日本ではほとんど知られていないが、オーストリアあるいはヨーロッパでは、過激な右翼政治家としてよく知られた人物である。彼は一九八六年に、オーストリアの元ナチを主体とする政党である自由党の党首を引き継ぎ、一九九〇年代には国政選挙において同党の得票率と議席を大幅に伸ばし、一九九九年には伝統的なキリスト教保守党（国民党）を上回り、第二党の地位を獲得してしまう。

この自由党には一九世紀にまで遡る長い歴史系譜がある。一九世紀の後半、ルエーガーが手工業者を中心にキリスト教社会党を形成し、ヴィクトーア・アードラーが労働者の政党として社会民主党を取りまとめたとき、ゲオルク・シェーネラーは大ドイツ民族主義的主張を宣伝していた。二重帝国ないしオーストリア帝国のドイツ人とその支配する地域をドイツ帝国に統合しようとするシェーネラーの運動は、いわゆる「第三陣営」を形成していくことになる。戦間期には、この勢力がオーストリア・ナチの主勢力を形成し、ナチ支配下においてはその勢力がオーストリアを支配することになる。

戦後には六〇万を数える元ナチの人々が非ナチ化の対象となるが、その大部分は罪を免れ、むしろ選挙権を要求して独自の結集力を示した。一九四九年には「独立者連盟」と称する第四の政党を形成し、同年の選挙で一二パーセントの得票と一六議席を獲得することになる。その後、内部分裂により一九五九年には元ナチのハードコアが連盟を乗っ取り「自由党」を名乗る。

一九六〇年代、七〇年代、八〇年代の前半には、自由党は五～七パーセントの得票により一〇前後の議席を維持して、一定のキャスティングボードを握るにとどまっていた。だが一九八六年にヨルク・ハイダーを党首に据えると、自由党は同年には九・七パーセントの得票で一八議席を獲得し、一九九〇年には一六・六パーセント、三三議席、一九九四年には二二・五パーセント、四二議席、一九九五年には二一・九パーセント、四一議席を獲得するに至る。そして一九九九年の選挙では、それまでで最高の二六・九パーセント、五二議席を獲得し、国民党を抜いて第二党の地位を獲得し、第一党の社会民主党に代わり、国民党と連立内閣を形成して世界を驚かせた。首相は国民党が握り、不穏な発言を繰り返していたハイダーは自由党の党首を降りるという条件付きではあったが、オーストリアが参加して間もないＥＵは制裁処置をとり、オーストリアは国際的政治行動から排除されてしまった。

こうした一連の現象は「ハイダー現象」と呼ばれているが、それは何故起きたのだろうか。第一の要因は、一九八〇年後半から起こってきた東欧革命、ベルリンの壁崩壊、東西ドイツの統一、EU加盟、ユーゴスラヴィアの内戦、外国人労働者・難民・「不法労働者」の増大など、東西の狭間にあったオーストリアにとって過剰なまでの難問の連続があろう。それらに対してハイダーは過激なポピュリスト的発言を繰り返したのである。「外国人過剰にストップを！」「外国人政策は際限なくおこなわれてはならない！」「ウィーンをシカゴにしてはならない！」「ウィーンをウィーン人に！」といった一連の選挙スローガンに加え、「彼は我々の考えていることを言ってくれる」と宣伝したのである。

オーストリアにおいて、そうした排外主義が受け入れられてしまう第二の要因は、すでに述べたようにナチ支配とも結びついた「第三陣営」の系譜の存在がある。それ故にこそ自由党の入閣に対してEUが敏感に反応したのである。ハイダーはそうした過激なドイツ民族主義に、新たにポピュリスト的要素を巧みに取り込むとともに、オーストリア人国民意識を連動させたのである。外国人労働者問題、EU加盟問題とユーゴスラヴィア内戦による難民問題が、彼のポピュリスト的宣伝に現実味を与えた。だが、ハイダーは二〇〇八年に自らが運転した自動車事故により死亡してしまい、カリスマ的指導者を失ったハイダー現象は後退していった。

自由党の選挙ポスター

第一六章

クルツ時代のオーストリア

「リーマン・ショック」を乗り切ったオーストリアの大連立政権ではあったが、その後も数々の難題に直面する。ギリシア国債危機、シリア難民危機、国民の大連立批判などである。

そうした状況下、オーストリア政界に新しいスターが誕生する。保守政党、国民党の若きリーダー、セバスティアン・クルツである。一九八六年八月生まれのクルツは、二〇一三年に弱冠二七歳で外務大臣に抜擢され、三一歳となった二〇一七年には国政選挙での勝利後、右翼政党自由党との連立によって連邦首相に就任した。もちろんオーストリア史上最年少の国家指導者の誕生である。政界の寵児として世界の注目を集めたクルツは、オーストリアのみならず世界最大の危機となった新型コロナウイルス感染症への対応に強力なリーダーシップを発揮する。前途洋々に見えたクルツの政治家人生は、しかしながら首相就任からわずか四年後の二〇二一年に、公金不正支出事件によって突然の終止符を打つ。この章では、オーストリアに一時代を築いたこの若き政治家の登場から退場にいたるプロセスを詳しく見ていく。

ファイマン政権からクルツ政権へ

二〇〇八年秋の金融危機いわゆる「リーマン・ショック」の勃発から二週間後に実施された国民議会選挙（九月二八日）で、大連立を組んだ与党社会民主党とそのパートナーである国民党は、国民から厳しい審判を受けることになった。この選挙で社会民主党は第一党の座は守ったものの、前回の選挙から一一議席を失った（得票率はマイナス六パーセント）ことにより、その後の苦しい政局運営を強いられる。同じく大連立政権の一翼を担った国民党も、前回の選挙時から得票率を八・三パーセント減らして厳しい敗北を喫した。大連立に対する国民の批判の声は明らかであった。こうした批判にもかかわらず、同年一二月に前任者のアルフレート・グーゼンバウアーから政権を継承した社会民主党の新首相ヴェルナー・ファイマンは、政権維持に必要な議会内多数を求めて、一旦は七月に解消した国民党との大連立の継続を余儀なくされる。

ファイマン大連立政権が直面した最大の懸案事項は、ひとつには二〇一〇年以降に顕在化し、欧州共通通貨ユーロの存立を一時的に危機に陥れた「ギリシア国債危機」の救済措置であった。首相ファイマンが率いる大連立政権は、ドイツのメルケル政権と歩調をあわせつつ、ギリシア政府に厳しい条件付での緊急貸付金による支援を行った。二〇一〇年にオーストリアは、一五億ユーロに及ぶ緊急貸付金を支払ったが、これは当時のレートで約二〇〇〇億円に相当する。これに続く第二次ギリシア危機の年となった二〇

オーストリアにおける難民申請者数（2012～2022年）

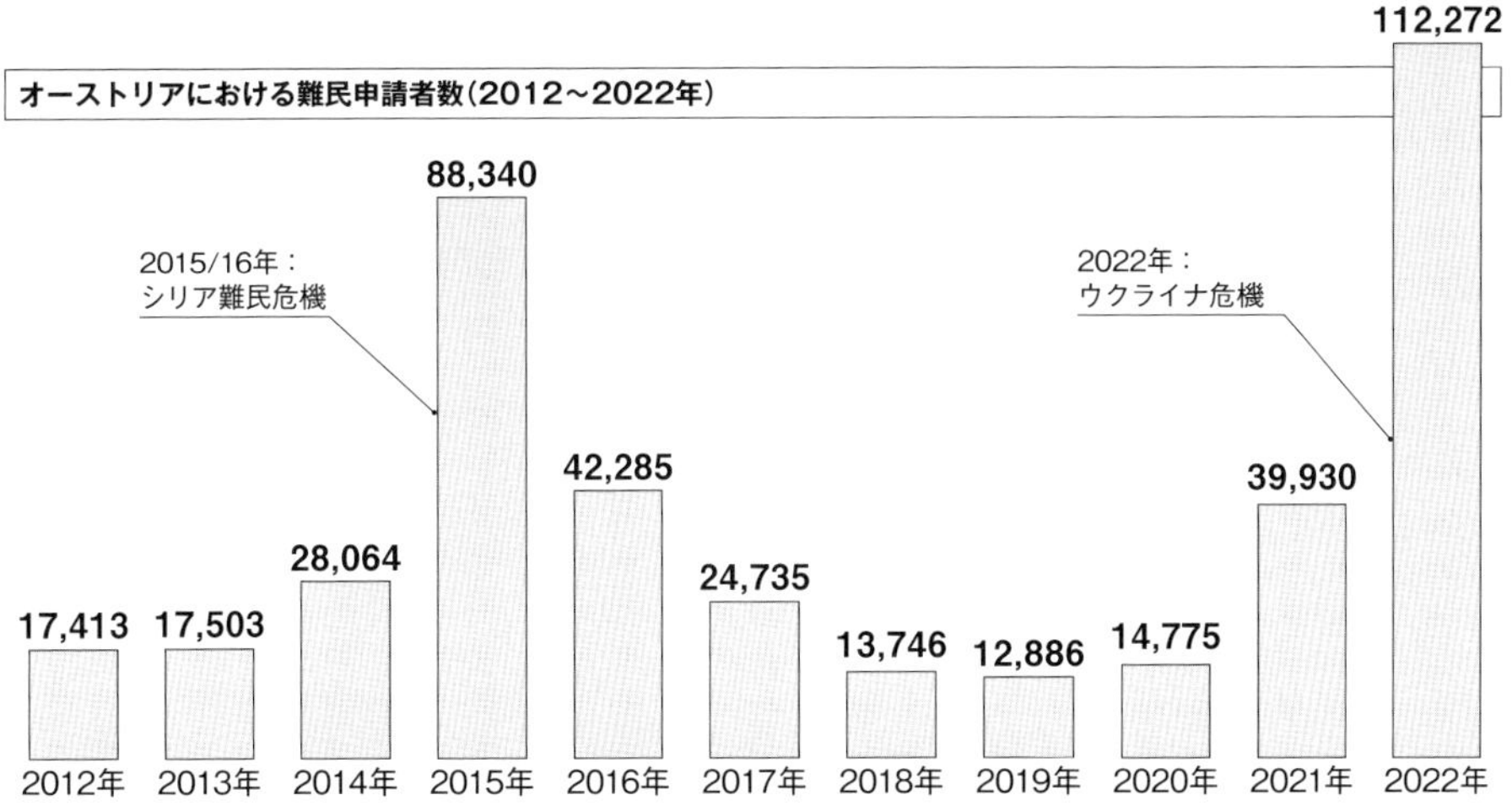

（出典：https://de.statista.com/statistik/daten/studie/293189/umfrage/asylantraege-in-oesterreich/）

一二年には、オーストリアは改めて新設された「欧州安定メカニズム（ＥＳＭ）」の枠内で、総額二二億ユーロ（当時のレートでは約二二〇〇億円）を支援している。

ギリシア危機とならんでファイマン率いる大連立政権が直面した大問題に、二〇一五年から一六年にかけて深刻化したシリアからの難民への対処があった。この両年、欧州への入り口となったギリシアとバルカン半島を経由して、ドイツへの中継地であるオーストリアにも大量のシリア難民が押し寄せた。ピークとなった二〇一五年には、オーストリアにおける難民申請者数は人口の一パーセントにあたる八万八三四〇人にのぼった。

当初、ファイマン首相はドイツのメルケル政権に同調して寛大な難民受け入れ策をとった。しかし、連立パートナーである国民党のクルツ外務大臣が思い切った政策転換を行うことになる。二〇一六年二月、ＥＵ委員会・ギリシア政府・ドイツ政府の代表団を招請しないままウィーンで開催された西バルカン会議の席上、議長国のクルツ外相は、マケドニア、セルビア、クロアチア、スロヴェニアなど、シリア難民の欧州流入ルートにあたる関係国に対し、いわゆる「バルカン・ルート」の封鎖を要求し、その協力を得ることに成功した。クルツ外相は、こうした断固たる難民流入阻止策によって「鉄のハートの王子様」という有難くない呼称をメディアから与えられたものの、反難民感情を抱くオーストリアの国民階層の多くから絶大な支持を得ることになった。

難民問題への対処に苦慮する一方、後述する大統領選挙でも惨敗を喫した責任をとって、ファイマンは二〇一六年五月に、首相と社会民主党党首を辞した。その後任となったのは、オーストリア連邦鉄道の総裁職を務めていた実務家のクリスティアン・ケルンであった。しかしながらこの政権は短命に終わる。ケルン政権はこれまでと同様、国民党との大連立を継続するものの、二〇一七年一〇月の国民議会選挙で第二党に後退したことを理由に、社会民主党は下野することになった。ここに二〇〇七年一月以降一一年近くにわたって、社会民主党が首相を独占した国民党との大連立政権時代は終焉を迎えた。

一方、野心的なクルツ外相は、二〇一七年五月に開催されたザルツブルク党大会で党員の圧倒的支持を受けて国民党党首に就任すると、意欲的に党内改革を実施する。例えば、クルツ新党首によって、党のシンボルカラーは伝統的な黒から鮮

セバスティアン・クルツ。1986年8月27日ウィーン生
（出典：https://www.bundeskanzleramt.gv.at/bundeskanzleramt/geschichte/kanzler-seit-1945.html）

やかなターコイズブルー（トルコ青）に変更されている。また政治活動においても、この若きリーダーは斬新な手法を採用する。その年の秋に実施された国民議会選挙において、クルツ党首は「国民党／セバスティアン・クルツの選挙リスト」を新たに結成し、選挙戦を遂行した。党首クルツの若さと行動力を前面に押し出すこのユニークな選挙戦略が功を奏したこともあり、新生国民党は前回から七・五パーセント増の三一・五パーセントを獲得して第一党に返り咲いた。大きな賭けに勝利した当時弱冠三一歳の新首相クルツは、選挙後、国民から強く批判された社会民主党との大連立に見切りをつけ、右翼政党であるオーストリア自由党との連立に踏み切ったのである。

　国民党の復調は、若きクルツ新党首のパーソナリティーとパフォーマンスに多くを負っていたことは言うまでもない。しかし、政権奪取を目的としてクルツ党首とそのブレーンたちが選挙戦前から練り上げてきた党の戦略変更も、国民党の選挙での躍進に重要な意味をもった。端的に言えば、大連立期に常に副首相の立場に甘んじてきた従来の国民党イメージからの脱却である。上述したシンボルカラーの変更もその一環であるが（自由党のシンボルカラーは青）、さらに選挙前から、クルツを中心とする党執行部は、この頃反政府派の有権者の支持票を一身に集めていた自由党の主張を自党の主張に取り込むことをめざした。具体的には、大連立「体制」に対する明確な批判によって自らを反体制派と位置づけ、体制派とみなされる社会民主党と正面から敵対することである。その他には、反EU的立場の表明、そしてすでに紹介した難民や移民流入に対する抑制策の採用である。あるクルツ研究者は、この手法を概念の読み替えを意味する「リフレーミング」戦術と呼んでいるが、抗議政党として批判票を集めてきた自由党にとっては、自分たちの主張と有権者の一部を横取りされることにもなりかねない危険なコピー戦術であった。

自由党の低迷と復調の原因

　二〇〇〇年から〇六年まで国民党との連立政権に参画していた右翼政党のオーストリア自由党は、オーストリア政治の右傾化に対する激しい国際世論の矢面に立たされ、〇二年選挙では得票率一〇パーセントと、その勢いを失った。また、カリスマ政治家のヨルク・ハイダーが、党内権力抗争の末に自由党を脱退してあらたに新党「未来同盟（BZÖ）」を結成したことに起因する右派勢力の分裂状況も、同党の発展にはマイナス要因となった。

　しかし、オーストリアの右派勢力の代名詞でもあったハイダーは、二〇〇八年秋、謎めいた自動車事故で不慮の死を遂げることになる。さらに右翼自由党は、長くハイダーと反目していたウィーンの歯科技工士ハインツ・クリスティアン・シュトラッへを新党首に選出すると（二〇〇五年）、支持層のウィング拡大をめざして党のイメージチェンジを図ることになる。当時欧州各国でブームともなっていた穏健な右派ポピュリスト政党への脱皮である。新党首が唱えた新スローガン「今重要なのは我々オーストリア国民だ！」は、人気のあった同党の反EU的主張や反難民・反移民の主張とあいまって広範な国民の支持を獲得する原動力となった。事実、二〇一三年の国民議会選挙で、自由党は得票率を二〇・五パーセントに伸ばして再びオーストリア政治のキャスティング・ボートを握ることになる。さらに二〇一七年の国民議会選挙で、同党は二六パーセントを獲得して、先に述べた国民党のクルツ首相の誕生に貢献することになった。

　こうした自由党の復調ぶりを世間に広く知らしめることになったのが、二〇一六年の大統領選挙であった。自由党は候補者として、オーストリア国民議会の第三議長を務めるノルベルト・ホーファーを擁立する。ホーファー候補は四月二四日に実施された大統領選挙で、実に三五パーセントを獲得して第一位となった。しかし得票数の過半数には達しなかったため、同候補は第二位につけたファン・デア・ベレン候補（緑の党）との決戦投票に臨むことになった。二〇一六年五月二二日に実施された大統領選挙決戦投票では、社会民主党を中心とした「反ホーファー連合」の結束によって、ファン・デア・ベレン候補がわずか〇・七ポイントという僅差で勝利した。しかし、憲法裁判所がこの大統領選挙での郵送票の一部に開票違反があったことを認めたため、この選挙は仕切り直しとなる異例の展開をたどった。

　同年一二月四日に実施された再選挙では、ファン・デア・ベレン候補が五三パーセントを獲得し、自由党のホーファーは敗北した（なお、ファン・デア・ベレンは二〇二二年一〇月、第一回投票で五六・七パーセントの過半数の票を得て圧勝し、大統領に再選された）。とはいえ、反EUとシリア難民の受け入れ反対を強く主張した自由党のホーファー候補が、多くの有権者の支持を獲得したことは明らかな事実であった。

　この大統領選挙結果の持つ重要な意味は、オーストリア国民の反難民・反移民感情を背景とするポピュリズム現象の拡大が顕著となったことである。同時に、オーストリアの伝統的な二大政党に対する有権者の支持が従前ほどみられなくなった点である。これまでの大統領選挙とは異なり、二〇一六年選挙の場合、社会民主党と国民党候補者の得票率は第一回投票ではいずれも一一パーセント台にとどまり、両党とも決戦投票進出を阻まれるという屈辱を味わった。長期大連立政権時代に対する国民の根強い不満が顕著に見て取れよう。

反EU的主張

　では、大統領選挙戦でホーファー候補が主張したもうひとつの重要な論点、つまり反EU的主張とその究極的帰結であるオーストリアのEU脱退に対するオーストリア国民のその後の見解はどうなのか。世論調査をもとに簡単に検証しておこう。

二〇一六年にイギリス国民が国民投票で「ブレクシット（Brexit）」を選択したことにより、自由党の重要な主張のひとつを成す反EU的主張が追い風を受けたのは紛れもない事実である。しかしながら、今のところ国民間にオーストリアのEU離脱という声は高まっていない。

二〇一九年末にオーストリア放送協会（ORF）が一八歳以上の国民を対象に実施した世論調査結果によると、この時点で国民の七五パーセントがオーストリアの「EU残留」に賛成しているのに対し、「EU離脱」に賛同する者はわずか八パーセントにとどまっている（無回答一七パーセント）。これと歩調をあわせEUの共通通貨ユーロにも、七一パーセントが肯定的な回答を寄せている（「極めて肯定的」二三パーセント、「どちらかというと肯定的」四八パーセント）。

これに対して否定的見解は二四パーセント（「強く否定的」三パーセント、「どちらかというと否定的」二一パーセント）という結果である。自由党をはじめ欧州各国の右派勢力によって展開されている反EUキャンペーンにもかかわらず、オーストリア国民の親EU的態度は依然として強固なものである。つまり、「ブレクシット」のオーストリア版である「エクシット（Öxit）」が実現する可能性は現時点ではないと言えよう。

イビサ・ゲート事件　『デア・シュピーゲル』誌（オンライン版）に掲載された隠し撮り写真
（写真：spiegel.de／2019年5月24日号）

「イビサ・ゲート事件」による自由党の連立離脱と第二次クルツ内閣の誕生

さて、再躍進著しい自由党ではあったが、思わぬ政治スキャンダルで足を引っ張られることになった。それが二〇一九年夏の「イビサ・ゲート事件（Ibiza-Gate）」である。オーストリアの戦後最大の政治危機とされるこの事件の発端は、二〇一七年六月に、自由党党首で当時のクルツ政権の副首相シュトラッヘと自由党の議員団長が、地中海の保養地イビサ島の邸宅で自称「ロシア大富豪の姪」と会食したことである。その席上、シュトラッヘらは来たるべき選挙戦での大規模な自由党キャンペーンを実現するため、オーストリアの最有力タブロイド紙『クローネン新聞（発行部数一日あたり約七〇万部）』の株式大量購入を「ロシア大富豪の姪」に依頼し、その見返りとして彼女にオーストリアにおける公共事業受注での便宜供与を示唆したのである。実は、その当日の模様が複数のカメラによって隠し撮りされており、二年後の二〇一九年五月一七日にドイツの大手メディア（日刊紙

『南ドイツ新聞』と週刊誌『デア・シュピーゲル』）の手でネット上に暴露されたというのがこの事件の顛末である。

副首相辞任を表明する自由党党首シュトラッヘ
（写真：spiegel.de／2019年5月18日号）

選挙実施を表明するファン・デア・ベレン大統領とクルツ首相
（写真：spiegel.de／2019年5月19日号）

ドイツを代表するこれら二つの大手メディアがどこからこのソースを入手したのか、誰が何の目的で隠し撮りを仕掛けたのかなどは取材源秘匿という理由で依然明らかにされないままだが、メディア上でこのスキャンダルが報道されるや、このニュースは世界を駆け巡り、オーストリアの政界は大激震に見舞われた。報道後シュトラッヘは自由党党首と副首相ポストを辞し、クルツ首相も自由党との連立解消を即座に決断した。「イビサ・ゲート事件」を契機に、自由党がこれまでの連立パートナーから一転して国民党の対抗勢力となったため、クルツ首相は自由党からの支援を議会内で得られなくなった。こうして事件後、社会民主党が議会に提出した不信任決議案をクルツ政権は否決できず、内閣は不本意ながら総辞職に追い込まれることになった。

大統領ファン・デア・ベレンはこの前代未聞の難局を乗り切るため、オーストリア史上初の女性首相（ブリギッテ・ビアライン憲法裁判所長官）に官僚中心の暫定内閣の樹立を委任し、二〇一九年九月、この内閣の管理下で国民議会選挙が前倒しで実施された。

選挙の結果は、若き人気政治家クルツへの同情票もあり、国民党は三七・五パーセントの高い得票率を得て勝利した。政治的混乱の原因をつくった自由党は一

オーストリアの国民議会選挙結果と首相および連立政権の組み合わせ（1999年以降）

選挙年月／政党名	1999年10月	2002年11月	2006年10月	2008年9月	2013年9月		2017年10月		2019年9月
ÖVP（国民党）	26.9	42.3	34.3	26.0	24.0		31.5		37.5
SPÖ（社会民主党）	33.2	36.5	35.3	29.3	26.8		26.9		21.2
FPÖ（自由党）	26.9	10.0	11.0	17.5	20.5		26.0		16.2
LIF（自由フォーラム）	3.7	1.0		2.1					
NEOS					5.0		5.3		8.1
JETZT							4.4		1.9
緑の党（Grüne）	7.4	9.5	11.1	10.4	12.4		3.8		13.9
KPÖ（共産党）	0.5	0.6	1.0	0.8	1.0		0.8		0.7
WANDAL									0.5
BZÖ（未来のための同盟）			4.1	10.7	3.5				0.0
FRANK					5.7				
FRITZ				1.8					
連立組合わせ	ÖVP・FPÖ	ÖVP・FPÖ・BZÖ	SPÖ・ÖVP	SPÖ・ÖVP	SPÖ・ÖVP		ÖVP・FPÖ		ÖVP・Grüne
首相	Schüssel 1	Schüssel 2	Gusenbauer	Faymann 1	Faymann 2	Kern	Kurz 1	Bierlein（選挙管理内閣）	Kurz 2
期間	00年2月～03年2月	03年2月～07年1月	07年1月～08年12月	08年12月～13年12月	13年12月～16年5月	16年5月～17年12月	17年12月～19年5月	19年6月～20年1月	20年1月～21年10月

（出典：https:// www.bmi.gv.at/412/Nationalratswahlen/から作成）

六・二パーセントと前回よりも一〇ポイントも得票率を減らして大敗した。二一・二パーセントにとどまった第二党の社会民主党との大連立再現だけは避けたいクルツは、結局、一三・九パーセントを獲得して議席を回復した国民議会内第四党の緑の党との初めての連立に踏み切った。

新型コロナウイルス危機への対応

こうして始まった第二次クルツ政権ではあったが、この政権は年明けの二〇二〇年の出だしからかつてない難局に直面する。オーストリアのみならず世界の国々を震撼させた新型コロナウイルス危機である。

クルツ政権は、二〇二〇年二月にオーストリアで初の感染者が確認されると、三月一六日に全土を対象とした最初のロックダウン（都市封鎖）に踏み切った。多くの批判を浴びながらも、この試みは結果的に感染者数の大幅な減少をもたらし、同年四月中旬に一旦解除の運びとなった。その後感染者数の増加と減少が繰り返された後、後述するクルツの首相辞任後の二〇二一年秋以降、再び大きな波がオーストリアを襲った。

これに対して二〇二二年一月二〇日、国民議会は国民のワクチン接種を促進するため、一八歳以上の国民へのワクチン接種義務化と、警察による抜き打ち検査や罰金規定を定めた「新型コロナウイルスワクチン接種義務化法」を賛成多数で可決した。しかしながら、この欧州初の試みであるワクチン接種義務化法案の適用は、専門家委員会のその効果に対する懐疑的意見を受けて一時的に停止され、さらにその後の六月二三日には最終的に政府によって無効とされた。反対デモの頻発などに象徴される社会的分断を避けるためというのが政策変更の根拠とされた。

さらに同年八月一日には、コロナ対策のさらなる緩和が発表される。この日、連邦政府は新型コロナウイルス感染者に対する隔離措置の廃止を発表した。感染者に対する医療用マスク着用義務は残るものの、オーストリアのコロナ対策は一気に緩和の方向に向かうこととなった。混迷する新型コロナ対策にもかかわらず、少なくとも二〇二二年秋の時点では感染状況は収束に向かいつつある。予断は許さないものの、人口九〇〇万人のオーストリアの一日あたりの新規感染者数は、過去最多となった二〇二二年三月一五日の六万三五〇六人から、隔離措置廃止を

オーストリア放送集計の新型コロナウイルス感染者数

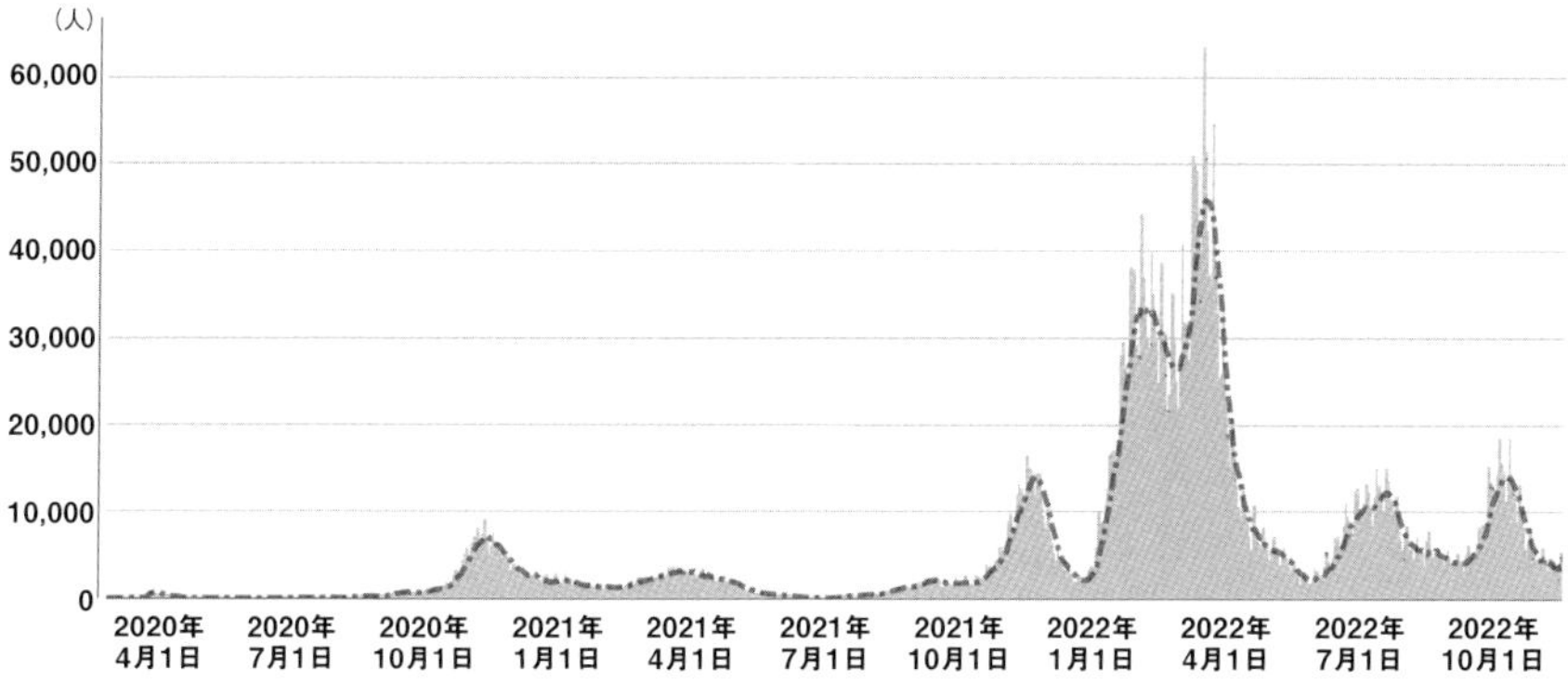

検査の結果、陽性確定済みの日別新規感染者数。2022年11月16日の新規感染者数は4222、死者10、回復済2400
(出典：https://orf.at/corona/daten/oesterreich)

経た一一月一六日の時点では、四二二二人にまで減少し、国民も冷静に対応しているように見える。

クルツ首相の辞任

オーストリアで一時的にコロナウイルスの感染状況が落ち着きを見せていた二〇二一年一〇月九日、クルツ首相が突然の首相職辞任を表明し、オーストリア国内は再び大きな政治的混乱に見舞われた。クルツは首相辞任後も一時的に所属政党である国民党党首と国民議会内の議員団長職にとどまっていたが、結局一二月二日に両ポストからも降り、さらにオーストリア政界からの引退を明言した。その間、国民党のシャレンベルク外相が一旦後任首相に就任したものの、クルツ前首相の政界引退表明を受けて同氏も首相を辞任したため、一二月三日に開催された国民党の緊急幹部会で、カール・ネーハマー内相があらためてオーストリアの首相に選出された。

一連の不可解なクルツの首相辞任と政界引退劇の背景には、自身も関与したとされる公金不正使用疑惑があった。検察当局は二〇二一年一〇月六日、国民党本部、首相官邸、財務省への強制家宅捜索に着手した。その理由とされたのは、二〇一六年から一八年にかけて行われた、自党に対する有利な世論形成への国民党指導部の関与疑惑であった。検察当局はクルツ自身と側近がこの目的達成のため、世論調査会社やメディアグループに公金を支払ったと発表した。当初、クルツはこの事件への関与を否定していたが、連立パートナーの緑の党が議会内で不信任投票に回る見通しとなったため、急転して辞任に追い込まれることになった。二〇一三年一二月の外相就任以降、急速に華々しい政治的キャリアを積み上げてきたオーストリア政界の寵児のあっけない転落劇であった。

ロシアのウクライナ侵攻とオーストリアの永世中立

二〇二二年二月二四日、ロシアのプーチン大統領によって始められたロシア軍によるウクライナ侵攻は、欧州のみならず世界の安全保障のありかたを根底から揺るがすことになった。

ドイツと同様に、ロシアの原油・天然ガスに大きく依存しているオーストリア

（天然ガスの使用量の八〇パーセント）だが、ネーハマー首相はロシアのウクライナ侵攻を受けて即座にロシアを強く非難する立場に立った。と同時に、ウクライナとの連帯を表明し、同国に避難民の受け入れをはじめとする人道的援助を実施することも約束した。ロシアへの制裁措置についても、オーストリア政府はEUと足並みをそろえて実行することを明言し、同国最大手のエネルギーコンツェルンOMV社は、ロシアと欧州を結ぶ天然ガスパイプライン建設計画（ノルトストリームⅡ）の見直しを宣言した。

ロシアとの経済協力計画の見直しが進む一方で、オーストリアの安全保障政策には今のところ変更はみられない。つまり、従前の軍事同盟に参加しない単独の永世中立国としての地位の保全が、一部の少数意見を除いて、オーストリア政府および議会のコンセンサスとなっている。なお、欧州の永世中立国のうち、フィン

新型コロナウイルスの予防接種義務化に反対するデモ隊
（写真：https://www.profil.at 2021年12月31日号）

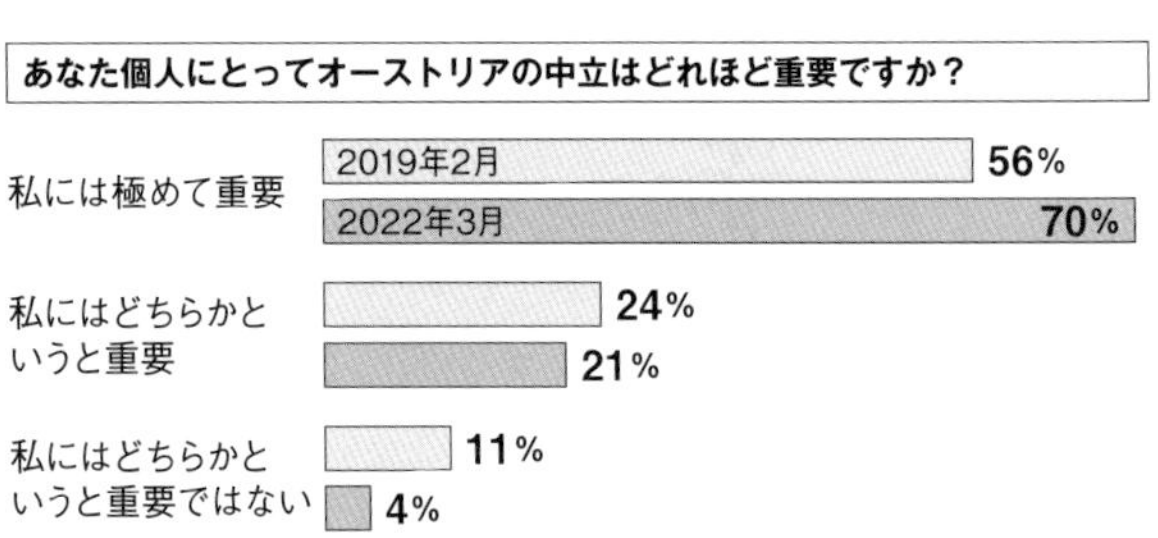

出典　https://www.oegfe.at/wp-content/uploads/2022/03/Grafiken-final.pdf

ランドとスウェーデンはこれまでの方針を変更してNATO（北大西洋条約機構）への加盟申請を行い（二〇二二年五月）、このうちフィンランドの加盟については二〇二三年四月四日に正式に承認されている。一方、オーストリアはロシアとは直接国境を接していないという地政学的状況も関係してか、NATOへの早期加盟を望んだフィンランドやスウェーデンの世論とは立ち位置の違いが際立っている。

　ロシアのウクライナ侵攻直後の三月に「欧州政策に関するオーストリア協会（ÖGfE）」が実施したオンライン世論調査（一六歳以上の五〇〇〇人を対象）によれば、対象者の七〇パーセントがオーストリアの中立を個人的に「極めて重要」とみなすと回答している。同じく二一パーセントが「どちらかというと重要である」とする一方で、「どちらかというと重要ではない」あるいは「全く重要ではない」とする回答者は全体の六パーセントにとどまっている。この結果を同じ質問項目を設定した二〇一九年二月実施の調査結果と比較してみると、今回の調査では中立を「極めて重要」あるいは「どちらかというと重要」とみなす回答者の数値は前回調査よりも一〇パーセントほど増加していることが判明する。

　さらにロシアのウクライナ侵攻から三カ月が経過した六月の時点で、オーストリアの有力日刊新聞『デア・スタンダード』が発表した世論調査結果も、オーストリア国民の間では依然として中立支持の傾向が強いことを示している。同紙の委託を受けたリンツの「マーケット研究所」が実施したこの世論調査によれば、国民の七一パーセントが「中立支持」とする一方で、NATOなど「共通の安全保障システムの中での連帯を支持」する者は一九パーセントにとどまっている（無回答は一〇パーセント）。

　これらの調査が明確に物語るように、オーストリア国民が安全保障策としての永世中立に抱く信頼感は、当分の間は揺るぎようがないように見える。

参考文献／WEB資料（第一六章）

古賀光生「第7章　オーストリアにおけるクルツ政権の誕生――主流政党のポピュリズム化とポピュリスト政党の誕生」水島治郎編『ポピュリズムという挑戦――岐路に立つ現代デモクラシー』岩波書店 2020年154～179頁

Frederik Obermaier / Bastian Obermayer, Die Ibiza-Affäre. Innenansichten eines Skandals. Wie wir die geheimen Pläne von Rechtspopulisten enttarnten und darüber die österreichische Regierung stürzte. Köln, 2019 (3. Auflage)

Peter Pilz, Kurz. Ein Regime. Wien 2021

『朝日新聞（夕刊）』、2021年10月11日号

https://www.profil.at　2019年7月19日

https://www.deutschlandfunk.de/oesterreich-westbalkankonferenz-sorgt-fuer-kritik-100.html

https://de.statista.com/statistik/daten/studie/293189/umfrage/asylantraege-in-oesterreich/

https://orf.at /stories/3149265/　2019年12月31日

https://www.jetro.go.jp　2022年１月２４日；３月11日; 8月3日; 12月6日

https://sozialministerium.at 2022年3月14日

https://www.derstandard.at　2022年6月12日; 6月25日

https://orf.at/corona/daten/oesterreich

https://www.ots.at/presseaussendung 2022年3月12日

その他追加文献

田口晃『ウィーン――都市の近代』岩波新書 2008年

増谷英樹『図説 ウィーンの歴史』河出書房新社 2016年

山之内克子『物語オーストリアの歴史――中欧「いにしえの大国」の千年』中公新書 2019年

あとがき

オーストリアは「もう一つのドイツ人の国家」であるのか、あるいは「押しつけられた『誰も望まなかった国』」なのか。オーストリアは国民国家としては希有な成立背景をもつ。第一次世界大戦の敗北後、ドイツとの「合邦」を禁止されたオーストリアは不本意ながら独自の国家を形成したが、その国家は国民から支持を得られなかった。その後、ナチの時代にはオーストリア国民はナチによる「合邦」にこぞって賛同しながら、不利な戦局のなかで独自のオーストリアを主張するようになる。第二次世界大戦後の混乱のなかで、曲がりなりにも中立国家として独立を認知されたオーストリアは、その後一〇数年のなかでようやく「オーストリアの歴史」と呼ばれる歴史を再構成した。しかしそれもいまだ論争中であるというのが現実である。それ故、本書の課題はそうした「オーストリアの歴史」が何を自らの歴史として取り込んできたのか、そして逆に何を排除しようとしてきたかを検証しながら、その歴史の意味を考えてみることであった。

現代のオーストリアの歴史叙述は大きな転換を迎えている。現代史においては、これまでオーストリアの歴史ではないとされ叙述されなかったナチ支配下の歴史も反省を込めて叙述され、その後の中立国家の成立やクライスキーの社会改革などがオーストリアの独自性として強調され、EUへの加盟問題や移民問題が新たな問題としてクローズアップされている。近代においては、ハプスブルク帝国の歴史の後継国家としてのオーストリアが強調され、帝国に対するノスタルジーと平行して、ウィーンの世紀末文化が現代の観光業と関連して強調される。同時に、マリア＝テレジアなどのハプスブルク家の支配がプロイセン的ドイツと対抗するオーストリアの歴史としてクローズアップされる。さらにその系譜をたどり、ハプスブルク家がその歴史を支配した神聖ローマ帝国がオーストリア史の原点として位置づけられる。

そうしたオーストリア史再構成を批判的に跡づけながら、我々はそこから排除されている問題、軽視されている側面にも考察の目を向けてみた。特にオーストリアの歴史を通じて語られることの少ないユダヤの歴史や移民・難民・外国人問題、さらには現代のムスリム問題などがそれである。そうした問題が十全に展開できたかは自信がないが、そうした意図をご理解いただければ幸いである。

共著者の古田善文氏には、彼の専門のオーストリア現代史に関していくつもの章やコラム書いてもらった。最初は自由に書いてくれと頼みながら、さまざまな注文や追加を要求し、迷惑をかけてしまったことをお詫びし、協力に感謝している。河出書房新社の編集者の渡辺史絵さんには、締め切りや校正などで大変なご苦労をかけてしまったことを謝罪するとともに、「なぜそんなにユダヤにこだわるのですか」と素朴で基本的な質問を発することによって、本書の基本構造を考えさせてくれたことに感謝している。

二〇一一年夏

増谷英樹

追記

この度、『図説 オーストリアの歴史』の増補改訂版が刊行されることになった。新版では、最終章に、二〇〇八年のリーマン・ショック後の時期から二〇二三年夏までに起きた重大事を加筆した。初版発行の二〇一一年からわずか一二年少しの期間のうちに、永世中立国オーストリアはギリシア経済危機への対応に始まり、シリア難民問題、新型コロナウイルス禍、ロシアの対ウクライナ武力侵攻への対応など、数々の難問に遭遇した。オーストリアの政府および国民はこうした困難な課題にどのように対処してきたのだろうか。その経験はきっと、遠く離れた日本に住むわれわれにも重要な指針となろう。末筆になるが、今回の増補改訂版の刊行に際して、これまでと変わらず数多くの示唆に富む提言をくださった編集者の渡辺史絵さんに深く感謝する。

二〇二三年夏

古田善文

2008	リーマン・ショックに起因する世界金融危機(9月)。ハイダー交通事故死(10月)。社会民主党と国民党間で大連立政権継続(12月、ファイマン首相：社会民主党)
2013	国民議会選挙（9月）で自由党が再躍進(20.5パーセント)
2015	オーストリアにおけるシリア難民危機（8万8340人が難民申請)。
2016	大統領選挙。やり直し決戦投票で緑の党の候補が自由党候補に勝利
2017	クルツ第一次政権誕生（12月)。自由党との連立政権
2019	「イビサ・ゲート事件」発覚（5月)。シュトラッへ自由党党首、党首と副首相ポストを辞し国民党との連立政権崩壊。国民議会選挙（9月）で国民党37.5パーセントを獲得。
2020	国民党と緑の党の連立によりクルツ第二次政権誕生（1月)。オーストリアで初の新型コロナウイルス感染者（2月)
2021	クルツ首相突然の辞任（10月)
2022	国民議会「新型コロナウイルスワクチン接種義務化法」を可決（1月)。同法廃止（6月)。コロナ感染者の隔離廃止（8月)。ファン・デア・ベレン大統領再選（10月)

オーストリア／ウィーン略年表

1945	オーストリア共和国再建をめざす独立声明（4月）。第二共和国成立（社会党のカール・レンナーを首班とするオーストリア臨時中央政府成立）。レンナー政府「ナチ党禁止令」公布（5月）。第一回国民議会選挙（11月、国民党49.8パーセント、社会党44.6パーセント、共産党5.42パーセント）。国民党のレオポルト・フィーグルを首班とする連立政権（12月）
1946	「第一次国有化・社会化法案」策定、ソ連適用拒否（7月）
1947	「新非ナチ化法案」公布（2月）
1948	「マーシャル・プラン」による援助開始
1952	ソ連による「スターリン・ノート」
1953	スターリン没（3月）。フルシチョフソ連共産党第一書記に就任
1955	オーストリア政府代表団モスクワで中立化策を調整（4月）。西ドイツのNATO加盟（5月）。ウィーンのベルヴェデーレ宮殿で「国家条約」締結（5月）。オーストリアの永世中立に関する連邦憲法法案、国民議会で可決（10月）。連合国占領軍撤退（10月）。オーストリアの国際連合参加（12月）
1956	ハンガリー事件。大量の難民流入
1961	ケネディとフルシチョフ、ウィーンで会談
1966	大連立終焉。国民党の単独政権誕生
1968	チェコスロヴァキアで民主化運動、ワルシャワ条約機構軍により弾圧。大量の難民流入
1969	南チロル国民党が自治に関する一括提案承認
1970	国民議会選挙で社会党勝利、ブルーノ・クライスキー首相就任（4月）
1971	国民議会選挙で社会党単独過半数獲得（10月）、ヴァルトハイム国連事務総長に選出
1978	ツヴェンテンドルフの原子力発電所完成。稼働は国民投票で否決
1979	ウィーンに国連シティ完成
1983	クライスキー退陣。社会党と自由党の連立政権。環境政党「緑の党」躍進
1986	ヴァルトハイム問題（大統領候補にナチ戦犯疑惑）。自由党（FPÖ）の党首にヨルク・ハイダー就任
1989	オーストリアとハンガリー外相両国の国境開放に合意（6月）。ベルリンの壁崩壊（11月）
1990	東西ドイツ統一（10月）
1991	スロヴェニアとクロアチアがユーゴスラヴィアからの独立を宣言（ユーゴスラヴィア内戦開始、6月）。オーストリア、ドイツがスロヴェニアとクロアチアの独立承認
1992	ECがスロヴェニアとクロアチアの独立承認（1月）。マーストリヒトで「欧州連合条約」調印（2月）
1993	自由党のハイダーによる「反外国人国民請願」（1～2月）
1994	EU加盟の是非を問う国民投票（6月）
1995	オーストリア、欧州連合（EU）加盟（1月）
1999	国民議会選挙で自由党26.9パーセントを獲得、「歴史的勝利」（10月）
2000	国民党と自由党の連立政権誕生（シュッセル首相：国民党）
2005	自由党分裂。ハイダー「オーストリア未来同盟」結成（4月）
2007	社会民主党、国民党と大連立政権に復帰（1月、社会民主党のグーゼンバウアー首相）

1873	ウィーン万国博。「暗黒の金曜日」(経済恐慌)
1877〜78	露土戦争。ベルリン会議で二重帝国はボスニア・ヘルツェゴヴィナの管理権獲得
1880	ターフェの言語令
1888/89	ヴィクトーア・アードラーによるオーストリア社会民主党成立
1889	ブラウナウ・アム・インで、アードルフ・ヒトラー誕生
1891	カール・ルエーガー「キリスト教社会党」結成
1895	オットー・ヴァーグナー『近代建築』を著す
1897	バデーニの言語令。青年チェコ派台頭。「分離派」結成。カール・ルエーガー(キリスト教社会党)、ウィーン市長に就任
1903	「ウィーン工房」結成
1907	帝国議会に男子普通選挙導入。ヒトラー、ウィーンへ
1908	ボスニア・ヘルツェゴヴィナの併合
1914	サライェヴォでフランツ・フェルディナント大公夫妻暗殺。オーストリア=ハンガリー二重帝国はセルビアへ最後通牒、宣戦布告。第一次世界大戦勃発
1916	フランツ・ヨーゼフ1世死去
1917	ロシア革命勃発
1918	ハンガリー、チェコスロヴァキア、ポーランド、南スラヴの独立宣言(10月)。ドイツ共和国の一部としての「ドイツ系オーストリア共和国」宣言(11月)。混乱のなか各地で自警団結成(のちの「護国団」の起源)
1919	ハプスブルク家と貴族のすべての特権廃止。サン・ジェルマン条約締結(9月)、ドイツとのアンシュルス(合邦)の禁止。「オーストリア第一共和国」成立。ズデーテン地方はチェコスロヴァキアへ
1920	憲法制定。キリスト教社会党政権。ウィーンは社会民主党市政(「赤いウィーン」)
1927	護国団と社会民主党系「共和国防衛同盟」の衝突激化、「シャッテンドルフ事件」(1月)、事件の犯人たちに無罪判決。ウィーンで労働者の暴動ストライキ発生、政府による鎮圧(7月15日事件)
1929	世界恐慌始まる
1931	クレディート・アンシュタルト銀行の破産。オーストリア・ナチの台頭
1932	エンゲルベルト・ドルフース(キリスト教社会党)首相就任(5月)
1933	ドルフースによる議会の停止(3月)。オーストリア・ナチの禁止(6月)。「祖国戦線」結成
1934	社会民主党労働者の蜂起、政府・護国団による弾圧(「2月蜂起」)。「5月憲法」公布、カトリックに依拠する権威主義体制の確立。オーストリア・ナチのクーデター、首相官邸内でドルフース暗殺(7月)。シュシュニク体制成立
1936	ベルリン・ローマ枢軸成立。独墺「7月協定」締結。ナチの活動活発化
1938	ヒトラーがシュシュニクをベルヒテスガーデンに呼び出す(2月)。ドイツによるオーストリアの「合邦」(3月12日)。「合邦」に対する国民投票(4月)。オーストリアは「オストマルク」と改名
1942	「オストマルク」は「ドナウ=アルペン大管区」に改名
1943	モスクワ三国外相会談(10月)。オーストリアに関する「モスクワ宣言」公表(11月)

オーストリア／ウィーン略年表

1683	オスマン帝国軍による第2次ウィーン包囲。その後プリンツ・オイゲンの指揮下にハンガリーからオスマン勢力を排除
1699	カルロヴィッツの和約
1713	カール6世によるプラグマティッシェ・ザンクツィオーン（国事勅令）。ハプスブルク家領の不可分性と女子相続を承認
1740	カール6世死去。マリア＝テレジア家督を相続。オーストリア継承戦争
1742	バイエルン選帝侯カール・アルブレヒト、皇帝カール7世に
1743	マリア＝テレジア、プラハを奪還、ボヘミア女王に
1745	ドレスデンの和約。フランツ・シュテファン、神聖ローマ皇帝フランツ1世に
1749	マリア＝テレジアの軍事財政行政改革。帝国の中央集権化
1756〜63	七年戦争
1763〜	マリア＝テレジアの教育制度などの改革
1765	フランツ1世死去。ヨーゼフ2世神聖ローマ皇帝に
1770	マリー・アントワネットとのちのフランス王ルイ16世の結婚
1771/72	最初の国勢調査
1772	第一次ポーランド分割によりガリツィア地方を獲得
1773	イエズス会解散
1780	マリア＝テレジア死去。ヨーゼフ2世の単独統治始まる
1781	ヨーゼフ2世の「寛容令」。修道院財産の没収
1782	農奴制廃止、ユダヤの解放
1789	フランス革命勃発。オーストリアはこれに対抗
1790	ヨーゼフ2世死去
1793	マリー・アントワネットの処刑
1797	カンポ・フォルミオの和約
1804	ナポレオン皇帝に。フランツ2世「オーストリア皇帝」を名乗る
1805	アウステルリッツの三帝会戦。ナポレオンの勝利
1806	ライン同盟成立。神聖ローマ帝国消滅
1809	アンドレアス・ホーファーの蜂起。シェーンブルンの和約。メッテルニヒ外相に
1810	マリー・ルイーゼとナポレオンの婚姻
1812	ナポレオンのロシア遠征。オーストリア軍は同行
1813	ライプツィヒの戦い。ナポレオン敗れる
1814〜15	ウィーン会議。「ドイツ同盟」成立。「神聖同盟」成立。ドイツ民族主義的学生同盟「ブルシェンシャフト」イェーナ大学に成立。カールスバード決議
1821〜29	ギリシア独立運動
1840年代	イタリアの民族運動、ガリツィアの蜂起
1848	1848年革命。ウィーン革命、学生たち主導。ハンガリーのコッシュート独立運動。プラハの民衆蜂起。イタリアの民族運動、ラデツキー将軍による鎮圧。ウィーン十月革命とその鎮圧。ハンガリーの独立戦争、1849年まで継続。フランツ・ヨーゼフ1世即位（12月）
1849	欽定憲法（3月）
1857	皇帝の勅令（12月）。ウィーンの城壁の解体。「都市拡張委員会」成立
1866	対プロイセン戦争に敗北（ケーニヒグレーツの戦い）。ドイツ統一の主導権を喪失
1867	アウスグライヒ（協和）。「オーストリア＝ハンガリー二重帝国」成立。ビスマルクの主導により「北ドイツ連邦」設置
1871	プロイセン主導によるドイツの統一

オーストリア／ウィーン略年表

前800〜450	ハルシュタット文化（鉄器時代）
前58〜51	カエサルのガリア遠征
1〜2世紀	現在のウィーンの地にローマ帝国軍の駐屯地（ヴィンドボナ）
4〜6世紀	ゲルマン民族大移動
395	ローマ帝国東西に分裂
476	西ローマ帝国消滅
486	フランク族の王クローヴィスがガリアからローマの勢力を排除、フランク王国建国
732	トゥール・ポワティエ間の戦いでフランク王国軍がイスラム部隊の進撃を阻止
800	フランク王カール（大帝）、教皇レオ３世によってローマ皇帝の戴冠を受ける
843	ヴェルダン条約。フランク王国３分割
881	ウィーンについての最初の記述
962	オットー大帝「（神聖）ローマ帝国」再建
976	バーベンベルク家のレオポルトが辺境伯に、以降270年の支配
996	オスタリキの名称現れる
1156	ハインリヒ２世、ウィーンに遷都。オスタリキ辺境伯領はオーストリア公領へ
1246	バーベンベルク家断絶
1256〜73	神聖ローマ皇帝の「大空位時代」。ボヘミア王オトカルの支配拡大
1273	ハプスブルク家ルドルフ、ドイツ王に選出される。オトカルとの対立
1278	マルヒフェルトの戦い。ルドルフ１世、オトカルに勝利
1346	ボヘミア王カレル４世ドイツ王に（1355年 神聖ローマ皇帝）
1348	カレル４世、プラハに大学設立
1356	カレル４世、「金印勅書」
1365	大公ルドルフ４世ウィーン大学設立。シュテファン教会建設促進

1420/21	ウィーンのユダヤの追放と火刑
1486	マクシミリアン1世ドイツ王（神聖ローマ皇帝は1493年）に
1496	マクシミリアンの息子のフィリップが両カトリック王国の王女フアナと結婚、ハプスブルクの領土はスペインさらにアメリカ大陸まで拡大
1508	皇帝の地位ローマ教皇から独立
1519	カール５世がフランス王フランソワ１世と競い、神聖ローマ帝国皇帝に
1521/25	カール５世オーストリアなどの所領を弟フェルディナントに委ね、帝国を分割。フェルディナントはスペインからウィーンに移る
1526	モハーチの戦い
1529	オスマン帝国軍の第１次ウィーン包囲
1555	アウクスブルクの宗教和議。ルター派を容認
1556	カール５世退位
1564	マクシミリアン２世、神聖ローマ皇帝になる
1608	プロテスタント諸侯の「同盟（ウニオン）」形成
1609	バイエルンを中心にカトリックの「連盟（リガ）」形成
1618	プラハ窓外放擲事件。三十年戦争始まる
1619	フェルディナント２世、神聖ローマ皇帝に。ボヘミアの貴族の反対
1620	ビーラー・ホラ（白山）の戦い。ボヘミアのプロテスタント貴族敗北、追放される
1648	ウェストファリア条約、アウクスブルクの和議を拡大再確認。神聖ローマ皇帝の権限弱体化
1670	ウィーンのユダヤ、２度目の追放

図版出典文献

Achs, Oskar / Adelmaier, Werner / Loebebstein, Edith / Hermann, Schnell: Zeiten, Völker, Kulturen 3. Wien 1990

Allerhand, Jacob (Hrsg.): Das Judentum. Der Weg in die Moderne — von der Aufklärung bis zum Staat Israel. Eisenstadt 1989

Andics, Hellmut: Ringstrassenwelt. Wien 1867-1887. Luegers Aufstieg. Wien / München 1983

Andics, Hellmut: Gründerzeit. Das Schwarzgelbe Wien bis 1867. Wien / München 1981

Andics, Hellmut: Die Juden in Wien. Wien 1988

Bruckmüller, Ernst (Hrsg.): Österreich Lexikon. Wien 2004

Buzinkay, Geza: Hungerian History in a Nutshell, Budapest 2003

Cenders, Peter (Hrsg.): Das Zeitalter Kaiser Franz Josephs I. Österreich 1848 bis 1918. Wien 1989

Czeike, Felix: Wien. Geschichte in Bilddokumenten. München 1984

Dürigel, Günther / Frodi, Gerbert (Hrsg.): The New Austria. Exhibition to Commemorate the 50th Anniversary of the State Treaty 1955-2005. Wien 2005

Göhring, Walter / Hasenmayer, Herbert: Zeitgeschichte. Ein Lehr-und Arbeitsbuch für Geschichte und Sozialkunde. Wien 1986

Hamann, Brigitte: Hitlers Wien. Lehrjahre eines Diktators. München / Zürich 1996

Hoffmann-Holter, Beatrix: "Abreisenmachung"—Jüdische Kriegsflüchtlinge in Wien 1914 bis 1925. Wien / Köln / Weimar 1995

John, Michael / Albert, Lichtbau: Schmelztiegel Wien-Einst und Jetzt. Zur Geschichte und Gegenwart von Zuwanderung und Minderheiten. Wien / Köln 1990

Kreissler, Felix: Der Österreicher und seine Nation. Ein Lernprozess mit Hindernissen. Wien / Köln / Graz 1984

Opll, Ferdinand: Wien im Bild historischer Karten. Die Entwicklung der Stadt bis in die Mitte des 19. Jahrhunderts. Wien / Köln / Graz 1983

Portisch, Hugo: Österreich II. Die Wiedergeburt unseres Staates. Wien 1985

Rauscher, Hans: 1945: Die Wiedergeburt Österreichs. Die dramatischen Tage vom Kriegsende bis zum Anfang der Republik. Wien / Köln / Weimar 1995

Reppé, Susanne: Der Karl-Marx-Hof. Geschichte eines Gemeindebaus und seiner Bewohner. Wien 1993

Reschauer, Heinrich: Das Jahr 1848. Geschichte der Wiener Revolution. Wien 1872

Ricci, Giancarlo: Sigmund Freud. Der Vater der Psychoanalyse. Berlin 2006

Safrian, Hans / Witek, Hans: Und keiner war dabei. Dokumente des alltäglichen Antisemitismus in Wien 1938. Wien 1988

Safrian, Hans: Eichmann und seine Gehilfen. Wien 1995

Sandgruber, Roman: Illustrierte Geschichte Österreichs. Epochen-Menschen-Leistungen. Wien 2000

Scheuch, Manfred: Historischer Atlas Österreichs. Wien 1994

Scheuch, Manfred: Österreich im 20. Jahrhundert. Von der Monarchie zur Zweiten Republik. Wien / München 2000

Scheithauer, Erich / Woratscheck, Grete / Tscherne, Werner (Hrsg.): Geschichte Österreichs in Stichworten. Teil V: Die Zeit der demokratischen Republik Österreich von 1918 bis 1934. Wien 1983

Scheithauer, Erich / Schmeiszer, Herbert / Woratschek, Grete / Tscherne, Werner / Walter, Göhring (Hrsg.): Geschichte Österreichs in Stichworten. Teil VI: Vom Ständestaat zum Staatsvertrag von 1934 bis 1955. Wien 1984

Scheithauer, Erich / Woratschek, Grete / Tscherne, Werner / Göhring, Walter (Hrsg.): Geschichte Österreichs in Stichworten. Teil VII: Vom Staatsvertrag bis zur Gegenwart von 1955 bis 1985. Wien 1987

Steininger, Rolf / Gehler, Michael (Hrsg.): Österreich im 20. Jahrhundert. Vom Zweiten Weltkrieg bis zur Gegenwart. Band 2. Wien 1997

Stiftung Haus der Geschichte der Bundesrepublik Deutschland (Hrsg.): Verfreundete Nachbarn. Deutschland-Österreich. Bonn 2005

Südtirol und die Südtiroler seit 1918. Dornbirn 1984

Traum und Wirklichkeit. Wien 1870-1930. Wien 1985

Wagner, Wilhelm J.: Der grosse Bildatlas zur Geschichte Österreichs. Wien 1995

Vocelka, Karl: Geschichte Österreichs. Kultur-Gesellschaft -Politik. Graz / Wien / Köln 2000

Zöchling, Christa: Haider. Eine Karriere, Wien 2000

『栄光のハプスブルク家展』図録　1992年

増谷英樹『ビラの中の革命——ウィーン・1848年』東京大学出版会　1987年

増谷英樹「大都市の成立」(講座世界史４『資本主義は人をどう変えてきたか』岩波書店　1995年所収)

増谷英樹『歴史のなかのウィーン』日本エディタースクール出版部　1993年

ピエール・レスタニー『フンデルトヴァッサー——５枚の皮膚を持った画家王』タッシェン・ジャパン　2002年

http://ja.wikipedia.org/wikiファイル:Mitsuko_Coudenhove_1_cropped.jpg

http://ja.wikipedia.org/wikiファイル:Coudenhove-Kalergi_1926.jpg

http://www.bmlr.gv.at/ausle/zahlen.shtml（数字は2011年５月時点）

http://www.zwentendorf.com/de/sonne.asp

地図制作・小野寺美恵、平凡社地図出版

古田善文「『解放』オーストリアの占領と改革」(豊下楢彦／中村政則／油井大三郎編『占領改革の国際比較――日本・アジア・ヨーロッパ』所収) 三省堂　1994年

古田善文「オーストリアのEU加盟」(『基礎ドイツ語』第46巻第9号所収) 三修社　1995年

松岡由季『観光コースでないウィーン――美しい都のもう一つの顔』高文研　2004年

矢田俊隆『オーストリア現代史の教訓』刀水書房　1995年

Der Fischer Weltalmanach 2010: Zahlen Daten Fakten. Frankfurt 2009

Fassman, Heinz (Hrsg.): 2. Österreichischer Migrations-und Integrationsbericht. Klagenfurt / Celovec 2007

Hamann, Brigitte: Hitlers Wien, Lehrjahre eines Diktators. München / Zürich 1996

Kreissler, Felix: Der Österreicher und seine Nation. Ein Lernprozess mit Hindernissen. Wien / Köln / Graz 1984

o. V.: Südtirol und die Südtiroler seit 1918. Dornbirn 1984

Portisch, Hugo: Österreich I. Die unterschätzte Republik. Wien 1989

Portisch, Hugo: Österreich II. Die Wiedergeburt unseres Staates. Wien 1985

Reppé, Susanne: Der Karl-Marx-Hof. Geschichte eines Gemeindebaus und seiner Bewohner. Wien 1993

Safrian, Hans / Witek, Hans: Und keiner war dabei. Dokumente des alltäglichen Antisemitismus in Wien 1938. Wien 1988

Safrian, Hans: Eichmann und seine Gehilfen. Frankfurt a. M. 1995

Scheithauer, Erich / Woratscheck, Grete / Tscherne, Werner (Hrsg.): Geschichte Österreichs in Stichworten. Teil V: Die Zeit der Demokratischen Republik Österreich von 1918 bis 1934. Wien 1983

Scheithauer, Erich / Schmeiszer, Herbert / Woratscheck, Grete / Tscherne, Werner / Göhring, Walter (Hrsg.): Geschichte Österreichs in Stichworten. Teil VI: Vom Ständestaat zum Staatsvertrag von 1934 bis 1955. Wien 1984

Scheithauer, Erich / Woratscheck, Grete / Tscherne, Werner / Göhring, Walter (Hrsg.): Geschichte Österreichs in Stichworten. Teil VII: Vom Staatsvertrag bis zur Gegenwart von 1955 bis 1985. Wien 1987

Scheuch, Manfred: Österreich im 20. Jahrhundert. Von der Monarchie zur Zweiten Republik. Wien / München 2000

Stanek, Eduard: Verfolgt, verjagt, vertrieben. Flüchtlinge in Österreich von 1945-1984. Wien 1985

Steininger, Rolf / Gehler, Michael (Hrsg.): Österreich im 20. Jahrhundert. Vom Zweiten Weltkrieg bis zur Gegenwart. Band 2. Wien 1997

Stourzh, Gerald: Geschichte des Staatsvertrages 1945-1955. Österreichs Weg zur Neutralität. Graz/Wien/Köln 1975, 1980, 1985

Zöchling, Christa: Haider. Eine Karriere. Wien 2000

(5) 個別問題

(a) ユダヤ史

野村真理『ウィーンのユダヤ人――19世紀末からホロコーストまで』御茶の水書房　1999年

野村真理『ガリツィアのユダヤ人――ポーランド人とウクライナ人のはざまで』人文書院　2008年

ヨーゼフ・ロート『放浪のユダヤ人』(平田達治／吉田仙太郎訳) 法政大学出版局　1985年

Allerhand, Jacob (Hrsg.): Das Judentum. Der Weg in die Moderne. Von der Aufklärung bis zum Staat Israel. Eisenstadt 1989

Andics, Hellmut: Die Juden in Wien. Wien 1988

Gstein, Heinz: Jüdisches Wien. Wien / München 1994

Hoffmann-Holter, Beatrix: „Abreisendmachung." Jüdische Kriegsflüchtlinge in Wien 1914 bis 1925. Wien / Köln / Weimar 1995

Rozenblit, Marsha L.: The Jews of Vienna, 1867-1914: Assimilation and Identity. New York 1983

(b) 移民／少数民族

Bade, Klaus / Emmer, Pieter C. / Lucassen, Leo / Oltmer, Jochen (Hrsg.): Enzyklopädie Migration in Europa. Vom 17. Jahrhundert bis zur Gegenwart. Paderborn 2007

John, Michael / Lichtbau, Albert: Schmelztiegel Wien—Einst und Jetzt. Zur Geschichte und Gegenwart von Zuwanderung und Minderheiten. Wien/Köln 1990

(6) 雑誌

profil, Nr. 24, 1994

profil, Nr. 21, 2006

profil, Nr. 43, 2008

(7) WEB資料

http://www.bmi.gv.at/cms/BMI_wahlen/volksabstimmung/Ergebnisse.aspx (オーストリア内務省)

http://www.bmi.gv.at/cms/BMI_wahlen/nationalrat/2008/End_Gesamt.aspx (オーストリア内務省)

http://www.bmlv.gv.at/ (オーストリア国防省)

STATISTIK AUSTRIA, Volkszählungen 1951 bis 2001(01.06.2007) : http://www.statistik.at/web_de/statistiken/bevoelkerung/volkszaehlungen_registerzaehlungen/bevoelkerung_nach_demographischen_merkmalen/022885.html (人口動態統計資料)

http://de.wikipedia.org/wiki/Demografie_Österreichs

http://www.zwentendorf.com/de/sonne.asp

参考文献目録

(1) 全般

エーリヒ・ツェルナー『オーストリア史』(リンツビヒラ裕美訳) 彩流社 2000年

成瀬治/山田欣吾/木村靖二編『世界歴史大系 ドイツ史』全3巻 山川出版社 1997年

矢田俊隆/田口晃『世界現代史 オーストリア・スイス現代史』山川出版社 1984年

Bruckmüller, Ernst (Hrsg.): Österreich Lexikon in drei Bänden. Wien 2004

Buzinkay, Geza: Hungarian History in a Nutshell, Budapest 2003

Czeike, Felix: Wien. Geschichte in Bilddokumenten. München 1984

Hamann, Brigitte: Österreich. Ein historisches Portrait. München 2009

Kleindel, Walter: Österreich. Daten, Zahlen, Fakten. Salzburg 2007

Sandgruber, Roman: Illustrierte Geschichte Österreichs. Epochen, Menschen, Leistungen. Wien 2000

Scheuch, Manfred: Historischer Atlas Österreich. Wien 1994

Wagner, Wilhelm J.: Der große Bildatlas zur Geschichte Österreichs. Wien 1995

(2) ハプスブルク, 神聖ローマ帝国

『栄光のハプスブルク家展』図録 1992年

H. バラージュ・エーヴァ『ハプスブルクとハンガリー』(渡邊昭子・岩崎周一訳) 成文社 2003年

江村洋『ハプスブルク家』講談社現代新書 1990年

加藤 雅彦『図説 ハプスブルク帝国』河出書房新社 1995年

菊池良生『戦うハプスブルク家——近代の序章としての三十年戦争』講談社現代新書 1995年

ハンス・コーン『ハプスブルク帝国史入門』(稲野強他訳) 恒文社 1982年

ピーター H. ウィルスン『神聖ローマ帝国 1495-1806』(山本文彦訳) 岩波書店 2005年

ゲオルク・シュタットミュラー『ハプスブルク帝国史——中世から1918年まで』(丹後杏一訳) 刀水書房 1989年

新人物往来社編『ハプスブルク帝国 (ビジュアル選書)』新人物往来社 2010年

進藤牧郎『ドイツ近代成立史』勁草書房 1968年

丹後杏一『ハプスブルク帝国の近代化とヨーゼフ主義』多賀出版 1997年

丹後杏一『オーストリア近代国家形成史』山川出版社 1986年

アーダム・ヴァントルツカ『ハプスブルク家——ヨーロッパの一王朝の歴史』谷沢書房 1981年

Opll, Ferdinand: Wien im Bild historischer Karten. Die Entwicklung der Stadt bis in die Mitte des 19. Jahrhunderts. Wien/Köln/ Graz 1983

(3) 19世紀・第一次世界大戦まで

大津留厚『ハプスブルクの実験——多文化共存を目指して』中公新書 1995年

バーバラ・ジェラヴィッチ『近代オーストリアの歴史と文化——ハプスブルク帝国とオーストリア共和国』(矢田俊隆訳) 山川出版社 1994年

カール・E・ショースキー『世紀末ウィーン——政治と文化』(安井琢磨訳) 岩波書店 1983年

W. M. ジョンストン『ウィーン精神——ハプスブルク帝国の思想と社会 1848~1938 (1) (2)』(井上修一/林部圭一/岩切正介訳) みすず書房 1986年

A. J. P. テイラー『ハプスブルク帝国1809~1918——オーストリア帝国とオーストリア=ハンガリーの歴史』(倉田稔訳) 筑摩書房 1987年

シュテファン・ツヴァイク『昨日の世界 (1) (2)』(原田義人訳) みすず書房 1999年

スティーブン・ベラー『フランツ・ヨーゼフとハプスブルク帝国 (人間科学叢書)』(坂井榮八郎監訳/川瀬美保訳) 刀水書房 2001年

増谷英樹『ビラの中の革命——ウィーン・1848年』東京大学出版会 1987年

増谷英樹『歴史のなかのウィーン』日本エディタースクール出版部 1993年

矢田俊隆『ハプスブルク帝国史研究』岩波書店 1977年

Andics, Hellmut: Gründerzeit. Das Schwarzgelbe Wien bis 1867. Wien/München 1981

Andics, Hellmut: Ringstraßenwelt. Wien 1867-1887. Luegers Aufstieg. Wien/München 1983

Reschauer, Heinrich: Das Jahr 1848. Geschichte der Wiener Revolution. Wien 1872

Traum und Wirklichkeit. Wien 1870-1930. 93. Sonderausstellung des Historischen Museums der Stadt Wien. Wien 1985

(4) 20世紀 (第1・2共和制)

木村毅『クーデンホーフ光子伝』鹿島出版会 1986年

エンマリヒ・タロシュ/ヴォルフガング・ノイゲバウアー編『オーストリア・ファシズム——一九三四年から一九三八年までの支配体制』(田中浩/村松恵二訳) 未来社 1996年

グレアム・グリーン『第三の男』(小津次郎訳) ハヤカワepi文庫 2001年

高橋進「大連合体制とデモクラシー——オーストリアの経験——」(篠原一編『連合政治——デモクラシーの安定を求めて——2』(〔岩波現代選書〕所収) 岩波書店 1984年

東海大学平和戦略国際研究所編『オーストリア:統合 その夢と現実』東海大学出版会 2001年

今井顕/広瀬佳一編著『ウィーン・オーストリアを知るための57章』〔第2版〕明石書店 2011年

◉著者略歴

増谷英樹（ますたに・ひでき）

東京外国語大学名誉教授。一九四二年生まれ。東京大学大学院人文科学研究科博士課程中退。専攻は、オーストリア／ドイツ史、ユダヤ史、ウィーン都市史。

著書に『ビラの中の革命』（東京大学出版会）、『歴史のなかのウィーン』（日本エディタースクール出版部）、共編著に『越境する文化と国民統合』（東京大学出版会）、編著に『ウィーン都市地図集成』（柏書房）、『移民・難民・外国人労働者と多文化共生――日本とドイツ／歴史と現状』（有志舎）などがある。

■はじめに／一～六、一二、一三章／七、九章の一部／一五章を除く各章の頭書／あとがき／コラム（1～6、10、11、13）

古田善文（ふるた・よしふみ）

獨協大学名誉教授。一九五五年生まれ。一橋大学大学院社会学研究科博士課程単位取得退学。専攻はオーストリア現代史（第一・第二共和国史）。

共著に『ウィーン・オーストリアを知るための57章』（明石書店）、『現代ドイツ情報ハンドブック』（三修社）、『占領改革の国際比較　日本・アジア・ヨーロッパ』（三省堂）などがある。

■七～一一、一四、一五、一六章／あとがき／コラム（7～9、12）

ふくろうの本

増補改訂版

図説　オーストリアの歴史

二〇一一年　九　月三〇日初版発行
二〇二三年　一一月二〇日増補改訂版初版印刷
二〇二三年　一一月三〇日増補改訂版初版発行

著者…………増谷英樹・古田善文
装幀・デザイン…………ヒロ工房
発行者…………小野寺優
発行…………河出書房新社
東京都渋谷区千駄ヶ谷二-三二-二
電話　〇三-三四〇四-一二〇一（営業）
〇三-三四〇四-八六一一（編集）
https://www.kawade.co.jp/
印刷…………大日本印刷株式会社
製本…………加藤製本株式会社

Printed in Japan
ISBN978-4-309-76325-5